가르치지
 않는
교실

가르치지 않는 교실

창의성을 가꾸는 봉암 아이들
19년의 이야기

권정언 지음

읽고쓰기연구소

390여 쪽이나 되는 책을 하루 만에 다 읽었다. 내용이 정말 재미있고, 소위 교육학을 전공하고 연구원과 교수로 40년 이상을 재직한 내가 거의 처음 보는 뛰어난 교육 실천 기록이기 때문이다. '교육이 이런 것이구나' 하는 감탄이 절로 나왔다. 교육에 대한 애정과 아동에 대한 사랑이 구구절절이 담겨 있고, 생각하는 힘을 키우기 위한 체험 중심(활동 중심, 탐구 중심) 교육관이 실감나게 나타나 있다. 체험하면서 스스로 생각하고 서로 토론하면서 자기 생각을 정리하는 아동들의 모습, 그리고 제약 없이 아동들과 더불어 활동하는 선생님의 역할이 교육의 진수를 보여준다.

학교 교육 현장에서 40여 년을 봉직한 저자가 학교에서 실현하지 못한 자신의 교육철학을 퇴직 후에 자유롭게 뜻대로 실천에 옮겼다는 점에서 그 노력과 의지에 존경심을 품지 않을 수 없다. 이 책은 아동들을 가르치는 교사, 자녀를 둔 학부모, 학교 경영을 담당하는 학교장, 심지어 교육 연구자들까지도 읽어보면 좋겠다. 교육에 대한 관점을 새롭게 하는 책이라고 강하게 추천하고 싶다.

김재복_전 경인교육대학교 총장

저자는 책의 첫 번째 꼭지 '낙엽을 만드는 아이들'에서 교육의 의미를 새롭게 던져준다. 나직한 웅변으로, 깊은 사색의 길로 독자를 안내하는 출발점의 분위기가 끝까지 계속된다. 교육이 그렇게 어렵고 복잡한 것이 아닌데 일부러 힘들고 어렵게 만들고 있는 게 우리 어른들이라는 생각을 다시 하게 만든다.

이 책은 참 특이하다. 시작부터 끝날 때까지 줄거리가 따로 없다. 짧은 꼭지 하나하나가 독립된 이야깃거리를 담고 있다. 평범한 이야기인데도 읽고 나면 눈 감고 생각에 잠기게 한다. 아무 곳이나 펴서 읽어도 된다는 점이 이 책의 매력이라 생각한다.

정교한 교육과정과 체계화된 교과서라는 두 개의 레일 위를 달리는 기차에서 벗어나고 싶다고 외친 용기에 박수를 보낸다. 창의성 교육을 '생각하는 힘을 키우는 교육'으로 압축하고 그 바탕 위에 문해력과 표현력, 탐구력, 창의력을 갈래 요소로 두고 봉암 아이들과 함께 19년의 긴 시간을 갈고 닦은 노고에 위로와 격려를 전하고 싶다.

학부모, 선생님, 교육 행정가 모두에게 이 책을 권하고 싶다. 어쩌면 어린이들도 자기의 이야기로 받아줄 것으로 생각된다.

남궁린_전 초등학교장

이 책에는 평생을 곱고 다감하게 참교육의 길을 걸어온 저자의 모습이 고스란히 녹아 있다. 저자에게는 '하늘말나리'를 찾는 동심이 있고, 달맞이꽃이 팝콘처럼 피어나는 순간을 기다리는 순수함이 있다. 이런 마음은 그대로 봉암교실 어린이들에게 투영되고 있다. 가르치지 않아도 터득의 길이 열리는 교육, 그것이 봉암이 아닐까? 봉암교육연구실이라는 작은 교육 공간에는 교육철학, 교육이론, 학습이론을 함께 섞어 걸러낸 향유가 있다.

'의문과 호기심을 자극한다. 자연의 소중함과 신비로움을 알아간다. 역사의 징검다리를 건너간다. 입체적인 문해력을 키운다. 생활 속의 창의력을 키워간다.' 이러한 기본적 학습력을 키워주려는 저자의 노력이 책의 여기저기에 배어 있다. 그렇다고 화려하고 명시적인 방법을 드러내고 있는 것은 아니다. 아무 곳이나 펼쳐 읽어보면 어느덧 신선한 공기를 호흡할 수 있다.

이 책이 담고 있는 봉암 교실은 여러 교육을 함께 떠오르게 한다. 많은 학습이론도 돌아보게 한다. 그러나 교육이론도 학습이론도 어느 하나로 국한하기는 쉽지 않다. 굳이 하나를 들어 말한다면 봉암은 IB(국제바칼로레아)교육의 입문 과정이라고 말하고 싶다. IB 학습자 상이 제시하는 '탐구적 질문을 하는 사람, 생각하는 사람, 소통할 줄 아는 사람'을 이 책의 곳곳에서 쉽게 찾아볼 수 있기 때문이다. 소탈하게 교육의 방향을 제시하고 있다. 젊은 학부모, 젊은 선생님과 교육 혁신가들의 손에 이 책이 올려지기를 기대한다.

손병기_전 충주교육지원청 교육장

오늘날 교육의 화두는 창의성 교육이다. 그럼에도 그 중요성에 비해 창의성은 아직도 현장의 표피를 겉돌고 있는 것이 현실이다. 이런 현실은 역설적으로 봉암이 한 활동을 전개하는 실질적 준거가 되고 있다. 아이들이 스스로 생각하고 답을 찾아가는 학습 과정과 그간의 소중한 결과물들, 어쩌면 묻힐 수도 있었던 이야기들을 버리지 않고 장장 19년의 교육 실천 기록을 세상에 펼쳐놓게 된 이유이기도 하다. 평생을 창의성 교육에 몸 바쳐온 저자의 땀과 혼이 깃든 이 책은 학교와 가정에 치유의 해결책이 될 것이다.

허의행_충주작가협의회장

봉암교육은 인공지능과 로봇이 인간의 노동을 대체하는 미래사회에 꼭 필요한 자기주도적 창의성 향상 교육이다. 이런 교육을 봉암은 20년 전부터 해왔으니 놀랍기만 하다. 자연과 역사와 문화를 봉암교육을 통해 체험적으로 학습한 봉암의 학생들이 우리 사회의 멋진 리더로 성장하길 기대한다.

전흥석_건국대 컴퓨터공학과 교수, 과학기술대학 학장

✲✲

백지 공책에 자유롭게 자기 생각을 담게 하고, 아이들이 이끌어가게 하는 봉암의 교육을 보면서 항상 정해진 틀에 맞추어 생활하는 어린이를 모범적이라고 생각한 내 교육 방향을 되돌아보곤 했다. 아이들의 상상과 호기심을 키우고 문제해결을 유도하는 봉암교실의 학습활동에서 교육의 참모습을 본다.

밤을 새우면서 달의 이동 경로를 관찰하고, 숲속 작은 음악회와 자연 속에서 시인과 함께한 동시 수업을 비롯해 경주, 백두산, 강화도, 금강산, 일본 등으로 떠난 체험학습에서 아이들이 직접 조사하고 발표하는 모습을 보며 가슴이 벅찼다.

이 책은 스스로 성장하는 교육의 방향을 안내하는 가로등으로 교사, 학부모 등 교육에 관심 있는 사람들의 조용한 카페가 되어줄 것이다.

홍은경_봉암 학부모, 전 초등교사

무심한 듯 꺾어 잡은 나무막대기를 연필 삼아 아이들과 멈춰 서서 이야기 삼매경에 빠지면 그 자리가 바로 수업 현장이 되었던 봉암교실. '도대체 봉암에서 어떤 교육을 하는 거지?' 누군가 물어보면 부끄럽지만, 내

머리에서는 물음표가 먼저 떠오른다. 두 아이를 봉암교실에 보낸 학부모임에도…. 스스로 깊이 탐구하고, 자기 생각을 거침없이 써내려가며 발표하는 것을 두려워하지 않는 모습! 학교생활에서 소소한 성과가 있을 때마다 봉암 덕분이라 얘기하는 두 아이를 보면 이것이 봉암 매직이구나 싶었다.

봉암교육이 우리 아이들에게서 멈추지 않고 책으로 출간되었다. 이러한 교육적 접근에 목말라하는 많은 교육자와 학부모들에게 한 줄기 빛이 될 것으로 생각한다.

전희정_봉암 학부모, 초등교사

20여 년 전, 나는 현직 교사이면서 향토사 연구 활동에 빠져 있던 인연으로 저자가 이끄는 봉암 아이들 답사 길에 동행하게 되었다. 그때만 해도 짜인 틀 속에 갇혀야 하는 교육 현실에 종종 목마름을 느꼈었다. 그러나 저자가 운영하는 창의성 봉암 교육연구실에는 너끈히 실행할 수 있는 여건과 의지가 있었고, 점점 그 매력에 이끌렸다. 그 후 얼마 지나지 않아 저자의 교육철학이 여러 면에서 사람들의 호응을 받는 것을 보며 교사의 삶에 내린 축복이라 생각했다. 이제 그간의 과정들이 한 권의 책으로 엮어져 나와 교육계에 어떤 신선한 바람을 일으킬지 무척이나 기대된다.

최춘자_전 초등교사, 향토사연구회 회원

초임 교사 시절의 내게는 엄청 어려웠던 장학사님이었다. 10년 후에는 수업 연구를 하자고 교실을 찾아온 높으신 교장 선생님이었고 학교 밖 세상에서는 좀 엉뚱하면서 진지한 봉암 선생님이었다. 그 긴 인연 동안 늘 배움의 현장에서 물음표와 느낌표를 보여주셨다. 아이들의 호기심을 씨앗 삼아 물음표를 던지고, 스스로 느낌표의 답을 찾아갈 수 있도록 함께 거름을 주는 과정에 행복해하던 선생님의 모습을 이 책 속에서 느낄 수 있다. 학교를 벗어나서도 아이들과 함께하는 시간을 선택한 봉암 선생님을 거울 삼아 오늘도 교육의 현장에서 아이들에게 내가 준 물음표와 느낌표가 얼마나 될까를 생각한다.

허경희_봉암 학부모, 초등학교 수석교사

어느 날, 운동장에 깔 모래를 산더미처럼 쌓아 놓았다. 아직 새내기 교사였던 나는 아이들이 모래더미 근처에 가지 못하게 "안 돼!"만을 외치고 있었다. 그런데 교장 선생님은 아이들이 맘껏 모래 놀이 할 수 있는 하루를 만들어주셨다. 모래를 만지고, 모래 위에서 뒹굴고…. 주어진 환경을 배움의 기회로 바꾸어주던 교장 선생님의 교육철학을 그대로 다시 책으로 볼 수 있어 감사하다.

김영미_초등학교 수석교사

가르치지 않는 봉암교실! 하지만 배움이 가득했던 교실로 기억한다. 아이들이 지루해하거나 무기력한 모습을 단 한 번도 보지 못했다. 옆에서 지켜보는 학부모들도 재미있게 빠져드는 수업이었다.

봉암교실에는 유명한 일타 강사의 열정 넘치는 강의는 없다. 봉암 선생님의 열정은 아이들에게 무엇을 안내할지 수업 준비에서 넘친다. '아이들은 충분히 스스로 배울 수 있고 서로 가르쳐줄 수 있다'는 말 그대로 아이들이 혹 잘못 이해했거나 놓치는 것이 있다면 절대로 지적하지 않고 질문으로 새로운 생각의 문을 열어주었다. 어른들 시선으로 볼 것을 강요하지 않고 아이들 관점이 신선하다고 응원해주는 선생님 응원 덕분에 자신의 색을 찾아가는 아이들 모습을 보며 미소가 절로 지어지는 교실이었다.

봉암교실! 스스로 살피고 깨달아서 생각하는 힘이 자랄 수 있도록 안내해주시는 선생님! 사랑하는 내 아이가 어떠한 관점으로 세상을 배워야 할지 고민하는 부모라면 꼭 읽어야 할 책으로 추천한다. 결혼한 딸아이에게 선물할 거다.

여정아_봉암 학부모, 중등교사

아이들을 키우면서 잘못하는 것을 먼저 지적했던 나는, 아이들마다 각자의 보석 같은 장점을 일깨워주는 봉암 선생님을 보며 반성하게 되었다. 선생님과 함께 수업했던 것은 아이들인데 어쩌면 내가 더 많이 배웠는지도 모른다.

김현기_봉암 학부모, 중등교사

우리 아이들은 봉암에서 배운 밤알 같은 경험을 평생 간식처럼 한 알 한 알 꺼내어 까 먹을 것 같다. 여러 날 여러 해 선생님의 가르침을 우리 아이들이 함께할 수 있어서 행복했다.

나정희_봉암 학부모

봉암교육을 우리 아이들이 경험했다는 것에 항상 감사한 마음이다. 자기주도적 학습력과 창의적인 사고력을 키울 수 있는 이런 교육이 이 책을 통해 널리 퍼지기를 소망한다. 자녀를 키우는 부모님들에게도 좋은 길잡이가 될 것으로 굳게 믿는다.

김지연_봉암 학부모

스며든다. 속으로 배어들어 마음 깊이 느껴진다는 말이다. 나는 봉암에 스며든 삼남매의 엄마이다. 봉암은 참 신기한 곳이다. 어느 날은 꽃잎을 따고 어떤 날은 약수터에 간다. 책도 읽고 한자도 배우고 역사 여행도 떠나고…. 초등학생에게 꼭 필요한 경험과 생각을 심어주는 봉암을 우리 아이들이 모두 경험할 수 있어 진심으로 행운이라고 생각한다. 막내가 졸업하면 봉암 동창생이 되는 우리 세 아이들. 봉암에 스며드는 좋은 만남으로 배움을 시작한 것은 큰 행복이다.

황인숙_봉암 학부모, 초등교사

봉암 공부는 늘 재미있었다. 특히 친구와 장난치기 좋아해도 늘 인자한 미소로 보듬어주던 선생님!

임우진_봉암 16기, 중2

봉암에서 많은 것을 배웠다. 한자를 처음 배워보기도 하고, 다른 지역으로 여행을 가기도 하고, 책을 읽고 생각을 말해보기도 했다. 어린 마음에 투정도 부리고 시계만 쳐다보기도 했다. 하지만 지금 돌이켜보니 봉암에서 한 경험들이 나에게 많은 도움이 된 것 같다. 5년이라는 긴 시간동안 여러 가지 재미있고 귀중한 경험을 하게 해주어 너무 고맙다.

백진희_봉암 15기, 중3

지금까지 살아오며 가장 기억에 남는 일을 떠올리라면 초등학교 5년간 배움의 터전이 되어주었던 봉암이 제일 먼저 생각난다. 즐거운 추억을 선물해준 소중하고 특별했던 곳이다. 봉암은 정답을 얻는 공식을 알려주고 오답을 명확하게 가려내는 것이 아니라 '진짜 공부'를 배울 수 있는 곳이었다. 내게 봉암은 누구도 경험하기 어려운 정말 소중한 시간이 되어준 곳이다. 이 경험은 언제고 그 당시의 마음으로 돌아갈 수 있는 영원한 기억이 되어주었다.

윤서하_봉암 15기, 중3

봉암에서 2학년부터 6학년까지 여러 수업을 들었다. 한자, 책을 읽고 독후감 쓰기, 수학적 사고력 키우기. 솔직히 그때는 이걸 왜 하는지 싶었다. 하지만 몇 년이 지난 지금 생각해보니 그때 했던 모든 것들이 지금 나에게 큰 자산이 되어 있다. 만약 내가 다시 예전으로 돌아가더라도 고민 없이 봉암을 찾아갈 것이다. 공부뿐만이 아니라 세상을 어떻게 살아가야 하는지도 깨달은 것 같다.

백진우_봉암 14기, 고1

봉암은 다르게 생각하는 법을 배우는 곳이다. 답이 정해져 있는 국어, 수학, 과학이 아니라 자신의 의문과 해답을 만들고 친구들과 함께 이야기 나누며 생각을 확장해나가는 공부법이었다. 참 많은 일들이 기억나지만, 그중 하나만 꼽자면 국립생태원에 가서 최재천 교수님의 강의를 들은 일이었다. 그때의 기억으로 지금도 교수님의 책을 읽고 존경하고 있다. 나는 봉암에서 배운 글쓰기, 발표, 보고서 쓰기로 중고등학교에서 이루어지는 수행평가에서 두려움 없이 임할 수 있었다. 책상에 앉아서 하는 공부만이 공부가 아니란 걸 이제야 느끼게 되는 것 같다. 우리 학년 친구가 장난으로 선생님이 봉암을 그만두면 우리가 물려받아 봉암교육을 이어가겠다는 이야기를 한 적이 있는데, 나는 아직도 그 생각에 변함이 없다!

최한나_봉암 13기, 고2

산으로 들로 마냥 뛰어 노는 듯하지만 풀 한 포기, 바람 한 점도 선생님의 눈과 입을 통해서라면 또 다른 배울거리가 된다.

임지현_봉암 13기, 고2

봉암은 나의 창의력과 독서 능력을 길러준 특별한 곳이다. 선생님은 가을에 떨어지는 낙엽만으로도 배움을 주었고, 봄에 피어난 꽃들을 통해 자연을 느끼게 해준 고마운 분이다. 그때의 이런저런 경험이 지금의 나를 만들어준 것 같다.

현찬송_봉암 11기, 호주 퀸즐랜드대 약학과 1학년

봉암은 나의 유년기에 궁금해하는 법, 다방면을 볼 수 있는 시야, 자연과 노는 법을 가르쳐준 공간이다. 봄엔 목화를 한 잎씩 떼어보고 여름엔 나무를 깎고 가을엔 밤송이에 찔려보고 겨울엔 뉴스 기사로 토론을 했던 소소한 경험들이 지금의 내가 여전히 갖고 있는 동심의 근원이다.

한세령_봉암 11기, 서울대학교 의류학과 1학년

나의 '배움'의 시작이 봉암이었던 것에 늘 감사한다. 봉암교육으로 무언가를 진실로 궁금해하고, 친구들과 같이 탐구하고, 나름의 깨달음을 나누어가며 더 많은 것을 알아가고픈 열정을 가질 수 있었고, 더 큰 꿈을 이룰 수 있다는 자신을 얻었다.

봉암을 떠난 지 7년이 지났지만, 지금도 난관에 부딪힐 때면 봉암을 떠올리곤 한다. 수없이 돌아보고 포기하지 않고 매달린 노력이 모여 결과를 만들었다는 것을 생각한다. 봉암에서의 경험은 내게 포기하지 않는 노력의 가치를 심어주었다. 이렇듯 봉암은 세월이 지날수록 지금의 나를 가치 있게 하는 소중한 곳이다.

정유나_봉암 11기, KAIST 바이오 및 뇌공학과 2학년

봉암교실은 시험에서 좋은 성적을 내는 것과 같이 어떠한 의도로 공

부하는 곳이 아니었다. 진정으로 궁금증을 탐구하고 순수하게 학문에 접근할 수 있게 해주는 교실이었다. 한국사를 몸소 체험하고 책을 읽고 발표와 토론을 했다. 다 같이 신문을 읽으며 나의 의견을 주장하고 친구들과 소통하는 법을 배웠다. 내 생각을 요하는 활동을 통해 오랜 시간 생각하는 힘을 키우고 사고의 폭을 넓힐 수 있었다.

윤수희_봉암 11기, 고려대 철학과 1학년

봉암은 우리에게 자그마한 씨앗을 심어주었다. 논리력, 창의력, 인성 등 그때는 잘 몰랐던 것이 고등학교에서 힘을 발했다. 성인이 되고 나니 이제야 봉암교육의 이유가 보인다. 그 작은 씨앗들은 크고 아름다운 꽃이 되었다.

박정민_봉암 10기, 공무원 준비생

역사 탐방, 기행이 가장 크게 남은 봉암의 기억이다. 인터넷이나 책으로만 보던 사실들을 직접 가서 살펴보며 짜릿한 느낌을 받는다. 친구들과 밤늦게 떠들며 노는 것 또한 더할 수 없는 재미였다. 보는 것으로 그치지 않고 역사 건축물이나 인물에 대해 발표한 것이 더 풍성한 기억을 남겨주었다. 봉암에는 내 어린 시절의 순수하고 아련한 추억이 수없이 새겨져 있다.

정영진_봉암 10기, 서울시립대 생명과학부 3학년

봉암을 한 문장으로 설명하긴 불가능하다. 다른 사람들에게는 공부방이라고 둘러댔지만 그런 식상한 단어에 어울리는 곳은 아니었다. 나는 그곳에서 책을 읽었다. 퀴즈 같은 놀이 수학 문제를 풀었으며, 한자를 공부했고, 탐험가가 되어서 유적들을 탐방했다. 때론 역사가가 되어서 500년 전 조선을 공부하고 아픈 우리나라 역사에 함께 분개했다. 내 곁에 봉암 친구들이 있었기 때문에 더 신나게 할 수 있었다. 쌍둥이 영진이, 고집 센 정민이, 지니어스 진성이, 멋쟁이 민우, 개구쟁이 한솔이, 영원한 신입 성엽이, 홍일점 준영이. 선의의 경쟁자이자 협력 대상인 그들이 지금의 나를 만들었다고 생각한다.

정영훈_봉암 10기, 성균관대 공학부 3학년

나에게 초등학교 시절의 기억은 곧 봉암과 함께한 시간들이다. 봉암으로 걸어가는 길에서도, 집으로 돌아가는 길에서도 늘 배울 것이 참 많았다. 상상의 나래를 펼쳐 공부에 흥미를 느끼게 하고 창의력을 키워준 봉암과 함께한 시간이 얼마나 도움이 되었는지는 언제나 목표를 향해 성장해나가는 현재 나 자신이 증명하고 있다고 생각한다.

피승연_봉암 9기, 서울대학교 의류학과 3학년

따뜻하고 조금은 비좁았던 방에 옹기종기 모여 이야기하던 그때가 떠오른다. 탁자에 둘러앉아 우리는 각각 어떤 미래를 그렸을까. 봉암에서 읽고, 쓰고, 토론하며 느꼈던 모든 것들은 어느 순간 훌쩍 커버린 나에게 단단한 밑바탕이 되고 있다. 우리는 이제 그 방을 나와 각자의 길을 걷고 있다. 그 걸음걸음에 항상 좋은 기운만 담기길 바라는 마음이다. 내 초등학교 시절을 다듬어준 봉암이 고맙다.

양승민_봉암 9기, 광주과학기술원(GIST) 전기전자 컴퓨터공학부 3학년

봉암은 글쓰기와 말하기로 스스로에게 질문을 끊임없이 던졌던 곳이

다. 나는 어떤 생각을 하는가. 그리고 난 누구인가. 또한 창의적이고 다양한 사고방식을 통해 세상을 바라보는 시야를 키울 수 있었다. 갈등과 비난이 난무하는 상황에서도 내가 세상을 아름답게 볼 수 있는 마음을 간직할 수 있는 건 봉암에서의 시간이 가장 큰 이유라고 생각한다.

홍석준_봉암 8기, 경희대 체육학과 3학년

봉암에서의 배움은 나의 초석이 되었다. 봉암에서 읽은 책과 기사로부터 글 읽는 재미를 알았고, 그것들을 정리하면서 글쓰기의 기본을 갖췄다. 직접 돌아다니며 보고 느낀 역사는 아직도 머릿속에서 흐름을 이루고 있다. 무엇보다 봉암에서의 총체적 경험은 나의 지향점이 되었다. 끊임없이 탐구하고 공부하는 선생님의 모습에서 삶의 태도를 배웠고, 봉암을 통해 얻은 언어에 대한 흥미는 내가 영어 통번역을 전공하는 데 많은 영향을 주었다. 초등학교 때 배웠던 것들이 지금까지도 나의 바탕을 이루고 불쑥 튀어나와 도움이 되는 것을 보면 신기하다. 봉암에서의 경험에 늘 고마워하고 있다. 정말 중요한 유년 시절에 올바른 길을 제시해주고 가르쳐준 봉암에 진심으로 감사드린다.

권순찬_봉암 7기, 한국외대 영어통번역학과 3학년

봉암은 '이런 곳'이라고 규정할 수 없을 만큼 많은 것을 배우고 경험하며 느낀 곳이다. 나는 각자 스크랩한 신문기사로 나누었던 토론 활동이 가장 기억에 남는다. 덕분에 어린 나이였음에도 상당히 수준 높은 사고와 시각을 키울 수 있었다.

신서연_봉암 6기, 경북대 경제통상학부 4학년

봉암은 혼자 하는 공부가 아닌 친구들과의 토론과 토의를 통해 서로 다른 생각을 공유하는 곳이었다. 어느 날 친구들과 화단에서 토끼풀에 관해 이야기한 적이 있다. 선생님께서 이를 그날 수업 주제로 활용하였다. 그동안 학교에서 받던 정적인 수업이 아니라, 우리가 직접 경험하고 탐구한 부분에 대한 수업을 진행하니 매우 새롭고 유익했다.

전윤찬_봉암 6기, 중앙대 소프트웨어학부 4학년

봉암을 한 문장으로 설명하기는 어렵다. 어린 나이에 접하기 힘든 사람으로서의 덕목과 창의적 사고 등 다양한 활동 속에서 많은 것을 깨닫게 해주었다. 아름다운 유년 시절의 한 페이지가 되어준 봉암 활동을 돌아보면서 올바르고 더 좋은 사람으로 성장하겠다고 생각하곤 한다. 봉암에서의 좋은 추억에 진심으로 감사한다.

박종훈_봉암 5기, 용인대 경찰행정학과 4학년

봉암에서는 독서 및 역사 탐구, 기행, 신문 스크랩 등의 특별활동을 많이 했다. 내 생각을 정리하면서도 다양한 의견을 들어보고 다방면으로 바라보는 경험을 많이 했다. 내 의견을 나타내고, 타인의 의견을 수용할 줄 아는 지금의 나를 만든 가장 근본적인 기회였다.

신성한_봉암 4기, 경북대 컴퓨터학부 4학년

어린 시절 봉암 가는 길은 유독 즐겁고 신났던 기억이 난다. 이 책 속 이야기 그대로 우리는 자연에서 놀고 신문과 책을 읽으며 함께 많은 것을 터득했다. 그 순간들이 얼마나 좋았는지 지금도 떠올리면 웃음이 난다.

이 책은 퇴직하신 교장 선생님과 초등학생 여섯 명이 주인인 연구실의 평범한 날들을 보여준다. 그 하루하루를 함께하다가 책을 덮을 때쯤이면 알게 될 것이다. 가르치지 않아도 얼마나 많은 것을 배울 수 있는지를.

강보현_봉암 3기, 청주교대 졸, 초등교사

봉암은 당장 꽃을 피우고 열매를 맺게 하는 곳이 아니라, 뿌리 내릴 토양에 양분을 채우고 가꾸는 곳이다. 좋은 책을 읽고 내 생각을 정리하고, 이를 다른 사람에게 잘 전달하기 위해 머리를 싸매본 경험, 교과서에 잠들어 있던 역사를 깨워 현장의 흙을 밟고 공기를 들이마시는 경험, 항상 우리 곁에 있지만 이름조차 알지 못했던 자연과 인사하고 친구가 되는 경험, 전통의 틀 속에 갇혀 있던 우리 문화를 꺼내어 그 속에 빠져드는 경험…. 누구나 누릴 수 있어야 하지만 누구도 쉽게 하기 힘든 이런 경험들이 나의 성장에 큰 밑거름이 되었다고 생각한다. 봉암을 만난 것은 내게 눈부신 행운이었다.

선생님의 가르침이 사라지는 것이 아니라 책으로 남아 더욱 널리, 더욱 오래 전해질 수 있다는 것이 큰 다행으로 느껴진다.

송형우_봉암 2기, 서울대 경제학부 졸, 회계사

봉암은 늘 우리들의 좋은 점을 찾아 칭찬해주곤 하였다. 나는 나의 단점이, 단점이 아닐 수 있다는 것을 알게 되었고, 좀더 자신감을 가질 수 있게 되었다. 문화나 자연, 역사에 관한 다양한 체험은 이후로도 내 인생에 좋은 자양분이 되었다. 선생님의 훌륭한 교육을 어린 시절 받을 수 있었던 것이 나에게는 큰 행운이었다.

피소영_봉암 1기, 상지대 한의학과 졸, 한의사

봉암교육은 나무의 뿌리를 내리는 시간이었다. 봉암에서 보낸 시절에 보고 듣고 느낀 점들을 바탕으로 모양을 잡아 커온 것 같다. 『토지』 전권을 읽고 토지 문학 기행을 다녀왔던 것처럼, 책을 읽고 책 속의 세상을 탐험했던 나날들이 지금을 버틸 수 있게 해준다. 봉암교육연구실 방 한 칸이 언제나 그립다.

오지석_봉암 1기, 성균관대 법학전문대학원 2학년

봉암은 신기하게도 선명하게 기억되는 시절이다. 가만히 돌이켜보면 봉암에서 배운 그 경험 과정이 자연스럽게 내 삶에 녹아들어 다양한 것에 호기심을 갖고 금세 시작할 수 있는 지금의 나를 만들었다는 생각이 든다.

김민선_봉암 1기, 카이스트 김재철 AI 대학원 박사과정

학창 시절의 가장 소중한 추억은 '봉암'과 함께했던 시간이다. 책에서만 봤던 유적지를 직접 가보면서, 헷갈리는 식물들을 직접 만져보고 먹어보면서, 머릿속에 있는 생각을 직접 써보면서 배웠던 것이 내게 큰 자산이 되었다. 배움이 뭔지, 하나에 미친다는 게 뭔지 봉암을 통해 배웠다. 현재를 살아갈 힘을 다져준 봉암을 늘 마음에 담고 있다.

채시윤_봉암 1기, 국민대 건설시스템공학부 졸, 롯데홈쇼핑 쇼호스트

봉암은 어떤 단어 하나로 정의할 수 없는 곳이다. 나이 서른이 되어서 다시 생각해본 가장 적절한 단어는 '인생 교육'이 아닐까 한다. 살아가는 데 필요한 소양을 전반적으로 배울 수 있었기 때문이다.

나는 '봉암 책씻이'에서 "나의 꿈은 행복한 사람이 되는 것"이라고 했고

지금도 매 순간 보람을 찾고 사는 이유를 느끼며 살고 있다. 봉암에서의 시간은 삶의 기본 소양을 쌓고, 방향성을 정해봄으로써 본격적인 '내 인생'의 기점이 되었다. 그 시간을 잊지 않고 소중히 간직하며 지금도 열심히 행복해하고 있다.

정산하_봉암 1기, 남서울대학교 광고홍보학과 졸, 무신사스탠다드 매니저

봉암교육으로 나의 어린 시절은 다양한 경험들로 풍족하고 행복한 기억으로 남아 있다. 공부한 내용을 직접 찾아가 살펴보며 연구하고, 보고 서로 창출했던 경험은 어렸을 때부터 능동적으로 내 부족한 부분을 찾아 계속 보완하는 습관을 길러주었다. 지금도 문제를 해결하는 사람으로 살아가는 것도 그때의 배움 덕분이다.

이재환_봉암 1기, 서울대 생명과학부 졸, 변리사

학교를 벗어나 꿈꾸던 교실을 열다

2005년 새해 첫날. 충주호 전망대 주변으로 사람들이 해맞이를 나왔다. 떠들썩하던 사람들이 아침놀이 붉게 번져 나오기 시작하면 조용해진다. 이윽고 불덩이 같은 해가 서서히 모습을 드러내자 일제히 탄성이 터진다. 선명한 해의 모습이 완연해지면 사람들은 다시 집으로 돌아갈 준비로 술렁인다. 새로운 목표나 다짐보다는 붉게 솟아오르는 해의 찬란함이 남긴 신비한 아름다움이 가슴을 벅차게 한다. 장엄한 자연의 순간을 다시 몸으로 느껴보는 시간이다.

집으로 돌아오는데 어느새 그 신비함은 사라지고 그 자리에 불안이 스며드는 게 느껴졌다. 작년만 해도 아직 일 년은 남았다는 생각에 여유가 있었는데 해가 바뀌니 이제는 두 달 후면 퇴직이라는, 움직일 수 없는 사실에 초조해졌다. 오랜 시간을 두고 퇴직 후의 생활을 설계해 두어야 함에도 아무런 준비 없이 그 시간이 되었다고 생각하니 허탈했다. 그동안 내가 생각한 것이라고는 막연한 상상에 지나지 않았다. 창의성 교육을 늘 마음에 두고 살아왔으니 퇴직 후에도 이와 관련된 일을 해보면 어떨까 하는 정도가 고작이었다.

시내로 들어서니 마음이 더욱 긴장되었다. 창의성 교육 관련 일을 하려면 어떤 형태로든 우선 공간이 필요하지 않겠는가.

연수동을 지나는데 새로 지은 3층 건물에 임대 표지가 크게 보였다. 머릿속이 안개 속처럼 뿌연 채로 두 달 정도를 보내다가 퇴직 사흘을 앞두고서야 장소가 정해졌다. 열세 평짜리 서민 아파트다. 시험 종료 벨이 울리는 순간에 가까스로 답을 써 낸 심정이었다. 가르치고 배운다는 것이 무엇인가 하는 질문에 답을 찾으려고 오랜 시간 고민해왔지만, 뚜렷한 결론을 내지 못하고 떠밀리듯이 퇴직을 맞은 것이다. 40여 년의 교직 생활이 마감되는 날, 몇 가지 개인 물건을 바로 이 아파트로 옮겨다 놓으니 퇴직이 아니라 학교생활을 다시 시작하는 듯 설렜다.

그동안 시대 변화와 사회적 요구에 따라 새로운 교육이론과 수업방식이 수없이 뜨고 졌다. 교육을 몽땅 바꿀 것 같은 이슈도 얼마 지나면 거품만 남곤 했다. 새롭다는 교육이론, 수업 방법론, 교육혁신 구호를 허둥대며 쫓아다니다가 지쳐버린다. 과정 중심 교육과정, 탐구적 활동, 자기주도적 학습, 지역 연계 교육, 학교 자율시간 등 그럴듯한 요구도 늘 메아리만 남았다. 교과 진도 따라가기 바쁘고, 선다형 상대평가에 휘둘리는 현실이었다. 외부의 시시콜콜한 지시와 방침을 따르는 흉내 내기에 바쁜 일상이었다. 교육자의 교육적 삶은 존재하지 않았고 생명력 없는 형식만 반복해온 것 같았다.

이제부터라도 정교한 교육과정과 체계화된 교과서라는 두 개의 레일 위를 달리는 기차에서 벗어나고 싶었다. 기계처럼 움직이는 패키지여행이 아닌, 자유로운 배낭여행을 꿈꾸었다. 풋풋하고 여유로운 교육 여정을 만들어가는 즐거움을 누리고 싶었다. 열세 평 미니 아파트가 이런 바람을 구현하는 플랫폼이 되기를 기원하였다.

　　한 달의 준비 끝에 공부방 형태의 '봉암교육연구실'을 개설하였다. 2005년 3월이었다. '봉암'은 지인에게서 받은 내 아호이다. 아이들은 이 공부방을 '봉암'이라 하며 나를 '봉암 선생님'으로 불렀다. 그동안 막연히 생각했던 창의성 교육을 구체화할 생각으로 마음이 바빴다. 추상적이고 막연한 '창의성 교육'을 '생각하는 힘을 키우는 교육'으로 압축하고 아이들에게는 늘 '다르게 생각하라'고 주문했다. 이 바탕 위에 문해력과 표현력, 탐구력, 창의력을 그 갈래 요소로 두었다. 학년별로 여섯 명 안팎으로 2~3학년은 한 시간씩 주 4회, 4~5학년은 두 시간씩 주 2회, 6학년은 주 1회 두 시간으로 교육 시간을 정했다. 2학년 때 들어오면 별다른 일이 없는 한 5년 동안 함께 활동하게 되는 시스템이다. 아이들이 자기 삶의 주변에서 학습 소재와 자료를 찾아 주도적으로 활동하는 자유로운 교육 공간으로 가꿔보겠다고 생각했다. 이렇게 봉암교육의 대강을 정해 놓고 출발하였다. 허술하고도 불안한 자유 여정의 시작이었다.

　　그렇게 2005년 3월에 문을 연 봉암이 이제 19년을 넘기게 되었다. 이 책은 그동안 봉암교육연구실에서 아이들과 함께한 활동을 사례 중심으로 엮은 것이다. 일정한 형식과 체계를 두지 않고 생각나는 대로 써서 다시 여섯 장으로 구성했다.

　　제1장 '가르치지 않기'는 퇴직 이전의 이야기를 가볍게 다루었다. 나의 밋밋한 배움의 과정과 학교 현장 일화는 퇴직 후의 봉암 활동과 맥을 잇는 통로의 역할을 한다. 어찌 보면 내가 그동

안 갖고 있는 교육에 관한 생각을 여기저기 모자이크 형태로 담고 있다고 볼 수 있다.

제2장 '자연 속으로'는 아이들이 자연과 가깝게 생활하며 자연의 소중함과 신비로움을 알아가는 과정을 담고 있다. 자연은 끝없는 이야기를 만들어준다. 자연은 늘 풍부한 선물을 준비해 두고 있기에 가까이 다가가기만 하면 되었다. 곤충, 식물, 낙엽, 돌, 달과 별과 함께하며 신나고 재미있는 이야기를 만들었던 기억들을 모았다.

제3장 '역사 속을 여행하며'는 아이들의 역사 유적 탐방 이야기다. 역사를 현장에서 인지하며 구체적 경험이 되게 하는 활동들을 소개했다. 역사를 평면적으로 이해하는 건조한 방식을 벗어나 현실 속의 조그마한 사례를 중심으로 역사적 인식이 물무늬처럼 퍼져나가도록 했는데, 내가 배운 게 더 많았다. 안내자의 일방적인 설명에 의존하지 않고 스스로 탐구하며 알아가는 소박한 역사 공부의 현장을 독자들이 함께할 수 있기를 바라며 썼다.

제4장 '살아 있는 글과 함께'는 아이들이 글을 읽고 생각을 나누며 자기 글로 표현하는 입체적 활동을 담았다. 각종 매체의 범람이 오히려 우리의 생각을 단순화시켜 문해력이 사회문제로까지 제기되고 있는 실정이다. 어떻게 하면 이러한 문제를 해결할 수 있을까? 문장이란 원래 형해적 사물로서 읽는 사람의 호흡이 들어가야 생명을 얻게 된다. 글을 입체적으로 읽어 생명을 부여하고 토론하고 글로 써보는 여러 가지 활동 모습을 이 장에서 엿볼 수 있을 것이다.

제5장 '새로운 생각을 가꾸다'는 창의성으로 가는 길을

그려본 것이다. 현대는 창의적인 사람을 원하고 있지만 아이들의 창의성을 북돋는 환경을 주지는 못하고 있다. 창의성을 어려운 학문적 성격으로 여기면 접근하기조차 어렵다. 시도하지 못하니 아예 무시하는 실정이다. 생활 속에서 쉽게 그 방법을 찾고 스스로 창의력을 키워가는 아이들의 모습을 이 장에서 확인할 수 있다.

　　제6장 '봉암의 시간을 돌아보며'에서는 그동안의 봉암교육연구실 활동을 돌아본 소회를 담았다. 본문에 담지 못해 아쉬운 이야기들을 토막글로나마 모으고 아쉬운 대로 단상을 남겼다.

　　이 책의 주인공은 봉암 아이들의 일상이다. 자연과 함께하며 관찰하고 탐구하는 즐거운 일상, 역사 유적을 탐방하면서 지나간 시간의 흐름을 지금 시점에서 확인하고 느껴보는 체험, 글을 읽고 생각한 것을 자기 언어로 표현하는 과정을 그대로 담았다. 자기만의 시각으로 사물을 바라보며 새롭게 생각하는 힘을 키워가는 것이 봉암 아이들의 놀이이고 공부였다. 그러니 봉암 아이들이 이 책의 첫 번째 저자라고 할 수 있다. 봉암 아이들이 고맙고 자랑스럽다. 이 마음은 자연히 봉암교육연구실에 아이들을 맡겨준 학부모들에게로 이어지게 된다. 명료한 교육 프로그램이 있는 것도 아니고 눈에 띄는 학습 결과물을 내놓는 것도 아닌데 아이들을 봉암 활동에 참여시키는 학부모의 깊은 마음에 감사한다. 한편으로 미안한 마음도 있다. 나는 그다지 꼼꼼하지 못한 성격이라 기록을 체계적으로 하지 못했다. 봉암 활동을 그때그때 정리해 기록을 쌓아두는 지혜가 있었다면 더욱 좋은 소재를 많이 갈무리할 수 있었는데 아이들의 신선한 순간순간들이 나의 성긴 그물코에서 빠져나간 것이 너무 많아 아쉽다. 이렇게 남아 있는 이야기들마저도 생생하게 표현하지 못하는 문장력의 한계가 또한 민망하다.

다행인 것은 해마다 아이들 활동 내용을 문집 형태로 만들어 두었다는 점이다. 이 책의 원고를 만들기 위해 골라낸 초안 자료만 해도 A4 용지로 700쪽이 넘는 방대한 분량이었다. 함께 근무했던 선생님들과 이 자료를 정리하고 가다듬었다. 코로나 팬데믹으로 자유롭게 만나는 것이 쉽지 않아 비밀 작전 하듯 그때그때 카페나 집에서 모여, 작업을 마치는 데 몇 달이 걸렸다. 함께 수고해준 여섯 분의 선생님들-김영미·전희정·최춘자·허경희·허경란·홍은경-의 따뜻한 도움에 깊은 감사를 드린다. 이렇게 정리한 원고가 교육전문 출판사 에듀니티의 이하영 편집자에게 연결되지 않았다면 지금까지도 그대로 잠자고 있었을지도 모르겠다. 교육현장을 잘 아는 편집자의 손에 이 원고가 간 것은 행운이었다. 그는 처음 원고를 접하고 이런 메일을 보내왔다.

선생님의 경험이 다양한 차원에서 의미 있게 나눠질 수 있을 것 같습니다. 현직 교사들에게는 자기 직업의 오리지널리티를 일깨우고, 퇴직 앞둔 교사들이 미래를 설계하는 데 도움이 될 수 있으며, 지자체와 교육청, 시민들이 협력하여 만들어가는 마을교육공동체 안에서 교육자의 다양한 역할 모델을 세우는 데 영감을 줄 수 있을 듯합니다.

꼭 그런 의미를 담고 정리한 원고는 아닌데, 메일을 보고 나니 그럴 수도 있겠다는 생각이 들어 놀랐다. 어찌 보면 원고를 이런 방향으로 다시 수정해볼 것을 암시하는 메일이었는지도 모른다. 며칠 후에는 20여 권의 책이 왔다. 원고를 가다듬는 데 참고하라는 배려였다. 책의 내용이 좋아 읽다 보니 원고 고치기는 미루고 독서에 빠져들게 되었다. 교육에 대한 다양한 생각과 경험을 접하는 수련의 기회였다. 힘겹게 다듬은 원고를 보내고 이하영 편집자를 만난 것은 2년이 지난 후였다. 내 건강 문제와 여러 사정이 겹친 탓이었다.

　　이하영 편집자는 그의 책, 『책 읽는 책 쓰는 책 만드는』에서 "편집자는 저자의 에너지를 잘 끌어내기 위하여 존재하는 사람"이라고 말한다. 말 그대로 부족하고 산만한 생각을 초점화하여 저자의 모든 자원이 총동원되도록 조정하는 마력이 있었다. 감사드린다.

2024년 5월 31일
권정언

차례

1장

가르치지 않기

낙엽을 만드는 아이들

가을 운동장에 낙엽이 날리기 시작하면 6학년 우리 반 아이들은 아침마다 바빠진다. 흩날리는 낙엽을 치워야 하기 때문이다. 낙엽이 많지 않을 때는 운동장이 금세 깨끗해진다. 그러나 차츰 가을이 깊어가면서 낙엽이 점점 쌓이게 되면 한 잎 두 잎 줍는 것으로는 해결이 되지 않는다. 빗자루로 쓸고, 비닐 부대에 담고, 손수레까지 꺼내 온다. 운동장은 매일 아침 낙엽 쓸기 전쟁터가 된다.

어느 날, 아이들이 낙엽 청소를 하고 있는 운동장으로 나갔다. 그런데 아이들이 낙엽 청소는 하지 않고 빗자루로 나뭇잎을 털고 있다. 얕은 나뭇가지는 빗자루로 힘차게 후려치고, 좀 높은 곳은 빗자루를 던진다. 땅바닥으로 아직 단풍 들지 않은 녹색 잎들이 찢겨 떨어진다. 몇몇 아이들은 운동장 가장자리에 있는 무궁화나무 잎을 손으로 훑어내고 있다.

"얘들아, 너희들 지금 뭘 하는 거니?"

"선생님, 우리 아이디어 모르세요?"

"아이디어라니?"

"봐요. 매일 청소하느라 힘들잖아요. 나뭇잎을 미리 털어 놓으면 쉽잖아요."

그러니까 나뭇잎이 단풍 들기 전에 아예 털거나 뜯어내면 매일 힘들 필요 없다는 이야기였다. 나는 순간 멍해졌다. 한참을 서 있다가 겨우 말을 꺼냈다.

"그렇구나! 오늘은 낙엽 청소 그만하고 들어가자."

아이들은 "와!" 하고 신나게 교실로 달려갔다.

✲✲

가을엔 낙엽 곁에 앉아보라/ 그만큼 따뜻한 것은 지상에 없다/ 저들끼리 낮은 목소리로 이야기하는 낙엽들/ 낙엽은 한데 모여서 산다

이기철 시 〈낙엽은 한데 모여서 산다〉 중에서

낙엽을 한웅큼 집어서 주머니 속에 넣고/ 그리운 추억 속에 날이 저문다

박화목 시 〈낙엽〉 중에서

낙엽은 이렇듯 아름다운 시어이다. 낙엽은 사색과 낭만과 그리움을 불러낸다. 그런데 운동장 낙엽은 아이들에게 왜 귀찮은 청소의 대상이 되었을까? 마침 그날은 교장 선생님, 선임 교감이 모두 출장 중이었다. 직원 조회 때 눈치 보지 않고 맘 놓고 말할 기회였다.

"오늘도 아이들이 아침 내내 낙엽 청소하느라 전쟁을 치렀어요. 낙엽은 쓰레기가 아닌데, 뭔가 잘못 판단된 진실이 되었어요. 이제부터 낙엽 청소는 하지 않으면 좋겠어요."

이야기가 끝나자 무슨 말인지 알겠다는 듯 선생님들이 박

수를 쳤다. 다음 날 아침이었다. 교문에 들어서는데 스피커에서 주번 선생님의 쩌렁쩌렁한 소리가 울려 퍼졌다.

"운동장 청소 담당 학급은 지금 빨리 나와 낙엽 청소 하세요."

어제 조회 때 받은 박수가 말짱 도루묵이 되었다.

⁎⁎

시골 학교의 운동장은 조용한 절집 마당 같다. 가을이 익어가면서 운동장에도 낙엽이 내려앉기 시작한다. 창밖의 햇살이 맑다. 운동장 가장자리 나무 밑에서 기사님 둘이 열심히 비질을 한다. 자세히 보니 나무 밑의 낙엽을 쓸고 있다. 나도 모르게 발길이 운동장을 향했다.

"수고들 합니다. 그런데 낙엽은 무엇 하러 쓸고 있어요?"

비질을 멈춘 기사님들이 의아한 눈빛으로 쳐다본다.

"앞으로는 낙엽 쓰는 수고는 그만 하지요. 아이들 놀게 그냥 놔두는 게 좋겠어요!"

기사님들이 멋쩍게 웃는다. 낙엽 쓰는 일거리가 줄어서 잘 됐다는 건지, 무슨 말인지 모르겠다는 건지, 어정쩡한 채로 빗자루를 세웠다.

수업이 끝난 아이들이 운동장으로 달려 나온다. 장난치며 운동장을 돌던 아이들이 나무 밑으로 몰려간다. 폴짝폴짝 옮겨 다니며 마음에 드는 낙엽을 줍는다. 머리를 맞대고 낙엽을 서로 보여주기도 한다. 하늘에서 내려오는 낙엽을 손 벌려 받아보려 쫓아간다. 어쩌다 낙엽이 손에 잡히면 좋다고 소리 지른다. 손안

의 낙엽 갈피를 하늘로 던져 흩날려보기도 한다. 그러더니 이제
는 낙엽을 한 주먹씩 주워 낙엽 눈싸움을 한다. 친구 쪽으로 아무
리 힘껏 던져도 죄다 자기 쪽으로 다시 날아오는데도 멈추지 않
는다.

오래도록 보고 싶었던 모습이다. 낙엽은 청소할 쓰레기가
아니라고 여러 번 힘주어 말해봤지만 공허한 메아리였다. 내가
교장이 되고서야 비로소 낙엽 청소를 그만둘 수 있었다. 25년이
란 시간이 걸렸다.

내 작은 발자국

지금이야 보통 체격은 되지만 유년 시절의 나는 약골이었던 것 같다. 몸이 약하다며 아버지는 나를 한 해 늦게 학교에 입학시켰다.

1학년 때 학교에 갔다 오면 "나리나리 개나리 입에 따다 물고요." 하며 국어 교과서를 소리 내어 읽곤 했다. 셈본 공책에는 1, 2, 3…, 숫자를 쓰고 또 썼다. 그게 공부의 전부였다. 안집 아주머니가 칭찬하더라고 어머니가 말씀하신 것이 지금도 기억난다. 아무것도 할 게 없으니까 엎드려 국어 교과서를 큰 소리로 읽은 건데 그걸로 공부 잘한다는 칭찬을 받은 것이다. 면 직원이었던 아버지도 아는 사람마다 내 자랑을 했던 모양이다. 어쩌다 아버지 친구 분을 만나면 네가 공부 잘하는 녀석이냐며 머리를 쓰다듬어 주었다. 공부를 잘한다는 게 뭘 뜻하는지도 모르면서 그렇게 '공부'라는 말이 내 생활 속으로 스며들었다.

내가 다니던 중학교는 막 설립된 조그만 시골 학교였다. 면사무소 창고에서 인가를 받아 시작한 학교였으니 정말 토담집 수준의 학교였다. 학생수가 정원에 못 미쳐 불합격할 일도 없는데 입학시험도 봤고 면접도 있었다. 교감 선생님이 면접관이었다. 입학 원서를 앞에 놓고는 "공부를 잘했군요, 주산 대회에서도 큰 상을 받았네. 중학교에 들어와서도 열심히 공부하도록 해요."

라고 하셨다. 그 후에도 교감 선생님은 늘 은근한 칭찬으로 나를 격려하셨다. 국어를 전공한 교감 선생님은 일주일에 한 시간씩 도덕과를 가르쳤다. 반듯한 칠판 글씨와 카랑카랑한 음성으로 우리를 반짝반짝 정신 나게 해주었다. 교감 선생님의 신선한 가르침은 시골 학교에 면학 분위기를 조성하고 학생들 마음에 꿈을 심어주었다. 그런 교감 선생님께 얼굴에 붉은 점이 있다고 '팥죽'이라는 별명을 붙였으니, 우리는 철부지들이었다.

학교는 모든 환경이 어설펐다. 교과서와 분필을 빼놓고는 다른 교구가 있지도 않았고, 특별한 활동을 한 기억도 없다. 알파벳을 처음 배우면서 영어가 참 재미있다는 생각이 들었다. 그런데 우리를 가르치는 영어 선생님은 영어를 전공한 분이 아니었다. 좋은 영어 선생님 만나는 게 우리들의 간절한 바람이었다

그때 우리는 중학교와 고등학교가 한 건물을 사용했다. 고등학교는 갓 인가를 받아 1, 2학년뿐이었고 학급당 학생이 열 명도 안 되었다. 우리에게는 고등학생들이 나이 먹은 어른처럼 보였다. 어느 날, 현관 게시판에 월말고사 결과가 붙은 걸 보고 있는데, 고등학교 선배 여학생이 나를 보며 "네가 권정언이니?" 하고 물어봤다. "예." 하고 대답하였더니 고개를 끄덕이며 웃었다.

그 여자 선배는 청주에서 전학을 왔는데 시험을 보면 무조건 백점이라 선생님들도 쩔쩔맨다고 소문이 나 있었다. 작은 키에 예쁘장한 얼굴로 눈이 반짝반짝 빛났다. 우리의 로망이던 선배가 말을 걸다니 나는 그저 얼떨떨했다. 그 후로 학교에서 만나면 나는 꼬박꼬박 인사를 했고 선배는 그때마다 반갑게 웃으며 다독거려 주었다. 그러다가 새 학년이 되었는데 그 선배가 보이

지 않았다. 전학을 갔다고 했다. 왠지 서운했다. 몇 달이 지난 어느 날 아침, 교실에 들어서니 친구가 쪽지 편지를 전해주었다. 전학 간 그 선배에게서 온 것이었다. 친구들이 호기심 가득한 얼굴로 우르르 몰려와 편지를 같이 읽었다. 어머니 장례를 치르고 돌아가는 길이라는, 슬픈 사연이 담긴 글이었다. 더 열심히 공부하라는 당부도 잊지 않았다. 이 세상에 태어나서 처음 받아본 편지였다. 집에 와서도 몇 번이고 읽었다. 쪽지에 이사 간 곳의 주소가 적혀 있어 답장을 보냈다. 갑자기 전학을 가서 서운했고, 공부 잘하는 선배님이 부럽다는 내용이었을 것이다.

그 후로도 자주 편지를 했다. 한마을에 사는 우체국 직원은 선배에게서 온 편지가 있으면 꼭 나를 만나 직접 주었다. 아마 발신인이 여자 이름이라 무슨 비밀 보장 차원의 배려인 듯싶었다. 고맙다는 생각이 들기는 했다. 학교로도 편지가 왔는데 선배의 삼촌인 신 선생님이 불러서 전해주셨지만 탐탁치 않다는 표정이었다. 우체국 아저씨도, 신 선생님도 그 편지 속 내용이 내가 공부하다 막힌 영어 문제라는 것은 몰랐을 것이다.

질문을 보내면 선배는 척척 답을 알려주었다. 모르는 게 있어도 참고할 책도 없고, 물어볼 사람도 없이 그저 끙끙대며 교과서나 다시 읽어보는 게 고작이었던 그때, 이렇게 시원스러운 해답을 구할 수 있다는 것은 큰 기쁨이었고 감동이었다. 질문하는 내용이 너무 유치한 수준이라 안타까웠는지, 고등학교에 가려면 더 체계적인 공부가 필요하다며 선배는 나를 걱정했다. 그러면서 유진이 지은 『구문론』이라는 책을 사서 보면 좋겠다고 했다. 이렇듯 선배는 내 배움의 길에 하늬바람이 되어주었다. 선배가 서울 사범대에 진학한 것을 안 것은 훨씬 훗날의 일이었다.

중학교 과정을 마칠 무렵 나의 소망은 서울에 있는 교통고등학교에 진학하는 것이었다. 무슨 특별한 목적이 있는 것은 아니었다. 그때 우리 중학교에서는 교통고등학교 가는 게 하나의 유행이었다. 국립이라 등록금은 없고 기숙사도 있으며 졸업하면 바로 철도 공무원이 되어 기차도 공짜로 탄다는 것이다. 참 순진한 시골 학생의 선망이었다.

그러던 어느 날이다. 아버지가 충주에 다녀오시더니 이 학교 시험을 보라고 하시며 원서를 꺼내셨다. 충주사범학교 원서였다. 교통고등학교 원서는 빳빳한 A3 용지에 인쇄하여 멋져 보였는데, 사범학교 원서는 A5 규격의 얇은 용지라 뒷면 글씨가 다 비쳐 보였다. 원서 용지 자체가 차원이 달랐다. 큰 실망이었다. 그렇다고 거역할 뚜렷한 명분이 있는 것도 아니었다.

마음에 두었던 학교도 아니라 입학 경쟁률이 어느 정도인지, 지원 학생들의 경향이 어떤지도 모르고 무작정 시험을 보러 갔다. 수험장에 들어서자 주눅이 들었다. 따라온 부형들이 웅성거리는 분위기에 압도되었고, 잠깐 사이에도 프린트 묶음을 넘기면서 중얼거리며 공부를 하고 있는 수험생들의 모습에 덜컥 겁이 났다. 아무것도 가져온 것 없는 채로 멀뚱멀뚱 앉아 있으려니 초조함만 더해갔다.

사범학교 시험이 이렇게 열기가 높구나, 합격은 어림도 없겠다는 생각이 들었다. 불합격은 당연하고, 이제 어디로 진학해야 할지 막막했다. 그런데 며칠 뒤 우체부가 전보를 가져왔다.

"1차 합격. 2차 면접 14일~15일."

합격이라고? 하지만 소용없는 기쁨이었다. 전보 받은 날이 14일 오후였으니 첫날 면접은 이미 끝난 시간이었다. 형님이 이리저리 수소문한 끝에 2일 차 면접에 응시하도록 허락을 받을 수 있었다. 부랴부랴 준비하고 충주에 도착한 것은 14일 밤 늦은 시간이었다.

이튿날 시험장으로 갔다. 수험표를 가슴에 달고 1일 차 면접을 보면서 2일 차 면접도 함께 봤다. 한 사람씩 실기 중심의 시험이라 소급하여 실시하는 것이 가능했다. 중학교 때 교과서로 공부한 것이 전부인 내게 실기 면접의 내용은 모두가 생소했다. 그런데도 최종 합격을 했으니, 어찌 된 일인지 수십 년이 지난 지금도 의아하다. 그렇게 얼렁뚱땅 사범학교에 입학하며 교육의 길에 들어서게 되었다.

세 학교, 세 교장 선생님

　　무슨 소명의식이 있어 출발한 길도 아니었고, 젊은 나는 늘 다른 곳으로 탈출하려는 막연한 허상을 좇고 있었다. 덕신초등학교는 네 번째 학교다. 이 학교에 갔을 때의 나는 교사 생활 5년 차로 아직 서른도 안 된 서툰 청춘이었다.

　　당시 이 학교는 도 지정 사회과 연구학교라 늘 팽팽한 일정으로 돌아가고 있었다. 이곳에서 만난 김 교장 선생님은 흔히 그려지는 교장 선생님의 인상과는 거리가 있는 모습이었다. 우뚝한 체구에 세련된 색조의 슈트를 입고, 검은 안경을 썼다(안구 건조증으로 충혈된 눈을 가리기 위해서였다). 운동장을 성큼성큼 걸어오는 모습은 마치 패션모델이 런웨이를 행진하는 느낌이다. 어떤 사람과도 잘 어울리던 그는 젊은 교사들과의 술자리에서도 뒤지지 않았다. 좌석을 즐겁게 하는 유머가 넘치던 그는 교육이론은 말할 것도 없고 모든 분야를 폭넓게 알고 있었다. 그런데도 자기를 드러내려 하지 않았다. 어쩌다 짤막하게 한 말씀 하시는데 그 안에는 많은 의미가 함축되어 있었다. 넌지시 큰 방향만 제시하고 간섭하지 않았다. 그는 합리적이라 생각되면 어떤 의견도 받아들였다.

　　교장실 테이블에는 늘 새로운 교육 도서가 놓여 있었다. 책상 한켠에는 모눈종이, 나침반, 각도기, 삼각자가 있었다. 당시

학교의 외부 환경을 새롭게 설계하며 정비작업을 진행 중이었다. 그 일을 돕기 위해 학구 내 주민들이 횃불을 켜 들고 야간작업을 나올 정도로 교장 선생님에게는 리더십이 있었다. 교직원은 물론이고 학부모와 아동 모두가 교장 선생님을 좋아했다.

1973년, 광주에서 3차 교육과정 세미나가 있었다. 교장 선생님은 교감 선생님과 연구부장과 나를 그 세미나에 출장을 보냈다. '교육과정'이라든가 '세미나'라는 용어조차 익숙하지 않은 때였다. 세미나 전날, 숙소에서 교감 선생님이 내게 이렇게 말했다.

"교장 선생님이 자네를 이곳까지 보내주는 건 참 행운이며 영광인 거야."

그게 뭔 말인지 잘 실감이 나지 않은 채 다음 날 세미나에 참석했다. 그날의 강사들은 모두 교과서를 직접 집필하였거나 관여한 현직 선생님들과 교수들이었다. 나는 특히 교과서를 집필한 현직 선생님들의 얼굴을 직접 본다는 게 무척 새롭고 짜릿하기까지 했다. 국어 1학년 교과서 첫 페이지를 '가자'로 시작한 것도, 삽화 중에 손가락을 빠는 모습을 그린 것도 다 이유가 있었다. 듣는 이야기마다 흥미로웠다. 강사들의 프로필을 살펴보며 더욱 놀랐다. 현직 교사 신분으로 유학을 다녀왔고, 박사 학위도 소지하고 있으며, 저서도 많은 분들이었다. 해당 분야의 최고 전문가였다.

세미나를 마치고 돌아오는데 말로 표현할 수 없이 벅찬 느낌이었다. 세미나 현장의 강사 선생님들 모습이 자꾸 떠오르고 그들이 부러웠다. 초등학교 선생님에게도 공부할 분야가 참으로 많겠다는 생각이 들었다. 괜한 허상을 좇는 어리석음은 접어두고 선생님 공부를 열심히 해야겠다고 다짐했다. 이후 방송통신대학, 대학원, 서울대 행정 연수 과정에 들어가 공부한 것도 광주 세미나 참석의 연장이었던 것 같다.

광주 세미나에서 알게 된 안 장학사님은 우리 학교에 장학지도를 올 때마다 신간 교육 도서 몇 권씩을 준비해 와 소개해 주곤 했다. 그중 하나가 『창조성 교육의 실제』(김학수 외, 배영사)라는 책이었다. 나는 이 책에 크게 매료되어 그때부터 '창의성 교육'을 나의 개인 연구 과제로 삼았다. 그로부터 10여 년 후에는 대한교총 현장 연구에서 창의성을 주제로 한 연구 보고서를 냈다. 지금도 내 서가에 이 책이 노랗게 찌든 채로 꽂혀 있다. 책 뒷장을 펴보면 '1969년 7월 발행, 정가 700원'으로 되어 있다. 50여 년 전의 책이지만 지금의 흐름과 크게 다르지 않다. 나에게는 어떤 책보다 고마운 책이다.

덕신초등학교에서 6년을 근무하고 다음으로 간 곳이 목행초등학교다. 소나무 숲길 안쪽의 높은 곳에 자리한 이 학교에서는 시가지와 충주호가 내려다보인다. 여기서 만난 교장 선생님은 김 교장 선생님과는 또 다른 모습이다. 작달막한 키에 대머리지만 자신감과 패기 넘치는 카리스마가 있었다. 무서운 분으로 세평이 나 있었는데 모든 일에 옳고 그름이 분명해서 그런 이야기가 나왔는지도 모른다.

열성적으로 학교를 가꾸고 활동적으로 교육을 가다듬어 주는 교장 선생님의 리더십이 나는 싫지 않았다. 어쩌다 긍정적인 면을 발견하면 칭찬을 아끼지 않았다. 어느 날 장학지도가 끝

나고 저녁을 함께하는 자리였다.

"김 장학사, 이 사람도 나중에 전문직에 나갈 수 있도록 잘 보살펴주시오."

나는 잠시 무안해졌다. 장학사라니 무슨 당치도 않는 말씀이냐고 얼굴을 붉혔다. 그날 밤, 김 장학사는 내게 전화를 주어 오늘 수고 많았고 앞으로도 자주 연락하며 지내자고 했다.

그 후로도 교장 선생님은 내가 하는 일에 늘 긍정적으로 지원해주고 격려해주었다. 그러다가 교장 선생님이 시내로 전출이 되었고 그다음 해 나도 시내로 이동해야 했다. 교장 선생님을 찾아가 다시 함께하고 싶다고 하였더니 '권 선생은 성남초등학교로 가는 게 좋겠다'는 다소 엉뚱한 대답을 한다. 성남초등학교가 문교부 과학 지정학교가 되었으니 거기 가서 연구 업무를 추진해보라는 것이었다. 그때 나는 개인 연구도 없고 더구나 연구학교를 추진한 경험도 전혀 없었다. 그런 나를 보고 문교부 지정 연구학교로 가서 실무를 맡아보라 하니 얼떨떨하였다.

그해 3월, 교장 선생님의 권유대로 나는 성남초등학교에 발령을 받았다. 이곳에서 만난 홍 교장 선생님은 앞의 두 교장 선생님과는 또 다르다. 젊은 시절에는 경찰에게 유도를 가르친 적도 있었단다. 그래서일까. 교장 선생님은 배짱이 두둑했다. 전국 소년체전 우승 기념으로 이튿날을 임시휴교로 전교생을 하루 쉬게 했다고 언론과 상급 기관으로부터 질타를 받았지만 끄떡도 하지 않았다.

나는 여러 교과 중에 과학과 가장 거리가 멀었다. 과학적 소양은 물론이려니와 실험이나 조작, 제작 등 기능적인 면도 서

툴어서 과학과 연구 책임자로 걸맞지 않았다. 그런데도 교장 선생님은 걱정할 것 없다며 다른 것 생각 말고 수업만 잘하도록 집중적으로 노력하면 된다는 것이었다. 수업만 잘하자는 이야기에 조금은 마음이 놓였다.

교장 선생님은 특정 수업을 공개하기보다는 모든 수업을 공개하자고 제안했다. 그러니까 모든 선생님이 지정 수업자가 되는 것이다. 대단히 위험한 도전이었다. 교장 선생님의 방향대로 4년간 모든 선생님이 과학과 수업을 가다듬는 일에만 온갖 힘을 다했다. 다른 일은 만들지 않았다. 과학의 탐구과정 요소를 훈련하여 탐구활동이 제대로 이루어지도록 하는 과학 본래의 수업이 되도록 하는 노력이었다. 전 학급 모든 선생님이 수업 공개를 하게 되므로 수업 능력이 고르게 향상될 수밖에 없었다. 교장 선생님의 실질적이고 대담한 결단이 없었다면 생각할 수 없는 도전이었다.

나는 이렇게 훌륭한 세 교장 선생님을 연달아 모시는 행운을 받았다.

솔밭 학교에 들러

제천에 다녀오는 길에 화당초등학교에 들렀다. 내가 교장으로 첫 발령을 받은 학교다. 근무한 지 20여 년이 지난 지금도 가끔 들른다. 교감 첫 발령도 같은 면 내에 있는 백운초등학교이고 보면 인연이 깊은 지역이다. 백운, 화당, 운학, 덕동 등 면 내에 있는 학교들 이름이 하나같이 낭만적이다. 흰 구름, 꽃댕이, 구름과학, 덕이 있는 마을…. 이름처럼 산과 계곡이 아름다운 곳이다.

휴일이라 텅 빈 교정이지만 쉬어 갈 솔밭이 있다. 학교 안에 50여 그루의 소나무가 있다. 아무리 더운 날에도 이 솔밭에 들어서면 땀이 식는다. 솔밭 밑으로는 깨끗한 냇물이 흐른다. 학교의 솔밭이 언제 조성되었는지는 알 수 없다. 마을 어른들이 어렸을 때도 지금과 같은 솔밭이었다고 하니 백 년도 더 된 듯하다.

교장으로 첫 발령을 받고 이 학교로 오던 날, 차를 몰고 교문으로 쑥 들어가는 게 내키지 않아 교문 앞에 차를 세우고 걸어 들어가던 기억이 생생하다. 이웃 백운초등학교 교감으로 있을 때도 자주 왔던 곳이라 낯설지는 않았다. 그날따라 학교 솔밭이 더욱 장엄하게 눈에 들어왔다. 교장실로 들어가니 교감 선생님이 교장 자리를 가리키며 앉으라고 했다. 어색하기도 하고 서로 잘 아는 사이라 그냥 교감 선생님 옆에 자리를 잡았다. 선생님들도 같은 고향이거나 같이 근무했던 선생님들이라 반갑고 따뜻했다.

선생님들은 넥타이를 매지 않은 교장의 차림새에 다소 의아하다는 눈빛을 보였다.

그해 가을, 운동회와 학습발표회를 앞두고 선생님들의 고민이 시작되었다. 운동회와 학습발표회는 날짜를 달리하여 치러 왔지만 이번에는 이 두 가지 행사를 하루에 할 수 있는 방안을 찾아보기로 했다.

아이들의 학습 결과물과 부모님들의 작품을 화단 주변과 테니스장 철망 등을 이용하여 전시했다. 운동회는 오전에 끝내고 점심 후에 솔밭으로 모여 돗자리를 깔고 편안하게 앉아 학습 발표회를 기다린다. 솔밭에다 임시 무대를 설치하고, 공연 준비는 사택을 이용했다. 마치 가족 소풍 나온 분위기다. 시간이 되자 학부모와 아이들이 학년 구분 없이 자유롭게 앉아 즐긴다. 정교하게 계획하고 긴장감으로 초조하게 진행하는 프로그램보다는 이렇게 마음 풀어놓고 즐기는 하루가 오히려 유익하다. 끝나고 뒷정리 할 것도 없어 모두 일어나 집으로 향했다. 운동회, 전시회, 학습 발표회 세 가지를 하나로 묶어 즐기는 꽃댕이 축제의 막이 내렸다.

다음 해 2월 졸업식 날이었다. 시골 학교의 졸업식에는 면 내 기관장이나 유지들이 으레 참석한다. 이웃 학교장, 면장, 지서장, 조합장, 동창회장, 운영위원장 등이 일제히 방문해 교장실이 가득 찼다. 차 접대를 하면서 내빈들에게 미리 양해를 구했다. 이번 졸업식에서는 내빈이 먼저 입장한 후에 졸업생이 식장으로 들어오도록 순서를 변경했다.

전날 담임에게도 부탁했다. 졸업생을 축하하는 의미가 더 중요하니까 졸업식 연습 같은 건 하지 말자고 했다. 미리 연습시키면 오히려 졸업식의 신선함을 잃게 되니 말이다.

졸업장을 주는 차례이다. 먼저 아동 이름을 부르면 이름 불린 아동이 앞으로 나와 서 있고 담임은 이 아동의 특성을 간단히 코멘트 해준다.

"지금 졸업장을 받는 김민수 군은 친구들을 재미있게 웃기는 재주가 있어 인기가 아주 높습니다. 이다음에 이름난 연예인이 될지도 모릅니다."

"박영자 양은 그림 그리기를 좋아하여 도내 사생 대회에서도 특상을 받은 바 있습니다. 나중에 미대를 가서 미술 선생님이 되는 게 꿈이랍니다."

하나하나의 멘트가 재미있고 아이에게 힘을 주고 가족에게는 격려와 위로가 되었다. 연습한 것도 아닌데 졸업장을 뒷좌석에 앉아 있는 부모님께 바로 갖다 드리며 감사의 인사를 하고 다시 제자리로 가 앉는 아이들 모습도 감동적이었다.

3월, 입학하는 날이었다. 아이를 학교에 입학시키는 날은 누구에게나 인생에서 가장 행복한 날이다. 아이와 함께 학교로 가는 길은 뿌듯하고 설레는 길이다. 봄 날씨라고는 하지만 산골 학교의 운동장은 아직 바람이 차다. 창고에 있는 헌 난로를 두 개 운동장에 꺼내다 놓고 불을 피워 놓았다. 난로마다 주전자에 물을 끓이고 책상에 차를 준비해 놓았다. 학부모들은 오는 대로 난

롯가에 모여 반가운 인사들을 건네며 차를 마신다. 임시로 생긴 '스스로 찻집'이다.

조회 단상 근처에는 헌 칠판, 화이트보드, 켄트지 등을 준비해 놓았다. 아이들은 이름도 써보고 글자도 써보며 자기 실력을 뽐낸다. 또 마을별로 동네 언니 오빠들이 만든 환영 포스터가 전시되어 있다. 얼굴 모습을 그린 것도 있고 사진을 오려 붙인 것도 있다. "영수야, 너 학교에 와서 좋지? 공부 잘해라." 환영 포스터의 글귀도 보인다.

이렇게 몸도 녹이고 차도 마시다 보니 어느새 10시가 되어 전교생이 밖으로 나왔다. 입학하는 어린이 여덟 명을 전교 아동 앞에 세웠다. 입학하는 아이들이 하나씩 조회단에 올라가 자기를 소개하는 시간이다. 친형이나 오빠가 있으면 같이 올라간다. "나는 덕동에 삽니다. 내 이름은 김석수입니다. 학교 잘 다니겠습니다." 아이들은 석구 동생이구나 하며 웃는다. 형이나 오빠가 없으면 동네 이웃 아이가 데리고 올라가 소개를 도와준다. 소개하고 내려오면 담임선생님이 학용품을 선물로 준다. 고맙다고 인사하며 제자리로 돌아간다. 아직 익숙하지 않은 교가를 부르는 대신 아이들 모두가 잘 부르는 〈올챙이와 개구리〉, 〈네 잎 클로버〉를 함께 부른다. 입학하는 아이들도 아는 노래라며 목청 높여 부른다.

다음 해에는 다른 학교로 발령을 받았다. 1년 6개월의 짧은 학교생활이었지만 화당초등학교는 지금도 행복하고 아름다운 그림으로 내 마음에 남아 있다.

모래 동산

　　내가 마지막으로 근무한 성남초등학교는 운동장의 물 빠짐이 좋지 않았다. 비가 오고 나면 며칠이고 운동장 여기저기 물이 괴어 있거나 땅이 질척하여 골칫거리였다. 마사토(굵은 모래)를 가져다 운동장에 깔면 이 문제가 해결된다.

　　마침 건축업을 하는 학부모가 있어 마사토를 트럭으로 두 대를 실어 왔다. 물이 많이 괴어 있는 곳에만 겨우 깔 수 있는 분량이었다. 운동장 전체에 마사토를 깔아야 문제가 해결될 것 같은데 어려운 일이다. 학부모는 기초 공사 때 어차피 파다 버려야 하니 공사현장에서 마사토가 나오면 가져다주겠다 했다.

　　그렇게 몇 달이 지난 어느 여름날이었다. 굵은 모래 공사현장이 생겼다며 마사토를 얼마나 보내드리면 좋겠냐고 전화가 왔다. 운동장 전체를 덮을 수 있는 양을 충분히 보내달라고 부탁했다. 무작정 욕심이 났다.

　　바로 그날부터 트럭 여러 대가 줄지어 마사토를 나르기 시작했다. 운동장 가장자리부터 덤프트럭으로 붓기 시작했다. 한 대씩 쏟아부을 때마다 작은 동산이 하나씩 생겨났다. 마치 그릇의 밥을 엎어 놓은 것 같은 마사토 더미가 운동장 가득하여 이층에서 내려다보면 설치 미술 현장 같았다.

　　다음 날은 굴착기를 불러 고르게 펴기로 했다. 이때 갑자기 '저 많은 마사토 더미를 운동장에 펴기 전에 아이들의 임시 놀이터로 하면 좋겠다'는 생각이 들었다. 그래서 내일 아침 학교에 올 때는 모두 체육복을 입고 오라고 긴급히 교내 방송을 했다.

이튿날 아침에는 예고한 대로 아이들이 노랑 체육복을 입고 등교했다. 운동장 조회 신호 음악이 나오자 아이들이 운동장으로 밀려 나왔다. 평소대로 아이들은 자기네 학급별 자리를 잡아 줄을 맞추려 한다. 앞으로 나란히 자세로 손을 올려보기도 한다. 아이들은 자기 학급 자리를 찾으려 하지만 마사토 더미 때문에 제대로 설 수가 없어 밀치고 넘어지기도 한다. 음악을 멈추고 내가 조회 단에 올라갔다. 전교생이 마사토 더미 사이사이로 늘어선 모습이 아름다운 무늬처럼 보였다.

"여러분, 비가 오면 운동장이 질고 또 고르지 못해 많이 불편했지요? 그래서 오늘 오후에는 마사토를 운동장에 쫙 펴려고 해요. 그러면 비가 와도 땅이 질지 않게 될 거예요. 그러기 전에 이 마사토 더미를 여러분에게 선물로 주려고 해요."

"선물?"

아이들이 조용해진다.

"지금부터는 이 마사토를 가지고 마음껏 놀면 돼요. 어떻게 놀아도 상관없어요. 다만 마사토를 던지는 것은 안 돼요."

아이들은 오늘의 궁금증을 알겠다는 듯 "와" 함성을 지르며 뒤엉기기 시작했다. 마사토 더미 위로 뛰어올라간다. 친구를 따라 올라가다 뒤로 미끄러져 뒤뚱거린다. 올라가는 친구의 꽁무니를 뒤에서 잡아당겨 꽈당 넘어지기도 한다. 위에서 미끄러져 내려온다. 아예 주저앉아 미끄럼을 탄다. 이 더미 저 더미 사이를 빠져 다니며 붙잡기를 한다.

얼마쯤 몸으로 시끌시끌하더니 이내 조용한 놀이로 바뀌어 가고 있다. 손으로 흙 놀이를 한다. 한 주먹씩 파서 비벼보기도 하고 양손으로 흙을 손에 옮겨가며 논다. 흙을 모아 작은 동산을 만든다. 흙더미에 개미굴도 판다. 누구 굴이 더 깊은지 시합을 한다. 팔뚝 어깨까지도 들어간다며 내가 이겼다고 소리를 지른다. 흙이 부드럽고 손에 붙지 않으니 아무 거리낌이 없다. 아이마다 흙을 갖고 노는 방식이 모두 다르다. 40여 분의 마사토 놀이가 금세 끝났다. 아이들은 아쉬운 듯 모래흙더미를 보드 타듯 몇 번 더 오르내리다 마지못해 교실로 들어갔다.

쌀 쏟아부은 것처럼 가지런했던 모래흙더미가 모두 일그러져 있다. 더미마다 생긴 딱따구리 나무 굴이 아이들의 즐거움을 말해준다. 1교시가 시작되었다. 그런데 운동장에 다시 몇 학급 아이들이 또 나와서 모래흙 놀이를 하고 있다. 더 놀자는 아이들의 성화에 못 이겨 담임선생님이 또 데리고 나온 듯하다.

'아! 너무 성급했구나. 이 마사토를 오늘 오후에 펼 것이 아니라 2주 정도 그대로 놔둘걸. 그럼 아이들에게 정말 좋은 선물이 될 것인데…'

마사토를 운동장에 쫙 펴는 작업을 빨리 마치고 싶은 마음에 좋은 기회를 놓쳐버렸다. 오후에는 예정한 대로 기계가 와서 모래흙을 고르게 펴는 작업을 했다. 운동장은 새 이불을 덮어놓은 것처럼 깨끗했다. 그 위로 아이들의 얇은 발자국이 무늬져 갔다. 아쉬웠다. 모래흙더미를 운동장에 그대로 더 놔둘 것을.

퇴임 후 한 달

　　퇴임 첫날, 2005년 3월 1일은 여느 날과 크게 다르지 않았다. 마침 내가 속해 있는 배드민턴클럽의 창립 기념일이기도 했다. 창립 기념식에서 퇴임 꽃다발을 받았다. 사람들이 "벌써 퇴임이세요?" 인사를 한다. 퇴임이라는 단어가 현실로 느껴지는 첫 순간이었다.

　　이튿날은 남산 깔딱 고개를 올랐다. 봄눈이 내리는 산길은 고즈넉했다. 어렸을 때 산골 고향 마을에 오롯이 내리던 눈 풍경이 떠올랐다. 산길을 걷는데 마치 몸이 아파 학교를 결석한 아이 같은 허탈한 마음이 들었다. 새 학기 첫날의 학교 풍경이 밀려왔다. 소나무에 얹힌 눈꽃이 오늘따라 다소곳하다. 내려올 때는 깔딱 고개에서 약수터로 내려왔다. 차를 세워둔 곳으로 돌아오니 두 시간이 지났다. 오전 일과는 이러면 되겠다는 생각이 들었다.

　　오후에는 배움 방 준비를 시작했다. 학교에서 500여 미터 떨어진 곳에 있는, 지은 지 30여 년 된 13평형의 소형 아파트이다. 나무가 많고 조용하며 햇볕이 잘 드는 곳이다. 시골 마을 느낌이다. 아파트 동이 둔덕에 자리하고 있어 앞이 확 트여 있다. 나중에 들은 이야기로는 풍수지리 교수가 이곳은 터의 기세가 참 좋은 명당이라 했단다.

　　이곳을 배움 방으로 정한 것은 참으로 우연이었다. 퇴직을 앞둔 2월이었다. 다른 학교로 옮겨 간 홍 선생님이 인사 차 학교에 들렀다. 이야기를 나누다 보니 자연히 퇴직 후의 생활 고민으로 이어졌다.

뚜렷한 계획이나 준비 없이 어느덧 퇴직으로 밀려온 느낌이었다. 막연히 생각한 것이 있다면 창의성 연구소였다. 창의성 교육을 연구하고 강의하며 실제 지도해보면 어떨까 하는 생각이었다. 그런데 막상 연구소를 구체화하기란 쉬운 일이 아니었다. 그렇다면 아이들을 직접 가르쳐보는 것으로 범위를 좁히면 어떨까 싶었다. 몇 명의 아이들을 데리고 아기자기한 배움을 만들어 가는 것이다.

대충 이런 이야기를 듣고 난 홍 선생님은 그런 장소로는 아파트가 좋겠다고 했다. 준비 과정도 쉽고 관리 운영이나 생활 공간으로도 일반 건물보다는 아파트가 훨씬 편리하다는 조언이었다. 생각도 못 한 구상이었다. 바로 그날부터 수소문하여 부랴부랴 찾아낸 것이 바로 이곳 아파트다.

먼저 전화를 신청했다. 연구실을 떠올리게 0910으로 하고 앞에는 011(영원한)을 붙여 달라고 했더니 충북은 8로 시작한다며 웃는다. 집 전화가 847이니 857로 번호를 신청했다. 사무용 책상, 의자, 서가, 아동용 책상을 주문했다. 컴퓨터와 복사기도 신청해 놓았다.

같은 일정이 반복되었다. 오전에는 산행, 오후에는 배움방 준비였다. 화이트보드, 게시판, 시계, 스탠드, 학습 용구, 사무용품, 사전, 학습 도서 등 매일 같이 준비해도 빠지는 것이 자꾸 나온다. 새살림 준비처럼 바빴다.

아이들이 풀꽃과 함께 놀도록 베란다에 미니 화단을 만들어야겠다는 생각이 떠올랐다. 혼자 할 수 있는 일이 아니라서 같이 근무한 기사님들의 도움을 받아야 했다. 물이 새지 않게 비닐과 부직포를 깔고 나무토막으로 테두리를 만들었다. 차로 흙을 실어와 채웠다. 베란다에 작은 화단이 생겼다. 몇 가지 풀꽃을 가져다 심었다.

방 입구에 명판을 하나 달아야겠다는 생각이 들었다. 서예가 서 박사에게 글씨를 부탁했다. 鳳巖敎育硏究室(봉암교육연구실). '봉암'은 서 원장이 내게 지어준 호다. 현판 서각은 강 선생을 찾아갔다. 강 선생은 서 박사가 써준 글씨를 취한 듯 바라봤다. 크기와 재질 등을 상의했다. 은행나무(65cm×26cm)에 음각으로 하고 옻칠하기로 했다. 한 달여에 걸친 준비가 웬만큼 된 것 같다.

준비를 끝내고 3월 29일, 드디어 4학년 여섯 명을 처음 만나는 날이다.

"이곳이 우리가 함께 활동할 봉암교육연구실이야. 앞으로 줄여서 '봉암' 또는 '연구실'로 부르기로 해. 그래서 전화번호도 0910도 정했단다."

경민이는 이 말을 듣고 '연구를 10년간(0910)'이라며 새로운 해석을 붙여주었다. 잠시 실내를 자유롭게 돌아보게 했다. 한 녀석이 베란다 문을 열더니 큰소리로 외친다.

"야, 흙냄새가 난다."

아이들이 우르르 베란다 쪽으로 모인다. 시원한 공기가 훅 들어온다.

"어, 풀이 있다."

흔히 볼 수 있는 풀꽃들이다. 별꽃, 꽃마리, 민들레, 제비꽃 들이 봄을 알려준다.

'집이 아주 작다. 선생님 혼자 사신다. 가스레인지가 없다. 서류함이 많다. 실험하는 게 많다. 나무에 한자가 쓰여 있다(명판). 신기한 돌이 많다. 똑같은 책이 많다. 칠판이 여러 개다. 화단이 있다.'

집안을 살펴보고 다들 한마디씩 한다. 13평 아파트 크기니 좁게 느껴질 만도 하다. 방이 두 개다. 하나는 배움 방으로 하고 또 하나는 사무실이다. 배움 방은 책상 두 개를 붙여 놓고, 한쪽 서가에는 아이들이 활용하는 책들을 꽂았다. 화이트보드 세 개를 걸어 놓아 아무 곳에나 편리하게 활용할 수 있게 했다. 사무실은 사무기기와 책장을 들였다. 거실과 미니 창고, 뒤쪽 베란다와 보일러실은 학습 용구와 자료를 비치했다.

아이들에게 공책을 한 권씩 나눠 주었다. 줄 없는 공책이다. 줄 쳐진 공책보다는 백지 공책이 자유롭다. 줄이 없는 종이 위에 마음대로 쓰고 그리게 하는 것이 훨씬 자유로운 자기활동을 할 수 있을 것 같았다. 공책 겉장에 붙이도록 '생각하는 공부'라고 쓴 라벨을 나누어 주었다.

"어디에 붙여요?"

"너희들이 붙이고 싶은 곳 아무 데나 붙이면 돼."

아무 데나 붙이라니 오히려 망설여지는 듯했다. 그러더니 공책 표지를 이리저리 살피다가 자기 마음 가는 곳에 붙인다. 아이들이 라벨 붙인 공책을 모아서 칠판 밑에 한 줄로 늘어놓았다. 공책 모서리, 가운데, 왼쪽, 오른쪽, 아래쪽, 가운데 등 라벨 붙인 위치가 모두 다르다.

"공책 라벨 붙인 자리가 모두 다르구나?"

아이들은 자기 마음대로 붙인 게 잘못됐다는 줄 알고 눈을 깜박거린다.

"라벨 붙인 게 정말 마음에 든다."

"뭐가 마음에 들어요?"

생뚱맞다는 말투다.

"모두 똑같은 자리에 붙이지 않고 자기가 좋아하는 곳에 자기 마음대로 붙였거든. 그러다 보니 이렇게 서로 다르지 않니? 앞으로 선생님은 너희들과 이렇게 공부하고 싶단다. '다르게 생각하는 공부' 말이야."

이렇게 무엇이든지 서로 다르게, 새롭게 하는 것을 잘하는 공부로 선생님은 생각한다고 일러주었다. 그게 무슨 말인지 아이들은 잘 모르겠다는 듯 빤히 쳐다보기만 한다.

첫 활동으로 두루 살펴본 방의 내부 구조 평면도를 공책에 그려보기로 했다. 입체적인 방의 구조를 평면으로 나타내는 작업이 만만치 않은 듯하다. 너무 세밀하게 나타내려다 멈추기도 하고 구조와 크기가 엉뚱하여 처음부터 다시 그리기도 한다.

　　출입구 정면 벽에 아이들과 함께 명판을 걸었다. 까만 바탕에 흰 글씨가 선명하고 아래위로 나무껍질이 자연 그대로 붙어 있다. 나무에 섬세하게 새긴 것이 마치 종이에 쓴 글씨처럼 보였다. 이 현판이 주는 느낌으로 배움의 길을 함께하려는 마음이었다.

터득하는 기쁨

내 학교생활을 돌아보면 기억나는 선생님은 그리 많지 않다. 초등학교 때 중간 놀이 시간이면 전교생에게 무용을 지도했던 남자 선생님이 계셨다. 무용 동작을 겸연쩍어하는 우리에게 쩌렁쩌렁한 목소리로 동작을 알려주며 열성적으로 가르치셨다. 그러던 선생님이 어느 날부터 몸져누웠고 결국 병원에 입원하게 되었다. 병실의 선생님은 퀭한 얼굴에 아무 말도 없었다. 얼마 후 돌아가셨고 학교 운동장에서 영결식을 했다. 그때 소복을 입은 사모님 품에 안긴 아기의 모습이 지금도 떠오른다.

중학교 때 교감 선생님이 교실에 들어와 칠판에 글씨를 쓸 때면 우리는 뚫어지게 칠판을 바라봤다. 칠판에 반듯하고 곧은 글씨가 만들어지는 순간순간이 우리를 숨죽이게 했다. 그만큼 정성을 다한 글씨였다. 글씨뿐만 아니라 카랑카랑한 목소리도 우리를 정신 바짝 나게 했다.

호랑이 역사 선생님은 어느 여름방학 때 골마루에 누워 낮잠을 자고 있었다. 두툼한 역사책이 베개였다. 정교사 자격시험 준비 중이었다. 그해 말, 선생님은 시험에 합격하였고 그 축하 분위기를 우리 학생들도 느낄 수 있었다. 호랑이 선생님, 두꺼운 역사책 베개 그리고 합격이 한 줄로 이어져 생각난다.

사범학교 때 생물 선생님 뒷주머니에는 시집이 늘 꽂혀 있었다. 점심 때면 현관 층계에 앉아 시집 읽는 모습을 자주 볼 수 있었다. 영어 선생님은 입영 절차를 밟느라 머리를 깎은 청년 교사였다. 한국일보에 매월 문학 평론을 하고 있는 선생님이 진짜 우리 선생님이라는 것을 알고 신비스럽기까지 했다. 한국 문단을 활보하는 젊은 선생님이 담당하는 영어보다 선생님의 지적 내면이 더 궁금했었다.

그러고 보면 단위 교과의 지도 내용이나 방법이 탁월해서 그 선생님이 기억에 남는 것은 아닌 것 같다. 죽음이라는 슬픔, 신선한 감성, 인간적인 모습 그리고 지적 성숙 등으로 인간의 심오한 마음을 흔드는 무엇이 있는 분들이었다. 직접적이든 간접적이든, 또는 의도했든 의도하지 않았든 학생들의 감정선과 연결되어 무언가 울림을 준 선생님이었다.

아이들은 가르치는 이의 삶의 방식과 태도를 감지한다. 그렇다면 가르치기에 앞서 자신의 삶을 다듬어가는 것이 먼저이다. 다듬어진 자신의 삶이 그대로 아이들에게 투영될 것이기 때문이다.

선생님은 아이들에게 무엇을 가르쳐야 할까? 스포츠에서 기술을 가르치기 전에 우선 필요한 것은 기본 체력이다. 아이들의 학습도 마찬가지다. 스스로 배우는 기쁨을 얻기 위해서는 기본적인 힘을 길러야 한다. 이러한 학습의 기본적인 역량을 '학습력'이라 할 수 있다. 기본적인 학습력은 관점에 따라 다를 수 있겠으나 글을 읽고 이해하는 문해력, 내 생각을 말과 글로 표현할 수 있는 표현력, 어떤 상황을 스스로 해결할 수 있는 탐구력의 세

가지로 줄여볼 수 있다. 그리고 이러한 학습력의 밑바탕은 결국 생각하는 힘이다. 모든 배움은 생각하는 힘을 기본 뿌리로 하고 있다.

이를 위해서는 당연히 활동 중심으로, 학생의 삶 속에서 소재를 찾아야 한다. 가까운 주변에서 소재를 찾아 접근할 때 실질적인 역량을 키울 수 있다. 지금 우리 아이들은 지쳐 있다. 아이들은 무거운 교육 내용을 짊어지고 끙끙대며 집, 학교, 사회공간을 옮겨 다니고 있다. 그리고 나의 시간과 생각과 공간이 없이 로봇처럼 움직인다.

중학교 때 우리는 교과서가 유일한 학습 자료였다. 참고도서라는 개념이 거의 없던 때였다. 매월 전교 일제고사 준비를 위해 시험 범위 안에서 교과서를 읽고 또 읽는 것이 우리들의 공부였다. 읽고 또 읽어서 교과서를 거의 외울 정도였다. 잘 모르는 내용도 읽고 또 읽으면 알게 되고 점점 깊이를 더해갈 수 있었다. 국어 교과서에 나오는 알퐁스 도데의 「별」은 시험에 어떤 문제가 나올까 아무리 생각해도 마땅한 예상 문제가 없어 자꾸만 읽다 보니 어느새 그 소설이 좋아졌다.

토, 일요일은 학교 교실에 가서 예상 문제를 만들어 칠판에 답을 쓰고 지우는 공부가 허락되었다. 분필을 들고 예상 문제와 답을 칠판에 가득 써놓은 다음 읽어보고 고치는 연습을 반복했다. 말하자면 칠판이 연습장이었다. 교과서를 많이 읽어서 내용을 훤히 꿰뚫게 되니 예상 문제는 적중률이 높았다. 답을 칠판에 줄줄이 써보는 연습을 했으니 시험 문제 답을 연필로 쓰는 것은 어렵지 않았다.

이렇게 우리의 공부 방법은 교과서 반복 읽기였고 스스로 문제를 만들어 답을 정리하는 것이었다. 반복 읽기에서 문장을 이해하는 힘이 향상되었고, 문제를 구성하면서 주체적인 읽기가 되었으며, 칠판에 답을 써보면서 표현하는 능력도 함께 길러졌을 것이다. 중학교 때 터득한 이러한 학습 방식은 그 후에도 변함없는 나의 학습 방법으로 정착된 것 같다. 결국, 학습은 학습자의 내면에서 이루어진다는 것을 알 수 있다.

지식의 섭취 과정을 나타내는 말에는 '알다', '이해하다', '터득하다'가 있다. 이 말은 사전에서 조금씩 그 차이를 두고 있다.

알다: 교육이나 경험, 사고 행위를 통하여 사물이나 상황에 대한 정보나 지식을 갖춘다.

이해하다: 깨달아 알다. 사리를 분별하여 해석하다.

터득하다: 깊이 생각하여 이치를 깨달아 알아내다.

'알다'가 정보나 지식을 갖추는 결과에 초점이 있다면, '이해하다'는 이보다 조금 나아가 깨닫고, 분별하여 해석하는 것에 무게를 두고 있다. 그런데 '터득하다'는 이보다 고차원이다. 즉 깊이 생각하는 것을 전제로 한다. 깊이 생각하여 사물의 정당한 이치를 '깨달아 알아내'는 것이니 훨씬 심오하고 주관이 있으며 자신감이 있다.

그러니까 '터득하다'는 알약이나 정제가 아닌, 내가 음식을 곱게 씹어서 소화해 생성시킨 영양가이다. 그러므로 '알다', '이해하다'라는 말보다는 '터득하다'라는 말이 훨씬 깊은 의미가 있

다고 하겠다. '터득하다'는 내가 스스로 사유하고 경험하여 얻어
낸 나의 진리에 가깝다.

　　우리는 아이들에게 설명하고 연습시키고는 가르친 것으
로 착각하는 수가 많다. 설명은 가르치는 사람의 자기만족 수단
이며, 복잡한 과정을 단순화시키는 자기 요령이다. 우리는 안내
자, 조언자, 협조자에 불과하며 스스로 깨우쳐가는 과정에 징검
다리를 놓아줄 뿐이다. 지식은 결코 타인에 의해서 주어지는 것
이 아니라 학습자가 스스로 '터득'해가는 것이다.

허, 참! 반 좌향좌

지금까지 배움의 과정에서 크게 상처를 받은 기억이 두 가지 있다. 초등학교 6학년 때였다. 그날 저녁, 어떻게 해서 친구들 셋이 학교 숙직실에 놀러 가게 되었는지는 알 수 없다. 숙직하는 선생님과 또 한 분의 선생님이 계셨다. 어쩌다 '$276-x=89$'와 비슷한 형태의 수학 문제를 풀게 되었다. x를 구하려면 276에서 89를 빼면 답이 나온다는데 나는 왜 그렇게 해야 답이 나오는지를 알 수가 없었다. 다른 두 친구는 금방 풀고 알아듣는 것 같은데 나는 문제 자체에서 한 발을 떼지 못했다.

선생님은 왼쪽의 $276-x$는 오른쪽의 89와 서로 같다는 뜻이라고 다시 설명해주신다. 그러니까 더 모르겠다. 어떻게 $276-x$가 89와 같아진다는 말인가. 276에서 x를 뺀 모양과 89가 같다는 말 자체가 내게는 성립이 되지 않았다. 선생님은 양쪽이 같다는 등식의 개념을 설명하지만, 한쪽에서 x를 빼냈는데 멀쩡한 89와 같다니 이게 도대체 무슨 말인가. 답답했던지 옆에 있던 다른 선생님도 거들어 설명하는데도 오히려 더 어려워졌다.

점점 미궁으로 빠지자 선생님은 원 세상에 이런 걸 모르다니 답답하다는 듯 탄식을 한다.

"허, 참!"

답답해서 말문이 막힌다는 투의 '허, 참!'이라는 소리가 내 가슴을 후벼팠다. 수치스러워 고개를 들지 못했다.

수십 년 전 그때 일이 왜 아직도 이렇게 생생히 남아 있을까? '허! 참!'이라는 선생님의 답답한 표현이 어떤 질책보다 자존심 상하는 모욕이었다. 그만큼 내게는 큰 상처였다. 지금 생각해 보아도 아리송하다. 왜 그렇게 이해가 되지 않아 선생님의 한숨을 들어야 했는지 말이다.

왼쪽과 오른쪽이 같다는 말은 추상화된 결론이다. 그러니까 조작적 연산의 단계 없이 선생님은 자신이 알고 있는 공식으로 나를 이해시키려 한 것 같다. 선생님은 간단하다며 쉽게 설명하고 그런 것도 모르냐고 한숨짓지만 나는 그게 무슨 소리인지 전혀 감이 오지 않는 걸 어쩌겠나. 선생님의 설명과 내 생각은 합동이 되지 않고 분리되어 따로 존재하고 있었다. 선생님은 답답하고 나는 더 답답한 시간이었다.

✲✲

군에 입대하여 논산에서 신병 훈련을 받을 때 일이었다. 연병장에서 제식 훈련을 받는 시간이었다. '차렷, 경례, 우로 봐, 좌로 봐' 하는 기본적인 훈련이었다. '좌향좌, 우향우' 하며 좌우로 방향을 바꾸는 동작이 끝나고 '반 좌향좌' 동작을 취하는 순서였다. 발꿈치는 붙이고 발끝만 'V'자로 약간 벌리고 주먹을 옆에 붙이면 그게 바로 차렷 자세이다. 이 차렷 자세에서 오른쪽 발을 들어 왼쪽 발에 나란히 모았다가 다시 평행으로 벌리면 그것이 '반 좌향좌'라고 조교가 설명했다. 나는 그 설명을 이렇게 받아들였다. '좌향좌'가 몸을 90도 각도로 방향을 바꾸는 것이니, '반 좌향좌'는 좌향좌의 '반'이 되는 45도만 돌리면 되겠구나, 속으로 계산하고 그렇게 자세를 취했다.

몇 번을 반복 훈련하는 중에 조교가 느닷없이 내게로 돌진해 오더니 "야, 다시 해봐!" 하며 소리를 꽥 지른다. 그 많은 훈련병 중에 나만 엉뚱한 동작을 취하고 있었던 것이다. 나는 겁에 질린 채 내가 생각한 방식으로 다시 '반 좌향좌'를 했다. 그랬더니 다시 해보라며 눈알을 부라린다. 역시 똑같은 자세를 취하니 한심하다는 듯한 표정으로 대뜸 "야! 너 학교 어디 나왔어?"라고 한다. 사범학교 나왔다고 하니 "아니, 선생까지 했다며 이것도 못해?" 하며 휙 돌아갔다. 선생이었다고 하니 조인트 까기는 참았던 것 같다.

휴식 시간이 되었다. 내가 조교의 말이 무슨 소리인지 모르겠다고 하니 옆에 있던 전우가 일어나서 시범을 보여주었다. 아주 간단한 동작이었다. 아니 그게 왜 그리 이해가 안 되었을까? 조교가 설명한 방식과 내가 받아들인 방식에는 큰 차이가 있었다. 조교는 기계적 구분 동작으로 설명했는데, 나는 내 방식으로 90도를 반으로 나누어 '반 좌향좌'를 더 어렵게 한 것이다.

숙직실의 선생님도, 훈련소의 조교도 자기들은 쉽고 잘 알지만 나는 모르겠는 걸 어쩌겠나. 자기들 기준에서 답답하다고 가슴을 치고 있었다.

아이들을 대하며 갑갑하게 느껴질 때면 그때의 선생님과 조교를 떠올리게 된다. 지금 답답한 건 선생님이 아니라 바로 아이들이라는 사실을 말이다.

새로 선생님으로 시작하며

첫 교사 발령을 받은 학교는 단양군 가산초등학교다. 버스에서 내려 벼랑길 8킬로미터를 두 시간 걸어가야 하는 곳이었다. 교통수단이라고는 광산 석탄을 실어 나르는 트럭뿐이었다. 이 트럭을 타고 가는 것보다 차에서 내려서 시커먼 손을 씻는 일이 더 힘들었다. (지금은 포장된 관광길로 단양팔경 중에 하선암·중선암·상선암의 3경이 있는 명승지다.) 3학년을 1년간 가르치다가 군대에 갔다. 이렇게 시작한 교직 생활 40여 년이 지나갔다.

1987년 학급 담임이 끝이었으니 다시 아이들을 직접 가르치는 것은 20여 년 만이다. 첫 발령을 받은 선생님으로 돌아온 느낌이었다. 어떤 활동을 만들어갈까 설레는 마음이었다. 모든 걸 새로 시작해야 한다.

우선 교육과정과 교과서를 살펴봤다. 교육과정과 교과서는 새롭게 변하는 교육의 흐름을 가장 신선하게 반영하는 기준이 되기 때문이다. 전면개정으로 이루어졌던 교육과정 개정 체제가 수시개정 체제로 바뀌었다. 그때마다 개정 내용을 확인해 두었다. 물론 학교 교과 편제를 그대로 따르는 것은 아니지만 구상하는 활동이 기본 교육 방향에서 빗나가지 말아야 하기 때문이다.

교육과정이 수시로 바뀐다 해도 교육의 기본 원리 자체

가 크게 달라지는 것은 아니다. 즉 인간은 본래부터 학습할 능력을 갖추고 태어난다. 다만 서로 조금씩 다를 뿐이다. 주변 생활, 가까운 현상에서 찾은 소재가 활동, 체험 중심으로 이어질 때 실질적인 인지 구조의 변화가 일어난다. 이러한 교육 기본 속성이 강조점과 표현 방식에서 조금씩 달라질 뿐이다.

'적은 양을 깊이 있게(less is more)'라는 말은 전체 교육과정을 압축하는 말이라 할 수 있다. 많은 양의 기계적 반복보다는 적은 양을 학습자 중심의 활동으로 깊이 있게 파고 들어가는 과정이 봉암교실 교육과정의 키워드가 아닐까 싶다.

초등학교 3학년부터 고등학교까지 매 학기 국어 수업 시간에 책 한 권 읽기 단원을 신설하고 있다. 책 한 권을 선택하여 깊이 있게 읽어보는 것은 적극적이고 실질적인 독서 활동의 강조라고 하겠다. 『이야기 넘치는 교실 온작품 읽기』와 『한 학기 한 권 깊이 읽기에 빠지다』는 이러한 내용을 구체화하는 좋은 안내서였다.

글쓰기는 특히 강조되어야 할 영역이다. 글쓰기에 관련된 도서는 참으로 많다. 그중에서 『서울대 인문학 글쓰기 강의』는 글쓰기의 어려움을 해결해 주는 좋은 길잡이였다. 대학생들을 위한 글쓰기 경험 이야기지만 놀이와 글쓰기의 경계를 허무는 활동 내용이 좋았다.

산과 들과 냇가는 아이들의 원초적 보금자리다. 따라서 식물, 곤충, 새, 물고기와 관련 있는 도서를 찾게 된다. 『멀뚱이의 식물 일기』는 초등학교 저학년에 맞는 책이다. 그런데 짤막한 설명과 그림이 오히려 어른인 내게도 쏙쏙 들어온다. 차츰 책을 찾아가다 보면 『우리 나무 백가지』, 『숲해설 아카데미』, 『나는 나무처럼 살고 싶다』로 다리를 놓아가며 자연의 세계로 들어가게 된다.

우리나라 역사에 대해서는 시리즈 형태로 나온 도서가 다양하게 나와 있다. 역사를 처음 대하는 아이처럼 『큰별쌤 최태성의 한국사 수호대』를 읽어봤다. 그림 동화로 되어 있어 흥미를 갖고 읽을 수 있었다. 이야기를 나누는 형식으로 되어 있는 『사진과 그림으로 보는 한국사 편지』로 역사의 장면들을 다시 봤다. 『아! 그렇구나! 우리 역사』는 역사 내용의 평면적 전달보다 역사 사실을 객관화하여 연구적으로 바라보는 시각을 갖게 했다. 이러한 기초 위에 필요할 때마다 전문 도서를 찾아보게 되었다. 영상자료를 검색하면 새로운 정보를 만날 수 있었다.

'어떻게 가르치는 것이 과연 수학일까?' 늘 갖게 되는 의문 중의 하나이다. 계산하고 풀어서 정답을 내는 과정을 반복하는 것이 삶에 무슨 도움을 주는가? '수학으로 보는 세상(MIC, Mathematics in Context)'은 이런 질문에 답을 주는 새로운 패러다임의 수학 교육이다. '수학으로 보는 세상'은 맥락(脈絡) 속에서의 수학을 의미한다. 여기서 맥락은 실세계의 문제를 중요시한다는 점이다. 수학을 배운 다음 실세계에 적용하는 것이 아니고 실세계의 문제를 생각한 다음 수학화하는 과정이다. 그중에서 극히 일부분에 접근하여 수학의 참뜻을 새겨 보는 기회로 삼았다. 스토리텔링 수학을 뛰어넘는 새로운 접근이었다.

초·중·고에서 사용하는 한문 교과서를 모두 살펴볼 필요가 있다. 기초 과정부터 신중한 안내가 요구된다. 기계적이고 반복적인 연습 형태로 학습의 효과를 떨어뜨려서는 안 되겠다고 생각했다. 기본적인 한자의 원리 위에 생활 속에서 알아가는 과정이 필요하다. 사자소학, 동몽선습, 논어 등에서 유익한 문장을 뽑아 익힘으로써 한문의 기초적인 구조를 터득하게 했다.

창의성은 지금까지 내가 추구해온 개인 연구과제이기도 하다. 아이들의 일상에서 창의성이 발현되도록 도와주고 싶었다. 창의성은 지식, 스킬, 성향, 풍토의 기본 요소를 포함하고 있다. 이 중에서도 자율적 풍토는 창의성에 가장 크게 영향을 주고 있다. 학습 환경을 자유롭게 조성하는 것은 창의성의 출발선이다.

우선은 생각을 바꾸는 공부가 중요하다. 한 가지 관점에서 사물을 보지 않고 다른 각도에서 볼 줄 아는 훈련이 필요하다. 그런데 다른 시각에서 볼 수 있으려면 그런 것이 존중되고 허용되는 분위기라야 한다. 겁이 나고, 주저되고, 면박 당하는 분위기에서는 생각을 바꾸기가 쉽지 않다. 일상적으로, 하던 대로, 남이 가는 대로 따라가면 편하고 안전하다. 하지만 이런 분위기에서는 창의성을 기대하기 어렵다. 엉뚱하고 이상스럽고 별난 행동들이 허용되는 풍토가 바탕에 있어야 한다. 『생각의 탄생』, 『창의성의 즐거움』, 『인지니어스』는 창의성 교육 방향을 설정하는 기준이 되어주었다.

다시 책을 열어가며 아이들의 생활 속으로 들어가 새로운 그림책을 엮어나가기로 했다. 배워가며 가르치는 즐거움이 그렇게 시작되었다.

아이들은 학교에서 보던 교장 선생님이 자기들을 직접 가르친다는 걸 의아해하고 신기해했다. 나 역시 그랬다. 처음에는 쑥스럽기도 하고 어색하기도 했다. 그러나 시간이 지나면서 차츰 적응되고 안정을 찾을 수 있었다. 활동 구상과 실행이 해마다 쌓이면서 설계도가 서서히 그려졌다. 나는 도면도 없이 집을 지어가며 설계도를 완성해가는 엉성한 목수였다. 그래도 미리 그려놓은 설계보다는 현장에서 작업을 진행하며 만들어가는 과정이 더 즐겁고 역동적이었다.

교과별 배움 형태에서 벗어나고 싶었다. 모든 배움에 바탕이 되는 기본적인 학습력, 즉 배우는 근력을 키워주고 싶었다. 학습력의 중요 요소에는 여러 가지가 있겠지만 그중에서도 생각하는 힘이 가장 중요하다. 남과 같지 않고, 다르게 생각해보는 배움의 씨앗을 뿌려주고 싶었다.

세밀한 프로그램을 마련하지 않아 무모한 출발일 수도 있었다. 막연한 로망인지도 모른다는 생각에 불안하기도 했다. 새롭게 생각하는 배움 능력을 키우는 데 초점을 두고 언어, 탐구, 수리 활동을 전개한다는 큰 방향만을 설정해두었다. 따라서 월간, 주간 단위로 활동을 짜지 않고 상황에 따라 유동적이었다. 설령 오늘 활동은 이런 것을 해야겠다고 구상했더라도 아이들의 요구나 상황에 따라 확 달라지는 경우가 많았다. 또 학부모의 요구와 정보 제공으로 새로운 활동이 구상되기도 하며 지역 인사들을 중심으로 한 즉흥적인 프로그램 구성도 한몫을 했다.

모든 교육 활동을 새로 구상하면서 하나씩 투입해야 하므로 봉암의 수업은 늘 매번 다시 조율해야 하는 까다로운 현악기 같았다. 그래도 좋은 아이디어가 떠오르거나 자료가 발견되면 즐겁기만 했다. 이 활동에 아이들은 과연 어떤 반응을 할까? 어렵지 않을까? 너무 쉽지 않을까? 이런 상상을 하면서 아이들과 만나는 시간을 기다리게 되었다.

무지한 스승의 모험

이 책에서 말하는 무지한 스승이 담고 있는 '무지'의 의미는 무엇일까? 배우고 익혀 아는 것이 많아 유식하지만, 이를 내세우거나 준거로 삼지 않는 지적 겸손을 '무지'로 나타낸 중의적 표현으로 보인다. 무지한 스승의 구체적 의미는 책의 전체적 배경을 읽고 나야 그 개념을 그려낼 수 있다.

자크 랑시에르는 『무지한 스승』에서 조제프 자코트의 지적 모험을 소개하고 있다. 조제프 자코트는 프랑스에서 교사, 변호사, 교수 등 경력이 화려한 사람이다. 그러나 혼란한 국내정세에 휘말려 네덜란드로 망명을 하게 된다. 개인 교습으로 연명하면서 여러 대학에 강사직을 요청했으나 거절당한다. 3년 만에 정교수 월급의 반을 받는 강사직을 겨우 얻을 수 있었다. 프랑스어 담당 외국인 강사로서 네덜란드 학생들에게 프랑스어를 가르치는 자리였다.

그러나 문제가 생겼다. 배우는 학생들은 프랑스어를 모르고, 가르치는 조제프 자코트는 네덜란드어를 모른다는 것이다.

가르치는 공간에 언어의 소통이 완전히 막혀 있는 것이었다. 그래서 조제프 자코트는 학생들과 최소한의 연결 고리를 만들고자 했다. 이때 찾은 것이 『텔레마코스의 모험』의 프랑스어-네덜란드어 대역 판이었다.

자코트는 이 책을 학생들에게 건네주고 네덜란드어 번역문을 보면서 프랑스어 텍스트를 반복해서 읽고 외우도록 했다. 일정 기간이 지나고 자코토는 학생들의 결과를 확인해 봤다. 아무런 설명도 해주지 않고 혼자서 하게끔 내버려둔 이 학생들은 과연 어떻게 되었을까? 놀랍게도 학생들은 거의 완벽하게 프랑스어로 말하고 쓸 줄 알게 되었다.

그때까지 자코트는 스승의 주요 임무는 자신의 지식을 학생들에게 전달하는 것이고, 학생들이 스승이 가진 학식을 향해 서서히 올라오게 하는 것이라고 믿어왔다. 그러나 자코토는 이 모험에서 학생들은 가르치지 않아도 배운다는 것을 알게 되었다. 자코토는 학생들에게 프랑스어의 기본 요소에 대해 아무 설명도 하지 않았지만 학생들은 단어 어미 변화의 이치를 스스로 찾아내고, 단어들을 조합하여 문장을 만드는 법을 익혔다. 학생들은 설명하는 스승 없이도 배웠다.

조제프 자코트의 지적 모험과 비슷한 실험이 인도에서도 있었다.[*] 1999년 인도의 수가타 미트라는 뉴델리에서 '벽에 난 구멍'이라는 간단한 실험을 한다. 수가타 미트라는 연구실과 빈민

---

[*] TED의 수가타미트라 강연과 『랑시에르의 무지한 스승 읽기』, 『구름 속의 학교』를 참고했다.

가 사이의 벽 1미터 정도의 높이에 구멍을 뚫어서 그 안에 컴퓨터를 설치한다. 컴퓨터에는 고속 인터넷을 연결한 상태로 두고 어떤 일이 벌어지는지 살펴봤다. 이곳의 아이들은 거의 학교에 다니지 않으며 영어는 하나도 모른다. 더구나 컴퓨터는 본 적도 없고 인터넷이 뭔지도 모른다.

"이게 뭐예요?"

"응, 그건 나도 몰라."

"왜 이걸 여기 집어넣었어요?"

"그냥."

"만져도 돼요?"

"만지고 싶으면."

그러고 자리를 뜬다. 여덟 시간쯤 뒤에 수가타 미트라는 아이들끼리 이 컴퓨터 앞에서 서로 가르치는 모습을 발견하게 된다. 터치패드로 커서를 움직이고 커서를 클릭하면 새로운 창이 열린다는 것을 알게 된 것이다. 먼저 익힌 아이가 늦게 온 아이에게 자신이 아는 것을 가르친다.

"말도 안 돼. 어떻게 이런 일이 생기지? 얘들은 아무것도 모르는데."

사무실 동료가 이렇게 말한다.

"답은 간단해요. 아마 우리 동료 가운데 누군가 한 명이 지나가다가 마우스 쓰는 법을 보여주었을 거예요."

"그래. 그럴 수도 있겠네."

그래서 수가타 미트라는 그 실험을 다시 해보기로 한다. 이번에는 뉴델리에서 480킬로미터 떨어진 아주 외진 마을로 갔다.

거기에는 소프트웨어 개발자가 지나갈 일이 없다. 실험 통제를 강화한 것이다. 수가타 미트라는 컴퓨터를 같은 방법으로 설치해놓고 마을을 떠났다. 몇 달 뒤 다시 가봤더니 아이들이 이 컴퓨터로 게임을 하고 있었다. 그러면서 아이들이 말한다.

"더 빠른 프로세서와 더 나은 마우스를 갖고 싶어요."

"어떻게 너희들이 이런 걸 다 아니?"

아이들은 짜증이 난 목소리로 말한다.

"아저씨는 우리한테 영어로만 작동되는 기계를 줬어요. 우리는 기계를 쓰려고 서로한테 영어를 가르쳐야 했다고요."

수가타 미트라는 같은 실험을 인도 여러 곳에서 반복했고 똑같은 결과를 얻었다. 그는 이러한 실험을 바탕으로 '자기 조직적 학습 환경(SOLE)' 이론을 정립하여 '구름 속의 학교' 운동을 전개하고 있다.

1818년 자코토의 지적 모험과 1999년 수가타 미트라의 실험은 200년 가까운 시차를 두고 있다. 그런데도 두 실험이 갖는 결과와 의미는 놀랍게도 일치한다. 즉 가르치지 않았는데도 학생들은 스스로 배웠다는 점이다. 여기서 사람은 누구나 본래부터 배울 수 있는 능력을 갖추고 태어난다는 사실을 다시 확인하게 된다. 그런데 이러한 가능성이 무시되는 것이 문제이다.

학생은 아직 아무것도 모르는 불완전한 존재로, 스승은 많은 것을 알고 있는 유식한 존재로 출발한다. 그래서 스승은 자신의 유식함을 학생들에게 전달하는 것을 목표로 한다. 전달의 방법으로 효율적 교수기술이 등장하지만 그것은 화려한 자기도 취에 지나지 않는다. 스승이 아무리 잘 설명해도 결국은 학생 스스로가 길을 찾아가며 터득해야만 배움이 이루어진다. 그러므로 자코토처럼 네덜란드어를 차라리 모르는 무지한 스승이거나, 뉴델리 빈민가의 벽 속 컴퓨터처럼 아예 가르치는 스승이 없는 것이 훨씬 나을지도 모른다.

학생들은 배우려는 의지만 있으면 스스로 길을 찾아 배울 수 있다. 스승은 상황만 조성해주면 된다. 프랑스어-네덜란드 대역본을 던져주고, 괴상한 컴퓨터를 설치해 주어서 환경을 만들면 배움은 저절로 일어난다. 시시콜콜한 간섭이 오히려 방해될 수 있고 스스로 뻗어가는 뿌리를 멈추게 할 수도 있다.

랑시에르는 "유식한 스승은 자신의 학식 탓에 방법을 망치기 십상이다. 유식한 스승은 대답을 알고 있으며 그의 질문들은 자연스럽게 학생을 그 대답으로 이끈다. 이것이 훌륭하다는 스승의 비밀이다."라고 꼬집고 있다. 정해진 답을 이미 알고 있고 그 대답으로 유도하려는 스승의 노력은 결국 강압적 유인에 불과하다. 알고 있으면서도 아무것도 모르는 것처럼 무지에서 출발하는 지적 겸손이 필요하다.

어떤 앎도 전달하지 않았는데 다른 앎의 원인이 되는 무지한 스승이야말로 참으로 이상적인 스승상이다.

2장

자연 속으로

봄 나들이

길가의 개나리꽃이 봄을 알리면 우리는 봄나들이를 나선다. 마을 느티나무 밑에 차를 세워두고 약수터를 향해 걷는다.

쥐똥나무 울타리에 새카만 열매가 단단하게 붙어 있다. 이 울타리 골목을 빠져나오면 맑은 시냇물이 보인다. 아카시아와 풀꽃이 가득하다. 애기똥풀 줄기를 꺾어 노란 물이 삐져나오면 징그럽다고 도망치다가 어느새 손톱에 매니큐어처럼 바르고 자랑한다. 아카시아 숲의 벌통으로 벌들이 윙윙거리며 드나든다. 아이들은 도망치듯 달아난다.

냇물이 제법 고인 웅덩이로 잠깐 내려간다. 물고기들이 물속에서 여유롭게 헤엄치며 놀고 있다. "야! 물고기다!" 손뼉을 '탁' 치면 물고기들이 빠르게 움직인다. 물가에 올챙이들이 새카맣게 모여 있다. 손가락 끝에 올챙이를 올려놓았다가 다시 물에 놓아준다. 돌을 주워 힘껏 던진 돌멩이가 개울을 건넌다. 나도 힘껏 던져보는데 물 가운데로 첨벙 떨어진다.

돌 사이로 졸졸 흘러나오는 약수를 두 손으로 받아 마셔본다. 약수터 마당에서 훌라후프 돌리기, 줄넘기, 배드민턴을 하며 신나게 뛰어논다. 마당 가장자리 도랑물에서 도롱뇽알이 보이자 모두 몰려간다. 막대기로 건져서 얼굴에 가까이 대면 징그럽다며 소리 지른다. 그러다가도 이내 다시 모여들어 너도나도 막대기로 건져 든다. 말간 주머니 속에 까만 점들이 가득하게 박혀 있다. 손으로도 만져본다. 풍선처럼 부드럽다.

다시 산등성이로 올라가다 보니 강풍에 쓰러진 낙엽송이 골짜기에 길게 걸쳐 있다. 20여 미터나 되는 통나무 외나무다리가 저절로 생긴 것이다. 한 줄로 서서 이 외나무다리를 건넌다. 양팔을 벌려 한 발 한 발 떼며 가다 더 못 가겠으면 되돌아온다. 그러기를 두어 번 반복하면 속도가 생기고 더 멀리까지 가게 된다. 산속의 통나무 다리 건너기는 짜릿하고 흥미롭다.

조금 더 올라가니 산등성이에 평평한 쉼터가 나타난다. 오늘은 이곳이 우리들의 놀이터다. 산속 여기저기 피어 있는 진달래를 찾아가서 그 곁에 앉는다. 가방에서 『학교 가는 길에 만난 나무 이야기』 책을 꺼내 진달래 이야기를 읽어본다. 옆에 있는 진달래꽃을 살펴보며 읽는다. 진달래의 꽃술이 예쁘다. 꽃잎을 살짝 들어내 보면 꽃잎이 흩어지지 않고 그대로 붙어 있다. 철쭉꽃은 아직 피지 않아 서로 비교할 수는 없다. 그렇지만 꽃봉오리의 색깔은 연한 분홍이고 꽃받침이 끈적끈적하며 줄기는 더 희고 단단한 것을 알 수 있다.

"어느 나무가 제일 클까?"

키 큰 나무를 찾아 이리저리 뛰어다니며 나무를 하나씩 맡아 끌어안고 있다. 어느 것이 제일 클지 서로 비교해 본다. 아이들 모두가 공평한 심사위원이다. 비슷한 두 나무를 비교하고, 다시 큰 나무끼리 견주어보니 쉽게 승부가 가려진다.

다음에는 뭘 할까? 이번에는 제일 굵은 나무를 찾아내기다. 조금 전보다 더 열심히 찾아다닌다. 내가 제일 굵은 나무를 찾고야 말겠다며 나무 사이를 뛰어다닌다.

재미난 놀이 또 없을까? 제일 넓은 잎 찾기이다. 서로 대보면 어느 것이 크고 작은지 바로 비교할 수 있다. 그런데 마지막으로 남은 두 장의 잎이 비교가 곤란하다. 하나는 넓적하고 다른 하나는 길쭉하니 이를 어쩐담? 두 장을 포개 놓고 한참을 실랑이를 벌인다. 길쭉한 잎의 더 긴 부분을 떼어다 큰 잎에 붙여보면 결론이 난다.

어느덧 시간이 많이 지나갔다. 내려오면서 꼬부라진 막대기를 주웠다.

"이 막대기, 산신령 지팡이 같지 않아요?"

정말 도사님의 지팡이 같다. 나무가 우거져 하늘이 점점이 보이는 숲길을 미끄럼 타듯 내려간다. 장난치다 자빠지기도 한다. 조금 내려오니 신기한 나무가 하나 있다. 나무는 쓰러져 누워 있는데 나뭇잎이 생생하게 살아 있고 누가 나무 머리 쪽에 Y자형 받침대를 받쳐 놓았다. 바람에 부러져 넘어졌다면 잎이 살아있지 않았을 터인데 이게 뭐지? 아리송하다. 쓰러진 나무 밑동 쪽으로 가서 살펴보니 밑뿌리가 흙에 반쯤 묻혀 있다. 그러니까 아직 나무의 생명은 남아 있는 것이다.

"그런데 왜 이렇게 Y자 받침을 해 놓았지? 누가 이렇게 해 놓았을까?"

아이들의 상상 이야기가 나온다.

"이 나무는 다친 거야. 그래서 목발을 짚은 거지!"

"그냥 놔두면 나무가 옆으로 구를 수 있으니까 붙들고 있는 거야."

"사람들이 걸려 넘어질까 봐 고정한 건가?"

누가 왜 그랬는지는 알 수 없지만 쓰러진 나무를 보살피는 아름다운 마음이 느껴진다.

조금 내려오니 비탈진 산에 넓적한 바위가 보인다. 아이들이 모두 이 바위 위로 올라간다. 바위 밖으로 밀려 나오지 않으려고 서로 붙잡아준다. 콩나물시루 속 콩나물들 같이 붙어서 비행기 노래를 함께 부른다. 갑작스런 합창이 숲속을 가득 채운다.

내려오는 길은 점점 비탈이 심하다. 경사를 즐기며 내려온다. 바람에 넘어진 나무가 활처럼 휘어 걸쳐 있다. 하트 모양같다고 한다. 길 옆에 누워 있는 큰 나무토막이 보인다. 이 나무토막을 여럿이 함께 들어보자고 했다.

"아유! 저렇게 무거운 걸 어떻게 들어요."

그런데 큰 나무토막이 번쩍 들린다. 삭정이 나무라서 보기보다는 무겁지 않다며 으스댄다. 돌을 주워 저쪽 나무 맞히기 시합을 한다. 돌멩이 부딪치는 소리가 산속에서 통통 메아리친다.

비탈길에서 바라다보이는 앞산이 더욱 아름답다. 산 벚꽃들이 수놓아져 있다. 마음에 드는 풍경을 손 렌즈로 담아 본다. 저마다 손 렌즈 방향이 다르다.

커다란 밤나무가 쓰러져 길을 가로막고 있다. 기어 나오다시피 하여 밤나무 밑을 빠져나온다. 처음 출발한 길을 다시 만난다. 산을 한 바퀴 삥 돌아 내려온 것이다.

가을 숲에 물들다

8월의 무더위가 한창이던 날, 숲속에서 시인 선생님과 함께 글짓기 공부를 했다. 나무를 살펴보며 숲길을 올라갔다. 해맞이 동산에서 아름다운 충주의 호수가 내려다 보인다. 산마루 정자에 둘러앉아 시인 선생님과 시 공부가 시작되었다.

선생님은 시는 꾸밈이 아니고 직접 체험한 것을 솔직하게 표현하는 것이 무엇보다 중요하다며 사례를 통해 시 짓는 법을 설명해주었다. 특히 일기는 살아 있는 글쓰기라 강조하며, 자신의 일기장을 보여주었다. 오늘은 나무를 주제로 같이 시를 써보자고 했다.

시원한 산속의 마루와 정자에서 글을 쓰는 모습이 보기 좋다. 슬기는 노린재나무를 글감으로 선택했다. 나무에 대한 이미지가 잘 떠오르지 않는다며 노린재나무를 다시 살펴보고 쓰기 시작했다. 재환이는 등산로를 오르며 나무 설명을 들은 걸 시로 엮었다. 나무 이름과 특징을 꿰뚫어 엮은 시가 그럴듯했다.

선비 집에 회화나무
코르크 마개의 굴참나무
신문지 붙인 물박달나무
가지 옆으로 뻗은 철쭉….

살아 있는 시 공부였다.

여름의 숲속 시 교실에 이어 숲속 음악 교실도 열었다. 아름다운 충주호를 품고 있는 아담한 숲속의 교실에 모두 자리를 같이했다. 마침 가을 단풍이 곱게 물들고 맑은 날씨가 상쾌했다.

초대된 음악 선생님은 먼저 기타로 가을 노래를 부르며 즐거운 분위기를 만들었다. 그다음, 네 마디씩 음을 쳐주며 그 음에 따라 아이들이 자유롭게 노랫말을 만들도록 했다. 가을 숲속 한가운데 있는 아이들은 자유롭게 곡에 가사를 붙여갔다. 〈가을은 좋아요〉가 만들어졌다.

"가을은 좋아요. 가을은 좋아요. 시원한 바람 불어와요. 가을은 좋아요."

'시원한 바람 불어와요'를 '새들이 예쁘게 노래해요' '단풍잎 곱게 물들어요' '하늘이 맑고 푸르러요' 등으로 바꾸어 표현했다. 우리가 만든 노래를 다 함께 불러봤다. 금방 만들어서 바로 부르니 신기하고 놀라웠다.

다른 내용으로도 제목을 지어보고 작사, 작곡도 해보자고 했다. 여기저기서 제목이 만들어져 나온다. 그중에서 '우리는 음악 박사'라는 제목을 골랐고 이리 맞추고 저리 맞추어 노랫말을 가다듬었다.

"우리는 즐겁다. 음악이 있어 우리는 즐겁다. 우리는 음악 박사야."

아이들이 목소리로 노래를 만들고 악기로 연주하면서 노랫말에 음을 붙였다. 하나둘씩 멜로디언이나 리코더로 음을 맞추더니 이내 네 마디, 여덟 마디의 곡이 만들어졌다. 어느새 아이들이 즉흥적으로 작사, 작곡한 노래가 탄생되었다.

　　만들어진 곡을 멜로디언이나 리코더로 연주하며 곡을 익혔다. 그다음은 반으로 나누어 한쪽은 악기로 다른 한쪽은 목소리를 내어 불렀다. 몇 번을 번갈아가며 맞추다 보니 이제는 익숙한 멜로디가 되었다. 그렇게 모두 같이 작사, 작곡한 곡을 자랑스럽게 불렀다. 그 소리가 참 듣기 좋았다. 엄마들도 함께 불렀다.

낙엽으로 그리기

"얘들아, 아파트 옆에 나뭇잎이 많이 떨어져 있지?"

아직 공부 시간이 되기 전이라 재잘대며 놀던 아이들이 대번에 "야, 신난다. 나가 놀자."하며 한 수 앞지른다.

"그래, 밖에 나가서 낙엽 놀이 하자."

아이들이 가방을 멘 채 밖으로 달려 나갔다. 빼곡하게 들어선 느티나무 밑으로 낙엽이 쌓여 있었다. 두 손으로 낙엽을 덥석 집어 하늘로 뿌려보고는 바로 낙엽 눈싸움으로 발전했다. 낙엽은 힘껏 던져도 멀리 가지 않고 맞아도 아프지 않고 간지럽기만 하다. 그래서 낙엽 눈싸움은 더욱 신난다. 그러다가 낙엽에 벌렁 드러눕는다. 누운 아이 위로 낙엽을 수북하게 덮어준다. 낙엽을 아무리 많이 덮어도 무겁지 않다. 포근한 이불같기만 하다.

이제는 썰매를 타볼까? 비탈진 둔덕이 제격이다. 어디서 났는지 상자 뜯어진 것을 깔고 미끄럼을 탄다. 큼직한 광고지를 깔고 밀어댄다. 이것도 없으면 아예 바지를 깔판 삼는다. 바지에 구멍이 나는 것은 상관없다. 눈썰매만큼 쌩쌩 미끄러지지는 않지만 엉덩이로 밀어대는 즐거움이 더 크다. 장소를 옮겨 낙엽이 없는 비탈을 찾아가기도 한다. 낙엽 밑에 있는 나뭇가지에 걸려 아프다고 소리도 지르고, 비탈을 기어오르다 미끄러지고 넘어지기도 한다.

나무 밑을 이리저리 뛰어다니던 아이들이 이제는 예쁜 단풍잎을 찾는다. 새빨갛게 물든 단풍잎, 노란 은행잎을 차곡차곡 손에 쥐고 있는가 하면 아직 물들지 않은 녹색 잎도 손에 쥐고 있다. 다른 잎들은 울긋불긋 색깔이 들었는데 아직 녹색을 띠고 있는 것이 눈에 새롭다. 또 갈색, 노랑, 빨강 색들이 마치 여러 가지 물감이 서로 스며든 것 같은 잎도 멋지다.

　　이번에는 낙엽으로 그림을 그린다. 낙엽이 살포시 쌓여 있는 그 자체가 하나의 그림이다. 작은 아파트 주변에 이렇듯 풍요로운 자연이 있다. 아이들은 넓은 낙엽을 도화지 삼아 작업을 시작한다. 낙엽을 긁어내기도 하고 두껍게 쌓기도 하며 자기의 주제를 표현한다. 작업이 끝난 아이들은 다른 친구의 작품을 보러 이리저리 뛰어다닌다. 표현 주제는 말하지 않기로 약속이 되어 있다. 자기도 모르게 그림의 주제를 말해놓고는 '아이코!' 하면서 손으로 입을 막는 아이도 보였다.

　　작품 주변에 모여서 친구가 그린 낙엽 그림은 무엇을 나타낸 작품인지 알아맞혀 본다. 태훈이가 표현한 것은 사람이다. 금방 알아볼 수 있어 다른 의견이 없다. 특이한 것은 낙엽을 긁어내고 땅 위에 있는 새파란 풀로 이미지를 나타냈다는 점이다. 석고판에 조각칼로 새긴 것 같은 방법이다. 우리는 남과 다른 방법을 동원한 것에 박수를 보냈다.

　　강현이 작품도 인물 표현이다. 선생님이 지금 아이들이 공부하는 것을 내려다보는 모습이라고 구체적으로 설명을 덧붙인다. 소민이는 살아 움직이는 동물 모양을 만들었다. 소민이는 자기가 선생님이 된 듯 자기의 작품은 무얼 만든 것 같은지 말해보라며 아이들을 하나씩 지명했다. 소, 말, 황소, 삽사리 등 여러 동물 이름이 튀어나왔다. 소민이가 사자를 만든 것이라고 하자 아이들은 "그렇구나." 하며 동의하기도 하고 "어! 이상하다? 사자라면 머리 부분을 더 무섭게 해야지."라고 수정을 제안하기도 했다. 소민이는 얼른 머리 부분을 고쳤다.

준석이가 만든 것을 보고는 추측이 많다. 제트기, 비행기, 거북이, 사람 등 여러 가지로 짐작을 한다. 우상이는 단풍잎 모양을 만들었는데 아이들은 별, 손가락이라고 했다. 종훈이가 만든 것을 보고도 생각이 다 달랐다. 숫자 8, 꽃병, 오뚝이, 안경, 자전거 체인이라는 데 원래 종훈이가 생각한 것은 눈사람이었단다.

채은이는 평소의 성품대로 깔끔한 작품을 준비했다. 작품 주변의 낙엽을 멀찌감치 치워서 확실하게 구분이 되게 하였고 입체감을 나타내기 위해 낙엽을 많이 덧붙였다. 아이들의 상상도 다양했다. 나무, 원 카드, 꽃병이라고 했다. 채은이가 생각한 것은 물고기였다. 물고기가 나무도 되고 꽃병도 되는 것이 재미있다. 지금 아이들은 한 가지 모양을 보고 여러 가지로 바라보는 창의적인 시각을 나누며 즐기고 있다.

가을도 저물고 있지만 풍성한 낙엽 도화지에 그린 그림들은 아이들의 기억에 오래 남아 있을 것이다.

밖으로 나가요

"선생님, 오늘은 뭐 좀 특별히 다른 활동을 해요."

가을 날씨도 좋고 밖으로 나가 놀고 싶다는 이야기다.

"그래, 뭘 하고 싶니?"

"밖으로 나가요."

"그럴까?"

좁은 방 안에 앉았던 아이들이 "와" 하고 용수철처럼 튀어 오른다. 아파트를 나서 가까운 뒷동산을 향했다. 느티나무 낙엽이 어느새 쌓여 있다. 진한 갈색, 노란색, 중간색 등 같은 느티나무 잎인데도 색깔이 모두 다르다. 아이들은 서로 다른 낙엽을 주워서 차곡차곡 손에 모아보며 좋아한다.

큰 도로를 건너서 산으로 올라가는 길로 접어들었다. 철 늦은 개망초, 나팔꽃이 쓸쓸하다. 메뚜기가 호르르 날아간다. 쫓아가다 놓치고 만다. 아주까리 열매도 신기하다. 밭둑에 있는 큰 돌을 굴려본다. 골짜기까지 데굴데굴 굴러간다. 아이들은 좋다며 박수를 쳤다. 남산으로 들어가는 입구에서 잠시 앉아 쉬었다. 충주 시내가 환히 내려다보인다.

"우리 아파트도 보이고 학교도 보인다! 내가 다니는 교회는 어디쯤이지?"

아이들은 멀리 보이는 시내에서 찾기 놀이가 한창이다. 비탈밭 사과나무에는 사과가 주렁주렁 달려 있다. 바싹 다가가 큰 사과, 작은 사과, 빛깔이 제일 고운 사과를 찾아봤다. 나무에 사과가 몇 개나 달려 있나? 한 나무씩 사과를 세어봤다. 작은 사과나무에 사과가 여든 개나 달렸다. 한 그루의 꽃 같다.

허리 굽은 할아버지가 밭에 비닐을 깔고 팥을 나무막대로 털고 있다. 아이들은 팥꼬투리 속에 있는 알갱이를 빼서 손에 올려놓고 신기하다며 만지작거린다. 콩보다 작고 예쁜 색깔이다. 마침 곡식을 골라내는 키가 눈에 띄었다. 내가 서툰 솜씨로 팥 검부러기를 키에 올려놓고 까불러서 검불을 날려 보냈다. 제대로 되지 않아 팥도 딸려 나갔다. 할아버지가 빙그레 웃는다.

산비탈 무밭에서 무 잎을 살짝 걷어 본다. 파릇한 무가 탐스럽다. 포동포동한 아기 볼처럼 귀엽다. 아이들은 싱싱한 무를 하나 뽑아보고 싶어 한다. 할아버지에게 허락을 받아 아이들이 보는 가운데 무 잎을 걷어 올리고 슬쩍 힘을 주니 쑥 뽑혔다. 아이들이 돌아가며 무를 만져봤다. 서로 가져간다고 잡아당긴다. 뽑아보고 싶다고 제일 먼저 말한 사람에게 무를 주기로 했다. 비탈길을 내려와 도로를 건너는 동안에도 아이들은 쉴 사이 없이 재잘댄다.

시냇가 자갈밭에서

"맑은 강가에 깨끗한 자갈이 널려 있는 곳이 어디 없을까요?"

언젠가 엄마들 모인 자리에서 이렇게 물어본 적이 있다. 얼마 후 수주팔봉이 어떻겠냐는 전화를 받고 바로 현장을 가 봤다. 차로 20분 거리이다. 그전에도 여러 차례 지나간 적이 있었는데, 미처 생각을 못 했던 곳이다.

수주팔봉은 상수원으로 더없이 맑은 물이 넉넉하게 흐른다. 앞산이 높고 아름다우며 몇 채 안 되는 마을 집들이 평화롭다. 강가에 넓은 자갈밭이 펼쳐져 있다. 금방 물로 씻어낸 듯 깨끗한 자갈돌이다. 옛날에는 물가에 가면 으레 볼 수 있는 풍경이었다. 그리운 옛날을 찾은 기분이다.

며칠 후 아이들과 함께 수주팔봉을 찾았다. 차에서 내리니 물 위에 떠도는 새들이 보인다. 아이들이 신나서 달려가자, 새들은 무리 지어 하늘로 날아 빙 돌아간다.

강가에 자갈들이 끝없이 깔려 있다. 아이들이 일제히 돌밭으로 퍼져나간다. 돌 위에 다른 돌로 선을 그어보기도 하고. 돌을 포개어 올려놓기도 한다. 돌을 깨보기도 하고, 의자 모양의 돌에 벌렁 누워 하늘을 올려다본다. 까만 돌을 주운 친구를 보자 너도나도 검은색 돌을 찾아 나선다. 여럿이 찾아온 검은 돌을 색이

진한 순서에 따라 늘어놓아 본다. 가장 까만 돌 찾기 놀이가 흰색 돌, 길쭉한 돌, 납작한 돌, 사탕 같은 돌, 원형 돌 찾기로 바뀌어 간다.

이번에는 특이한 형태를 지닌 돌을 찾아보기로 한다. 아이들이 돌아다니면서 특별한 모양을 가진 돌을 하나씩 주워 온다. 주워 온 모양 돌을 자기 앞에 놓고 빙 둘러앉는다. 다른 아이가 주워 온 돌을 보고 어떤 모양이 떠오르는지 자기의 생각을 돌아가며 이야기한다. 마지막으로 실제 주워 온 친구가 내가 이 돌을 보고 생각한 것을 발표한다. 나는 분명 새 모양이라고 주워 왔는데 친구들은 칼 모양이라고 한다. 자기 생각과 전혀 다르게 생각하는 것을 재미있게 바라본다. 별난 모양 돌을 찾아 아이들이 다시 흩어진다. 다시 주운 모양 돌은 집으로 가져가서 가족들에게 미션으로 주기로 했다.

다음에는 돌 맞추기 놀이다. 돌을 두서너 개 올려놓고 일정 거리에 서서 돌을 던져 맞추는 놀이다. 쉽지 않다. 몇 번이고 던지다가 '탁' 맞추면 손뼉 치며 좋아한다. 그러다가 준비한 통에 돌을 던져 넣기로 바꾼다. 돌 맞추기와는 또 다른 거리 조절이 필요하다. 재미가 있다.

또 모둠별로 탑 쌓기를 했다. 마구 돌을 갖다 올려놓는다. 빨리 위로 높이 쌓으려다 우르르 무너진다. 밑 부분을 넓게 쌓아야 튼튼하다는 걸 알아낸다. 그렇게 쌓았는데도 돌탑이 흔들리기 시작한다. 사이에 돌을 끼워 무너지지 않게 한다. 돌탑 쌓은 방식과 모양은 서로 다르다. 우리 탑이 높다. 우리 탑이 멋있다. 서로 자기 자랑에 바쁘다.

이번에는 무게가 1kg 되는 돌을 찾아보자. 가져온 돌을 저울에 올려놓으니 300g, 500g, 800g, 1.3kg으로 좀처럼 가늠이 되지 않는다. 여러 차례 돌을 주워다가 저울에 올려놓고 저울 눈금을 확인한다. 저울에 올려놓아 1kg이 조금 모자라면 묘안을 찾아낸다. 작은 돌을 추가하여 저울 눈금을 맞춘다.

　　시간이 많이 지났다. 강물에 돌을 던져 누가 멀리 나가나 시합이다. 힘껏 던진 돌이 바로 앞에서 퐁당 떨어지면 까르르 웃는다. 도움닫기를 하여 멀리 날아가는 것을 보고 '야' 소리를 지르기도 한다. 마지막은 수제비 뜨기다. 한두 번씩은 경험이 있다는 듯 제법 자세를 잡아 던져본다. 다시 던지려고 납작한 돌 찾기에 바쁘다.

하늘소의 번지점프

　　나무 밑에 하늘소가 기어다니기에 아이들에게 보여주어 야겠다 싶어 비닐에 담아 가지고 왔다. 꺼내기도 전에 아이들은 하늘소인 줄 금방 알아봤다. 하늘소를 책상 위에 올리자 조금은 무섭다는 듯 쭈뼛쭈뼛 뒤로 물러서기도 했다. 그래서 하늘소를 유리컵에 담아 차례로 돌려가며 보게 했다. 움직임이나 모양을 주의 깊게 관찰하고 나서 책상 위에 하늘소를 꺼내 놓았다. 하늘 소의 움직임에 따라 아이들이 이리저리 몰리며 관찰하다가 책상 밑으로 떨어지려 하면 손으로 살짝 집어 올리곤 했다. 기어가는 앞에 지우개나 필통을 장애물로 놓고는 요놈이 어떻게 하나 지켜 보기도 했다.

　　공책 모서리의 용수철에 매달린 하늘소를 떼어내려 하니 발끝으로 꽉 붙잡고 있어 억지로는 떼어낼 수 없었다. 하늘소가 자유롭게 기어가게 하면서 연필을 사이에 넣어 들어 올리면 꼼짝 못 하고 딸려 왔다. 처음에는 꺼리던 아이들도 조금씩 만져보며 스스로를 대견스러워했다.

　　아이들은 이 하늘소의 이름을 곤충도감에서 찾아봤다. 비 슷한 것을 찾지 못하자 인터넷으로도 알아봤으나 확실치 않다. 그 종류가 너무 많아 꼭 일치하는 하늘소를 찾기가 어려웠다. 어 지간히 친해졌다고 생각되어 하늘소를 그림으로 그려봤다. 활동이 끝나고 베란다의 댕댕이덩굴에 하늘소를 올려놓고 앞으로 계속 살펴보기로 했다.

이틀이 지났다. 마침 자리를 바꾸는 날이었다. 오늘따라 아이들은 하늘소가 있는 베란다 쪽으로 서로 앉겠다고 했다. 들락거리며 하늘소를 보기 쉬운 자리를 차지하려는 것이다. 이틀 동안은 하늘소가 처음 위치에서 별로 벗어나지 않은 채 가만히 있어 아이들은 쉽게 살펴보곤 했다.

그런데 사흘째가 되는 날, 하늘소가 행방불명되었다. 댕댕이덩굴 줄기를 따라 이리저리 찾아보아도 보이지 않았다.

"밖으로 나갔나? 죽었나?"

바닥 구석구석과 미니 화단 곳곳을 찾아도 없다. 그렇게 일주일이 지나고 난 월요일. 창문 쪽을 쳐다보던 태오가 갑자기 놀란 듯 "벌레다!" 하고 소리쳤다. 소현이가 가까이 가더니 "하늘소다!"라며 소리쳤다. 며칠 동안 보이지 않던 하늘소가 창문에 붙어 있었다. 자세히 보니 방충망 바깥쪽에 붙어 있어 잡을 방법이 없다. 곤충 채집망도 어디로 갔는지 보이지 않았다. 이때 윤서가 아이디어를 내놓았다.

"선생님, 우리가 아파트 밑에 내려가 있을게요. 선생님이 막대기로 살짝 떨어트리세요. 그러면 우리가 받을게요."

"그거 참 좋은 방법이다."하고 하늘소를 주워 담을 플라스틱 통을 챙겨 주니 태오와 진우가 밖으로 후다닥 나간다. 잠시 후 휴대전화가 울린다.

"선생님, 밑에 도착했어요."

하늘소를 막대기로 떼어내라는 연락이다. 창문을 열고 방충망을 살짝 젖히고 걸상 위로 올라가 긴 막대기로 하늘소를 살며시 건드렸다. 하늘소의 번지 점프였다.

"여기 있다!" 하늘소를 통에 담는 데 성공한 두 녀석이 한달음에 올라왔다. 진우와 윤서는 "선생님, 그런데 하늘소는 뭘 먹여야 하지요?"라고 묻는다. 하늘소에게 먹이를 주어야 계속 키울 수 있을 거라는 생각 때문이다.

"글쎄, 선생님도 잘 모르겠는걸."

그러자 곤충도감을 찾아보자며 책꽂이로 달려가 한참 있더니 하늘소는 나무줄기나 잎을 갉아 먹고 산다며 윤서와 진우가 하늘소를 들고 밖으로 다시 나갔다. 태오, 소현, 예리, 효원, 혁기도 모두 따라나섰다. 밖에서 왁자지껄하는 소리가 방안까지 들려왔다. 이윽고 아이들은 플라스틱 통에 모래를 깔고 나뭇잎을 넣은 다음 작은 나뭇가지를 꽂아 하늘소의 집을 만들어 왔다. 하늘소가 그 안에서 잘 자라주기를 바라는 마음이었다. 그런데 느닷없이 혁기와 예리가 "이 하늘소는 암컷일까? 수컷일까?" 하고 물었다.

"더듬이가 기니까 수컷이야."

"아니야 끝이 뾰족하니까 암컷이야."

아이들은 한마디씩 하더니 또 곤충도감을 찾았다. 더듬이가 길쭉한 것은 암놈이고 더듬이 끝이 약간 휘어 있으면 수컷이란다. 하늘소의 아름다운 귀환이었다.

매미와 매미 허물의 만남

느티나무 밑에 매미 한 마리가 꼼짝하지 않고 있기에 아이들에게 보여주려고 가져왔다. 잠시 후에 2학년 윤서와 진우가 매미 껍질을 손에 들고 들어오며 "선생님 이거 봐요. 매미 허물인데, 나무에 붙어 있는 걸 신발주머니를 던져 떨어뜨렸어요."라며 자랑한다. 매미도 있고 매미 허물도 있으니 오늘은 매미 공부가 재미있을 것 같다.

둘러앉은 아이들 책상 위에 매미 허물을 올렸다. 아이들은 깜짝 놀라면서도 호기심이 폭발한다. 이게 무얼까? 매미 유충, 애벌레 집, 매미 허물, 매미 껍질 등 여러 이름이 등장한다. 그러면서 매미는 어른벌레가 되면 며칠 못 산다, 땅속에 오래 있다, 진을 빨아 먹는다 등 각자 알고 있는 정보가 풀려나왔다. 이때다 하고, 낮에 주워 온 매미를 슬쩍 책상 위에 올렸다.

"이 매미는 어디서 난 것이지?" 선생님이 오다가 나무 밑에서 주워 왔다고 하니까 아이들 눈이 동그래진다. 아니 이런 우연도 있나 싶은 모양이다. 진우와 윤서가 매미 허물을 가져왔고, 선생님은 매미를 주워 왔다니 약속한 우연인가? 그러면 이 매미가 혹시 이 허물에서 나온 게 아니냐고 되묻는다.

매미 허물과 매미가 함께 나란히 책상 위에 놓여 잘 어울리는 한 쌍이 되었다. 일부러 준비한 것도 아닌데 말이다. 소현이는 이 점이 특히 궁금했다. 고개를 갸우뚱거리며 또 물어본다.

"선생님 걸어왔어요? 어느 쪽에서 왔어요? 매일 그렇게 와요?"

선생님은 매미를 가져왔고 아이들은 허물을 가져왔다니 마치 서로 몰래 짠 것이 아닐까 의심이 드나 보다.

"아니야, 정말이다. 선생님은 점심을 먹고 걸어오다 요 앞에 있는 나무 밑에서 매미를 주워 왔어. 매미 허물은 윤서랑 진우가 학교에서 오다 나무에 걸린 것을 따온 거고."

다시 한번 설명해도 고개를 갸웃거린다. 그런 우연도 있다니 참 이상도 하다는 표정이다.

매미에 대해 아이들이 아는 척하다가 서로 맞지 않는 점이 생겨나자 곤충도감을 꺼내다 놓고 따져본다. 매미는 애벌레로 땅속에서 2~4년 살고 어른벌레가 되어 2~4주밖에 살지 못한다. '사람과는 반대'라며 신기하단다. 매미의 종류에도 참매미, 말매미, 유지매미, 털매미 등 여러 종류가 있다.

이번에는 매미 허물과 매미 두 가지를 그림으로 그려봤다. 움직이지 않으니 그리기가 좋았다. 그리기 좋아하는 예리는 앞, 옆, 위에서 바라본 그림을 그렸다.

공부 시간이 끝나갈 무렵 우리는 다 같이 밖으로 나갔다. 마침 매미 소리가 여기저기서 들려왔다. 나무 밑으로 달려간 아이들은 가지에 걸린 매미 허물을 따내기도 하고 매미를 찾아 툭툭 나무를 흔들어 날려 보내며 뛰어다녔다. 그때 아이들 키 높이에서 매미 한 마리가 신나게 울어댔다.

모두 모여 매미 우는 모습을 살펴봤다. 아이들이 떠들썩거려 금방 날아갈까 염려되었다. 아이들에게 조용히 하라는 신호를 보내고 이 매미가 울기를 그칠 때까지 지켜보자고 했다. 인기척이 나면 휙 날아가는 게 보통인데 이곳 숲은 사람들이 별로 다니지 않아 그런지 아랑곳하지 않았다.

매미는 아래로 살살 내려오다가 옆으로 돌기도 하며 배 아래쪽을 벌름거리며 신나게 울었다. 배가 앞뒤로 움직일 때마다 가로막이 열렸다 닫혔다 계속 벌름거리며 실컷 보라는 듯 끝없이 연주하듯 울어주었다. 가까이 다가가 매미를 손에 넣을 때까지도 날아가지 않았다. 손안에서도 계속 울어대니 배의 움직임을 더욱 자세히 볼 수 있었다.

"이제 한번 날려봐요."

손에서 놓자 찍 하며 나무 사이로 휙 날아갔다.

수염이 웃겨서

충주 용탄동에 있는 민물고기 전시관 안으로 들어갔다. 어떤 민물고기들이 있을까? 벽면에 설치된 어항 옆에 붙은 이름표를 확인하며 한 바퀴 돌고 나서 서로 비슷하게 생긴 물고기들을 세 쌍씩 찾아봤다. 얼핏 보면 비슷한 물고기들이 많이 눈에 뜨인다. 그래서 이쪽에서 본 물고기와 저쪽에서 본 물고기가 닮아 있는 것 같아 이리 뛰고 저리 뛰며 바쁘게 움직인다. 그러면서 민물고기와 더 가까워지게 된다.

그러면 어떤 물고기가 가장 마음에 들까? 세 가지를 고르고 왜 이들 물고기가 마음에 드는지 그 이유를 밝혀본다. 이제는 처음보다 더 구체적으로 물고기를 살펴야 한다. 자기 초점을 확실히 하고 물고기를 보아야 한다. 아이들의 마음에 드는 물고기는 각각 다르다. 마음에 드는 이유도 다양하다.

'작고 귀여워서, 색깔이 여러 가지여서, 모양이 특이해서, 끝부분이 핑크여서, 수염이 웃겨서, 내가 좋아하는 색이어서, 수염처럼 튀어나와서, 몸 가운데에 검은 선 같은 게 있어서, 너무 작아서, 꼬리가 예뻐서, 지느러미에 빨간색이 있어서…'

이렇게 자기가 좋아하는 물고기를 찾아보는 동안 더욱 물고기들과 친해진다. 또 다음 단계로 올라간다. 내가 좋아하는 물고기 셋 중에서 한 가지만 다시 골라 더욱 자세히 관찰도 하고 그림으로도 나타내 본다. 한 가지를 더욱 집중적으로 관찰해보는 시간이다. 그런데 지후와 우진이가 똑같이 '잔가시고기'를 선택하여 서로 맡겠다고 한다. 될 수 있으면 서로 다른 종류를 관찰하였으면 좋겠는데 양보가 없다.

"왜 잔가시고기가 마음에 들까?"

작고 귀엽다는 이유도 서로 같다. 조금도 물러서지 않고 내가 관찰하겠다며 끝까지 양보가 없다. 난처하다. 그러더니 큰 소리로 가위, 바위, 보를 외친다. 지후가 이겼다. 할 수 없이 우진이가 잔가시고기에서 메기로 바꾼다. 이제 자기가 선택한 물고기 앞으로 달려가 열심히 관찰하며 기록한다.

시간이 꽤 지났다. 자세히 관찰한 것을 이제는 친구들 앞에서 발표하는 순서이다. 관찰한 물고기 앞에서 발표하는 동안 다른 친구들도 둘러앉아서 함께 물고기를 바라보며 듣는다. 친구의 발표를 듣고 내가 새롭게 관찰한 것을 덧붙여 발표한다. 우진이의 메기 관찰 이야기다.

연한 고동색이다. 눈 옆에 수염 같은 게 나와 있다. 잘 움직이지 않는다. 수염이 4개이다. 위로 올라가려고 하지 않고 아래에 있다. 구석 같은 데를 좋아하는 것 같다. 만약에 움직인다 해도 느리게 움직인다.

우진이가 발표하는 동안 진짜 메기 두 마리는 어항 맨 밑바닥 구석에 움직이지 않고 가만히 멈추어 있다. 수염만 팔락인다. 색깔도 바닥의 돌들과 비슷하여 어항에 있는지도 확인이 잘 안 된다.

혜인이는 어항 유리에 손을 대면 각시붕어가 한곳으로 모인다고 한다. 혜인이가 손가락을 유리에 대니 먹이에 모이듯 각시붕어가 모여든다. 아이들은 재미있다며 모두 일어나 어항 유리를 모두 툭툭 쳐본다. 각시붕어들이 별 반응이 없다. 여러 명이 동시에 놀라게 하니 시들한 모양이다.

찬양이는 버들치가 '가족끼리 몰려다닐 때 행복해 보인다'고 한다. 자세히 어항 속을 들여다보니 정말 그렇다. 여유 있게 이리저리 다니는 모습이 행복하고 평화롭다. 이때 선생님이 준비한 레이저 펜으로 빨간빛을 어항 유리로 비추니, 먹이가 주어진 줄 아는지 순식간에 버들치가 포인트 지점으로 모두 몰려든다. 아이들은 함성을 지른다. 빨강 포인트가 이동하는 대로 버들치들이 이리저리 몰려드는 모습이 참새 떼 같다.

발표가 모두 끝나고 준비해 온 『민물고기』 도감에서 자기가 발표한 민물고기를 찾아 읽어봤다. 내가 발표한 물고기를 책에서는 어떻게 설명하고 있을까 찾아본다.

우진이는 메기가 움직이지 않고 밑바닥 구석에만 틀어박혀 있어 답답해했다. 움직이는 모습도 관찰할 수 없고 그림을 그리려 해도 몸 전체가 보이지 않는다. 입 부분만 보여서 모두를 그리지 못하고 일부분만 그렸다. 책을 읽어보고 메기가 왜 그러는지를 알 수 있었다.

"메기는 덩치가 아주 커. 온몸이 미끌미끌하고 입가에 긴 수염이 있어 낮에는 숨어 있다가 밤에 어슬렁어슬렁 헤엄쳐 다녀."

여기까지 읽고 나자 아이들이 모두 술렁인다.

"아! 그렇구나! 그러니까 낮에는 안 움직이고 저렇게 가만히 있구나!"

우진이는 옆에 있는 엄마께 부탁한다.

"엄마, 우리 밤에 와보자. 밤에 와서 보고 동영상으로 찍어보자."

반면 지후는 '잔가시고기' 관찰권을 어렵게 따냈지만, 민물고기 도감에는 나와 있지 않아 대신 가물치를 찾아서 읽었다. 직접 관찰한 잔가시고기가 없으니 서운한 모양이다. 책을 통해 새로운 사실을 알아내는 즐거움을 놓친 것이다.

마지막으로 친구들이 어떤 물고기를 발표했는지 그 이름을 표에 써넣어보는 시간이다. 조금 전 친구가 어떤 물고기를 발표했는지 잘 생각이 나지 않는다. 그럴 때마다 "네가 발표한 게 뭐지?"라고 물어가며 써넣는다.

예전에는 민물고기 책을 먼저 읽고 전시관을 갔었다. 그런데 이 순서를 바꾸었다. 아무런 사전 지식 없이 현장 관찰을 하고 나서 민물고기 도감을 읽도록 했다. 책을 먼저 보고 전시관을 가면 책에서 본 정보에 의존하여 오히려 형식적으로 관찰하는 경향이 많았다. 아무런 사전 정보 없이 관찰하는 것이 오히려 더욱 생동감 있게 접근하는 것을 볼 수 있다.

전시관 밖으로 나왔다. 실외 대형 양어장에는 송어나 잉어가 떼지어 움직인다. 실내에서 보던 작은 민물고기와는 달리 큰 고기들이 펄떡거리는 모습을 볼 수 있다. 물고기 먹이를 얻어서 양어장에 뿌려주면 우르르 몰려와서 먹이를 채어간다. 아이들이 돌아가면서 먹이를 뿌려주며 물고기들의 힘찬 모습을 즐긴다.

양어장 끝에는 작은 연못과 정자가 있다. 준비해 온 빵을 먹다가 부스러기를 던지면 물고기들이 날름 채 간다. 아이들은 어느새 재미있는 놀이를 만들어 자유시간을 즐긴다.

뱀딸기야, 양지꽃이야?

병욱이가 들어오더니 베란다로 나간다. 그 옆에는 동현이가 일찌감치 털썩 주저앉아 책을 읽고 있다.

"동현아. 이 꽃 무슨 꽃인지 아니?"

"아니, 잘 모르겠는데."

"그럼 우리 이 꽃 이름 찾아볼래?"

"그럴까?"

조금 있다가 "선생님, 꽃에 관한 책이 어디 있죠?" 하며 동현이가 서재로 들어온다.

"응, 책꽂이에 있을 거야."

마침 컴퓨터 작업 중이라 대꾸만 해주고 왜 그러느냐고 물어보지도 않았다. 하던 작업을 마치고 아이들이 있는 곳으로 가봤다. 그런데 동현이와 병욱이는 베란다 화단 앞에서 책을 펴 놓고 뭔가 열심히 이야기를 나누고 있다.

"뱀딸기 같지 않니?"

"아닌데, 이걸 보면 양지꽃 같은데?"

그제야 뭘 하고 있는지 짐작이 갔다. 베란다 화단에 노란 꽃이 피었다. 가는 줄기가 길쭉하게 나온 끄트머리에 샛노란 꽃이 핀 것이다. 십여 송이가 흙 위에 퍼져 있는 모습이 예쁘다. 길가나 산기슭 풀숲에 흔한 풀꽃이라서 그다지 사람들의 시선을 받지 못하는데, 집안의 작은 화단에 저렇게 철 빠르게 피어 있으니 느낌이 아주 다르다. 며칠 전, 이 꽃이 핀 것을 발견했지만 아이들에게 이야기하고 싶은 걸 참았다. 꽃이 핀 것을 보기나 할까? 만약 본다면 어떤 반응일까? 그렇게 그럭저럭 이삼일이 지난 것이다.

그런데 오늘 그 꽃의 이름을 알아보고 있다. 『처음 만나는 풀꽃 이야기』, 『풀꽃 친구야 안녕?』, 『쉽게 키우는 야생화』 세 권을 여기저기 뒤적이며 꽃 이름을 찾느라 고심 중이다. 뱀딸기와 양지꽃이 아주 비슷하여 구분이 어렵다. 책에는 이 두 꽃을 구분하는 방법을 자세히 표로 제시하고 있다.

동현이와 병욱이는 잎과 꽃, 그리고 줄기의 모양에 초점을 두고 따져보고 있다. 잎이 세 장이면 뱀딸기고 양지꽃은 다섯 장에서 열세 장이나 된다. 책과 비교하며 '맨 위의 세 장은 크고 아래로 갈수록 작아지는가?' '꽃받침은 볼록한가? 둥그스름한가?' '꽃대 하나에 꽃이 한 송인가, 아니면 여러 송이인가?' '줄기가 뻗어가나 아닌가?'를 확인해가지만 쉽게 결론이 나지 않는다.

비슷한 식물들을 구분하는 쉬운 방법이 있다. 풀꽃처럼 작은 식물은 직접 서로 마주대어 놓고 보면 된다. 그래서 작년에 뱀딸기와 양지꽃을 옆에 같이 심어 함께 비교할 수 있도록 해놓았다. 하지만 지금은 한 가지만 꽃이 피고 또 한 가지는 아직 꽃이 피지 않은 상태이다. 두 아이는 두 식물이 함께 이웃하고 있다는 비밀은 모르고 있다. 우선 피어 있는 한 가지 꽃만 놓고 씨름하고 있다. 아이들이 궁금증을 찾아가는 모습이 보기 좋다. 자기네들이 궁금해서 스스로 해결해 나가는 과정이 기특하다.

얼마나 지났을까? 동현이가 요구르트 빈 병으로 꽃 한 송이를 덮는다. 해가 지면 양지꽃은 오므라진다는 책의 설명을 읽고 햇볕을 차단하여 그 결과를 알아보려고 일종의 실험 장치를 마련한 것이다.

"선생님, 이거 치우지 말고 가만 놔두세요."

실험을 망칠까 봐 미리 쐐기를 박는다.

"물론이지. 놔두고말고."

다음 날 아침 8시, 봉암에 나와 보니 베란다 꽃이 오므라들어 있다. 이 모습을 그대로 전해주는 게 좋겠다. 동현에게 문자를 보냈다.

'동현아, 지금 베란다의 꽃이 오므라져 있구나. 무슨 꽃인지 판단하는 데 참고해라.'

노는 날이라 잠을 자고 있겠다 싶어 '현재 시각 8시'를 적어 보냈다. 그런데 바로 답장 메시지가 왔다.

'감사합니다. 양지꽃이 맞는 것 같네요.'

며칠이 지나고 그 옆에 있는 다른 꽃도 피었다. 양지꽃과 뱀딸기 꽃이 나란히 피어 있다. 닮은 듯 다른 두 꽃을 옆에 놓고 또렷하게 구분하는 즐거움을 맛보게 되었다.

연 그리고 수련

　오늘은 수련과 연꽃을 찾아가는 날이다. 연꽃 공원 분위기가 산뜻하다. 연이 싱싱하게 죽죽 뻗어 있고 수련 또한 튼실하게 자라 윤이 난다. 싱그러운 연꽃이 잎 사이를 수놓고 있어 더욱 아름답다.

　쟁반같이 큰 잎이 너울거리는 연과 예쁜 접시 모양의 수련은 가까이서 보면 바로 구분이 된다. 그런데도 똑같이 연이라는 글자가 있어서 그런지 이름만으로는 혼동하는 수가 많다. 연의 이파리를 살펴본다.

　"큰 우산 같아요."

　"모자 뒤집어 놓은 것 같아요."

　"큰 접시 같아요."

　"월남쌈 피 같아요."

　"잎맥이 굵어요. 가운데가 움푹 파여 있어요."

　"잎맥이 가운데에서 우산살처럼 퍼져나가 있어요."

　"이파리 색깔이 연한 녹색이에요. 뒷면은 앞면보다 색깔이 흐리게 보여요."

　이번에는 수련 있는 쪽으로 눈을 돌려본다. 연과 수련을 가까이 심어 놓아 비교하기가 좋다. 이쪽 수련은 저쪽 연과 어떤 점이 다를까?

"잎이 작아요. 잎이 갈라져 있어요. 접시 같아요. 색깔이 진한 녹색이에요. 뒷면에는 갈색이 있어요."

연꽃은 흰 꽃도 있고 분홍 꽃도 있다. 활짝 피어 꽃잎이 벌어진 것도 있고 굵은 붓 모양의 봉오리가 볼록하게 새로 필 준비를 한 것도 있다. 그러면 수련꽃은 어떨까?

"어라, 수련은 꽃이 보이지 않네!"

"저기 있어요. 저기도 있어요."

아이들이 가리키는 곳을 자세히 보니 수련꽃들이 잎 뒤에 숨어 있다. 긴 막대기로 잎을 헤쳐 보면 숨어 있던 꽃이 깜짝 얼굴을 내민다. 물이 많은 연못에서는 꽃이 물 위에 떠 있는 것을 쉽게 볼 수 있는데, 이 공원의 수련은 잎이 웃자라서 그런지 꽃들이 잎에 묻혀 잘 보이지 않는다. 흰 꽃도 있고 자줏빛 꽃도 보인다. 연꽃보다는 작을뿐더러 뾰족뾰족한 꽃잎이 층층으로 올라와 탄탄한 느낌을 준다.

연 이파리 가운데에 빗물이 고여 있다. 마치 기름을 부어 놓은 것처럼 큰 물방울로 모여 있다. 조심스럽게 연 이파리를 잡고 살짝 흔들어보니 물방울이 이리 구르고 저리 구르고 한다. 투명한 수정이라더니 이건 정말 맑은 물방울이다. 일정한 형태로 고정돼 있지 않고 조금씩 흔들림에 따라 둥글게, 길게 조금씩 다른 모양을 만든다. 구슬이 도르르 굴러다니는 것 같다.

아이들도 이파리를 잡고 조심스럽게 흔들어본다. 재미있는 물방울 놀이다. 이파리를 살짝 기울이자 물방울이 미끄러지듯 밑으로 도르르 굴러떨어진다. 그런데 금방 물방울이 있던 이파리에는 물 자국 하나 남지 않았다. 누군가 연 이파리는 방수 옷 같다고 말한다.

　　그러면 수련 잎의 물은 어떨까? 물을 수련 잎에 부어본다. 물이 번지면서 물 자국이 그대로 남아 있다. 연잎과는 완전히 다르다. 그리고 수련의 앞은 가위로 자른 듯 반지름이 갈라져 있다. 과학실 거름종이 같다. 연 이파리가 방수 처리로 빗물을 흘러내린다면, 수련은 잎을 갈라놓아 물이 고이지 않게 하는 전략을 세운 것인가?

　　이때 한 아이가 수련 잎이 갈라지지 않은 것도 있다고 한다. 설마 그럴까? 아이가 가리키는 잎은 정말 갈라진 곳이 없어 보였다. 그래서 긴 막대로 잎을 살짝 눌러봤다. 그랬더니 갈라진 것이 보였다. 포개져 있어 그렇게 보인 것이다. 그래도 저기 또 갈라지지 않은 것이 있단다. 다시 막대로 살짝 눌러보니 그것도 포개진 것은 아니고 정밀하게 붙어 있다. 잠깐의 퀴즈 놀이 같았다.

　　이제는 정자 위로 올라가서 좀더 자세히 살펴보기로 했다. 연의 잎자루를 잘라보니 우윳빛 액체가 나온다. 잎자루가 꺾이면서 가느다란 실이 나온다. 구멍이 뚫린 것을 보고 후후 불어 바람이 통하는가를 확인하며 재미있어한다. 연의 이파리는 딱딱해 보이는데 손으로 만져보면서 엄청 부드럽다. 담요 같이 느껴진다. 돋보기로 살펴보니 작은 솜털 같은 게 보였다. 아! 이래서 부드럽고 물이 굴러떨어지나 보다!

　　잎자루가 얼마나 되는지 자기 키와 비교해본다. 자기 키가 140cm인데 이보다 작으므로 한 130cm 될 거란다. 준비한 줄자로 재어 보니 120cm 정도이고 수련은 30cm가 된다. 연 이파리를 뒤

집어쓰고 우산 해도 되겠다고 한다. 얼굴에 연잎을 대보기도 한다. 선생님 얼굴에 대보아도 푹 파묻힌다며 크기에 놀란다.

지후가 아까 봤던 수련의 꽃 모양이 잘 생각나지 않는다며 꽃이 있는 연못으로 달려가서 한참 들여다보고 생김새를 그림으로 그린다. 그런데 수련꽃을 보고 와서는 "선생님, 이상해요. 아까 봤던 수련꽃이 지금은 꽃이 위로 좁혀졌어요." 한다. 꽃이 위로 좁혀졌다는 게 무슨 말인지 이해가 되지 않아 함께 가봤다. 정말로 활짝 벌어져 있던 수련 꽃잎이 반쯤 오므라들어 있다. 이것을 위로 좁혀져 있다고 한 것이구나.

"정말 그러네. 아까보다 꽃이 오므라들었네. 참, 자세히도 봤구나. 이따가 공부 끝나고 집으로 갈 때쯤은 또 어떻게 달라졌는지 다시 살펴보기로 하자."

연꽃 공원을 한 바퀴 돌아 다시 오므라든 수련꽃으로 가봤다. 반쯤 접혀 있던 수련꽃이 지금은 완전히 접혀서 녹색 꽃받침에 덮여 마치 꽃봉오리처럼 바뀌어 있다. 수련꽃이 낮에는 활짝 피어 있다가 오후에는 서서히 오므라드는 것을 본 것이다. 수련꽃에 이런 비밀이 있는 줄은 몰랐다.

수련의 수는 '물 수水'가 아니라 '잠 수睡'를 쓴다. 그러니까 수련睡蓮은 '졸고 있는 연' '잠자고 있는 연'이라고 풀이할 수 있다. 잠자는 연, 이게 무슨 의미일까 했는데 수련의 이런 특성을 품고 있는 말이었구나.

참나무 육형제를 찾아라

퇴직 후 남산 등산로를 오르내리는데 어느날부터인가 참나무가 하나씩 눈에 들어오기 시작했다. 흔하게 많이 보이는 것이 신갈나무다. 잎이 작아 졸병이라는 졸참나무는 찾기 쉬웠다. 굴참나무는 상수리나무와 비슷하지만, 울퉁불퉁한 나무껍질이 있냐 없냐가 둘을 분간하는 꿀팁이다. 갈참나무는 줄기의 껍질이 벗겨지고 잎자루가 길어서 멀리서도 알아볼 수 있다. 떡갈나무도 잎이 두껍고 손바닥처럼 넓어 다른 참나무와는 뚜렷하게 구별된다.

이렇게 참나무를 하나씩 확인하기 시작하여 참나무 여섯 종류를 모두 찾아내는 데 무려 한 달이 걸렸다. 참나무 여섯 종류를 구분할 수 있으면 나무에 입문한 것이라는 말이 떠올랐다. 여섯 가지 참나무를 다 찾고 나니 퍼즐을 완성한 느낌이었다. 더욱더 반가운 것은 이 여섯 종류 참나무가 50미터 이내의 등산로 양옆에 다 모여 있다는 사실이다. 일부러 조성한 참나무 식물원도 아닌데 이렇게 자연적으로 여섯 가지 종류가 한곳에 모여 있다는 것은 참으로 반가운 일이었다.

실은 퇴직 전에 숲 해설 교육을 받은 적이 있다. 그때 참나무를 구분하는 머리 아픈 시간이 있었는데 여섯 가지 잎이 내게는 모두 비슷하게만 보여 힘이 들었다. 마치 어려운 수학 문제를 보는 것 같았다. 강사는 어려울 게 하나도 없다며 코팅한 참나무 잎을 앞에 놓고 그 차이점을 짚어주는데도 내게는 모두 같은 잎이었다. 참나무 여섯 가지가 있다는 것조차도 모르는 초보자에게 잎을 구분하는 건 쉽지 않았다. 그런데 퇴직 후 산을 오르내리면서 나름대로 기준을 정해 하나씩 알아가며 여섯 가지를 모두 찾게 되었으니 그 기쁨은 말로 다할 수 없다. 퇴직 후의 첫 기쁨이라 할 정도다. 숲 해설 교육 때는 능동적인 지적 동원이 부족했다. 매일 참나무를 보며 가까워지고 스스로 탐구하면서 조금씩 개념망이 형성되니 절로 그 개별성이 인식되었다. 무엇을 알아낸다는 것은 외부에서 주어질 수 없고 결국 내부에서 지적 작업이 이루어져 자기 것이 돼야 한다는 걸 다시 실감했다.

이렇게 내가 참나무 여섯 가지 종류를 알아온 과정을 아이들에게도 그대로 전해주고 싶었다. 이때부터 이곳 산등성이는 해마다 우리 아이들의 참나무 관찰지가 되었다.

아이들과 산에 가서 참나무를 찾아보기 전에 먼저 실내에서 참나무 잎을 관찰하는 시간을 갖는다. 먼저 여섯 가지 참나무 이름의 유래를 알아본다. 아무런 관련 없이 어떤 사물의 이름을 무조건 알려면 힘이 든다. 굴피나무의 굴참나무, 임금님 수라상의 상수리나무, 신발 깔창의 신갈나무, 떡 싸는 떡갈나무, 나무껍질이 벗겨지는 갈참나무, 잎이 작은 졸참나무 등 그 이름의 탄생 배경을 알면 이름과 쉽게 친해진다.

참나무 이름과 친해지고 나서 잎을 관찰한다. 참나무 여섯 종류의 잎에 이름을 써 붙여놓고 참나무 여섯 종류의 잎이 어떻게 다른지 그 차이점을 찾아내는 시간이다. 요것만 알아두면 헷갈리지 않고 확실하게 구분할 수 있는 꿀팁을 찾는데, 비슷한 참나무 잎끼리 비교하는 것이 요령이다. 모둠별로 참나무 잎의 크기나 잎의 색깔, 잎의 모양 등을 서로 비교하면서 다른 점을 찾기에 열심이다.

이렇게 모둠별로 관찰한 것을 다시 함께 발표하면서 좋은 아이디어를 공유하게 된다. 굴참나무와 상수리나무는 너무 닮아 쌍둥이 같지만 굴참나무 잎은 뒷면의 색깔이 회백색이다. 신갈나무와 갈참나무도 얼핏 보면 닮았지만 조금만 살펴보면 갈참나무 잎은 윤이 나는 진한 녹색에 톱니가 큰 물결 같고 잎자루가 길다. 잎자루가 긴 것은 갈참나무뿐이다. 신갈나무는 부챗살처럼 잎이 한곳으로 모여 난다. 떡갈나무는 잎이 크고 두껍기도 하려니와 만져보면 부드러운 솜털 느낌이다. 졸참나무는 잎이 작아 쉽게 구분이 되어 누워서 떡 먹기라고 한다.

이렇게 실내에서 잎을 관찰하고 이제는 산에 가서 직접 참나무를 찾아보는 시간이다. 모둠별로 이름표 여섯 가지를 나눠주었다. 참나무를 찾아 이 이름표를 걸어 놓기로 한다. 실내에서 나뭇잎을 보고 두서너 번 관찰하였지만, 산에 직접 올라와 나무에 달린 잎으로 구분하는 것은 또 다른 활동의 장이다. 아이들은 이리저리 살펴 가며 하나씩 이름표를 걸어 놓는다.

대개 다섯 개의 이름표는 쉽게 걸고 굴참나무 이름표가 마지막에 남는다. 이곳의 굴참나무는 키가 크고 나뭇잎이 높이 달려 아이들이 직접 살펴보기 어렵다. 더구나 굴참나무는 길에서 약간 비껴 있는 비탈에 있어 눈에 잘 띄지도 않는데다가 딱 한 그루밖에 없다. 그러니 아이들이 굴참나무라고 이름표 걸어놓은 것은 대개는 틀린 것이다.

이제는 아이들이 나무 명찰을 맞게 걸었는지 하나씩 따져보는 시간이다. 왜 이 이름표를 이 나무에 걸게 되었는가를 설명하면 듣고 있던 다른 아이들이 자기들의 의견을 말한다.

"이게 신갈나무라고? 봐라. 잎의 색깔이 반짝반짝하고 잎자루가 이렇게 길잖아. 그러니까 신갈나무가 아니고 갈참나무가 맞지?"

아이들끼리 이러쿵저러쿵 따지다 보면 어느새 참나무의 확인 공부로 다져지게 된다. 아이들의 오류는 다양하다. 갈참나무와 떡갈나무를 혼동하기도 하고 상수리나무와 졸참나무의 이름표를 바꿔 걸기도 한다. 특히 밤나무를 상수리나무로 착각한다. 밤나무 잎이 상수리 나뭇잎보다 약간 크고 색깔이 옅고 얇은 것이 다를 뿐 거의 똑같기 때문이다. 어찌 보면 그곳에 밤나무를 의도적으로 배치한 자연의 장난처럼 보인다.

지금까지 참나무 잎으로만 관찰해봤다면 이제는 줄기로 관심을 돌린다. 나뭇잎으로만 구별하지 않고 줄기를 관찰하여 그 차이점을 알게 되면 훨씬 판단 기준이 풍부하게 된다. 그러나 잎도 헷갈리는데 줄기는 더욱 머리가 아프다. 그게 그것 같아 보인다는 투정이 나온다. 그러다가도 살피다 보면 그 차이가 조금씩 눈에 들어온다. 특히 갈참나무 줄기는 허물이 벗겨지듯 껍질이 벗겨지고 졸참나무는 줄기가 모여 난 형태가 많다. 떡갈나무는 지저분한 모습이다.

마지막으로 굴참나무는 선생님이 안내해줄 수밖에 없다.

굴참나무를 제대로 찾아낸 모둠이 없다. 워낙 커서 잎을 만져볼
수도 없고 길에서도 벗어나 있기 때문이다. 굴참나무 바로 옆에
상수리나무가 나란히 서 있다. 먼저 상수리나무 줄기를 살펴보게
한다. 세로로 갈색 줄무늬를 쉽게 찾아낸다. 옆에 있는 굴참나무
줄기는 또 다르다. 껍질이 울퉁불퉁하다. 상수리나무 줄기가 조
용한 모습이라면 굴참나무는 근육질의 남성 모습이다. 이쯤 해서
이 나무가 굴참나무라고 알려준다.

"아! 이게 굴참나무구나!"

이렇게 해서 참나무를 잎과 줄기로 비교할 수 있는 두 개
의 기준을 갖추게 되었다. 또 하나의 기준이 되는 도토리는 열매
가 맺히는 가을에 가서 비교해 보기로 한다.

모든 활동이 끝나자 굴참나무는 찾기 힘드니 아예 이름
표를 달아두고 가자는 말이 나온다. 그러지 말고 여섯 가지 참나
무마다 이름표를 모두 달아놓자고도 한다. 좋은 생각이다. 우리
는 여섯 가지 참나무에 이름표를 걸었다. 이제 여기를 오가는 사
람들이 참나무 이름을 구별할 수 있게 되었다며 아이들이 좋아
한다.

옛날 시골 느낌

재환 엄마가 봉숭아 물들일 재료를 준비해 왔다. 재환이가 할머니 생신에 갔다가 흰 봉숭아꽃도 물이 드는가를 자꾸 물어오기에 겸사겸사 준비했다고 한다. 흰 봉숭아 꽃잎, 빨간 봉숭아 꽃잎, 백반, 소금, 숯가루, 매니큐어, 실, 비닐봉지까지 꼼꼼하게 챙겨 왔다.

꽃잎을 찧은 다음 손톱에 얹어놓고 그 위에 비닐을 대어 실로 묶어야 한다. 둘씩 짝지어 서로 묶어준다. 그런데 실로 묶는 작업이 쉽지 않다. 손톱에 간신히 올려놓고 비닐을 감다가 툭 떨어트리고 실로 묶다가 쑥 빠지기도 한다. 몇 번이고 반복하며 웃느라 정신이 없다. 간단하게 끝날 줄 알았는데 두 시간이 금방 가버렸다.

흰 봉숭아, 빨간 봉숭아에 잎을 섞은 것과 잎만 빻아서 붙인 것 중에서 어느 것이 물이 잘 들까? 그리고 잎과 꽃을 빻은 것에 백반, 소금, 숯을 넣었을 때의 물들기는 서로 얼마나 다를까? 그 결과가 궁금하다.

다음 날이다. 어제 봉숭아 물들인 결과가 어떤지 서로 손톱을 내밀고 비교했다. 누가 손톱에 물이 제일 잘 들었는지를 찾는다. 신기한 것은 '녹색 잎'만 찧어서 붙였는데도 물이 들었다는 것이다. 그리고 흰 봉숭아꽃에도 제대로 물이 들었다는 것은 더 놀라운 일이다. 왜 그럴까? 아이들은 이렇게 의문을 풀어냈다. 아마 녹색 잎이라고는 해도 빨간 봉숭아에서 따온 것이니까 녹색 잎에도 빨간 색소가 들어있겠지. 흰 꽃이었다고는 해도 흰 꽃에도 분홍색이 조금은 섞여 있어서 그런 게 아닐까? 솔비가 집에 완전히 흰 꽃과 잎이 있다며 다시 해보자고 한다.

아이들과 부레옥잠을 관찰하려는데 막상 부레옥잠을 구하기가 쉽지가 않았다. 그 흔한 게 왜 없는지 의아할 정도였다. 수중 식물이 많았던 학교에도 가봤으나 부레옥잠은 없었다. 그러다 숯가마 찜질방 마당에서 부레옥잠을 만났다.

숯가마 찜질이 좋다기에 가끔 간다. 그날도 찜질을 마치고 나오는데 마당 웅덩이에 부레옥잠이 가득한 것이 보였다. 평소에는 눈에 띄지도 않던 것이 이렇게 갑자기 확 다가온다. 이래서 '나와 관계 지어질 때 의미가 있다' 고 어린 왕자는 말했나 보다. 주인에게 몇 개 얻을 수 없겠느냐고 물으니 얼마든지 가져가란다. 처음에 몇 포기 넣은 것이 이제는 너무 많이 불어나서 오히려 처치 곤란이라고 한다. 정말 길쭉한 연못 표면을 부레옥잠이 꽉 덮고 있었다. 덕분에 싱싱한 부레옥잠을 마음대로 골라 가져올 수 있었다. 노랑어리연꽃과 생이가래도 함께 구할 수 있어 더욱 좋았다.

다음 날 부레옥잠, 노랑 어리연꽃, 생이가래를 물에 담가 아이들에게 보여주었다. 본격적인 관찰에 들어가기 전에 물에 뜨는 식물의 공통점을 찾아봤다.

'물에 뜬다. 수염뿌리이다. 잎이 둥글다. 공기주머니가 있

다. 기름종이처럼 물방울이 모두 흘러내린다.'

그 다음 부레옥잠을 한 가지씩 떼어서 나누어 주고 칼로 잘라봤다. '스펀지처럼 구멍이 숭숭 뚫려 있다'며 재미있어했다. 공기주머니의 단면을 물에 넣고 손으로 물을 짜보기도 하고 공중으로 던져보기도 한다. 가벼운 스펀지와 똑같은 느낌이다.

'부레'는 물고기 배 속에 있는 공기주머니로, 이것을 벌렸다 오므렸다 함에 따라 물고기가 물에 뜨고 잠기기도 한다. 그러고 보니 부레옥잠은 물고기의 부레처럼 뜬다고 하여 지어진 이름인 것 같다. 그런데 옥잠은 '옥비녀'라는 뜻이니 너무 어려운 조합이란 생각이 든다. 그냥 '부레 옥비녀'라고 하면 어떨까? 꽃, 나무, 풀, 마을 이름들은 그 어원을 알고 보면 더 흥미롭다.

병준 엄마가 목화 체험 정보를 전해왔다. 목화 따기 체험은 흔하지 않은 경우이다. 목화를 직접 보기도 쉽지 않은 요즈음인데 여러 체험을 할 수 있다니 나도 궁금해진다. 목화 체험 장소는 강원도 문막 근처에 있는 '메나골' 마을이었다. 차를 타고 1시간 정도 가는 거리였다. '면화'가 변하여 마을 이름이 '메나골'이 되었다고 한다. 체험 마지막 날이라 사람들로 마을이 북적거렸다. 목화 체험을 할 수 있는 곳은 전국에서 두 군데뿐이라고 이장님이 동네 자랑을 한다.

열매에서 솜을 꺼내는 일은 어른에게도 낯설다. 아이들이 둘씩 짝을 지어 목화를 따기 시작한다. 벌어진 열매 사이로 삐져나온 목화를 살짝 당기면 쏙쏙 뽑힌다. 하얀 목화가 빠진 자리에는 빈 껍질만 덩그렇게 달려 있다. 아직 피지 않은 열매는 반질반

질하고 예쁘다. 호기심 많은 아이는 익지 않은 열매를 따서 깨물어보다가 상을 찡그리며 뱉는다.

바구니에 소복소복 담는 하얀 솜은 그 감촉만으로도 따뜻하다. 목화를 따면서 바구니에 쌓인 목화를 손으로 자꾸 만져본다. 꾹 누르면 다시 제자리로 올라오고 뒤집어 놔도 제자리 모양이다. 부드러운 촉감을 반복하여 느껴본다. 목화밭을 헤치고 다니며 한 바구니쯤 따면 큰 자루에 쏟아붓는다.

마을회관 2층에서 이 목화를 갖고 여러 가지 체험을 할 수 있다. 씨아로 목화씨 빼기, 물레로 실 잣기, 솜 타기 등은 책의 그림으로만 봤던 내용이다. 씨아의 둥근 나무 톱니에 목화를 넣고 돌리면 앞으로는 씨가 빠져나오고 뒤로는 솜이 소복하게 쌓인다. 물레를 돌리면 솜에서 가느다란 실이 나온다. 돌리다 보면 실이 뚝 끊어진다. 도우미 할머니가 다시 실을 이어서 살살 돌리게 한다.

씨아에서 나온 솜은 솜틀에 넣고 돌리면 평평한 솜뭉치가 되어 나온다. 솜을 넣고 미니 쿠션을 만든다. 솜을 안에 넣고 바느질로 마무리하는데 바느질에 서툰 아이들이 바늘에 찔려 '앗, 따가워!'를 연발한다. 자기가 만든 미니 쿠션을 끌어안고 다니는 모습에 자부심과 즐거움이 넘친다.

마당으로 나와서는 다듬이질도 해보고, 팥을 넣어 맷돌도 돌려본다. 새끼도 꼬아본다. 목화밭 아래의 천막에서는 구수한 빈대떡도 구워 먹는다. 동네 할머니 할아버지들이 축제를 여는 분위기가 정답다. 마을회관에서 시골의 산나물 비빔밥을 먹었다. 고소한 시골 음식 맛 또한 새로운 체험이었다. 오늘 함께하지 못한 아이들을 위해 목화 몇 송이를 얻어 왔다.

어디가 제일 좋았냐면

　　전남 장성 편백나무숲, 순천만 습지, 순천만 국가 정원을 둘러보는 대장정이 시작됐다. 차 안은 웅성거리고 밝은 표정으로 가득하다. 어디론가 낯선 곳으로 떠난다는 것은 알 수 없는 설렘이 따르게 마련이다.

　　장성 편백나무숲은 전국적으로 이름난 산림 휴양지이다. 300만 그루에 가까운 편백나무와 삼나무를 심어 가꾼 인공조림이다. 이 숲을 조성한 임종국은 광릉 국립 수목원의 숲의 명예 전당에도 올라 있다. 300만 그루를 30년 동안 심어 가꾸었다면 1년에 10만 그루, 하루에 300그루 정도를 심었다는 계산이다. 우리는 이런 장대한 땀이 서린 성지를 찾아가는 중이다.

　　우리는 『나무 심는 사람 임종국』을 읽어봤다. 여기에 더하여 5학년은 사막에 나무를 심어 가꾼 여자 인위쩐의 이야기 『사막에 숲이 있다』를 읽고, 6학년은 황폐한 산지에 나무를 가꾼 엘제아르 부피에의 이야기 『나무를 심은 사람』을 읽었다. 이만하면 장성 편백나무숲을 찾아가는 마음의 준비는 한 셈이다.

　　'편백나무는 어떻게 생긴 나무일까? 얼마나 키가 클까? 피톤치드는 어떤 냄새일까? 왜 하필이면 편백나무를 심었을까? 맨발 숲길은 실제로 맨발로 다닐 수 있을까? 모기가 없다고 하는데 왜 그럴까? 산림 치유란 무엇인가?' 많은 질문을 갖고 떠나는 여행이다.

　　마을 입구에서 축령산 올라가는 길은 만만치 않은 비탈길이다. 곳곳에 죽죽 뻗은 편백나무가 아름답다. 숲 내음 길에 앉아 편백나무의 내음을 맡아본다. 나무 밑에 잠시 누워 쉬어보기도 하고 맨발로 길을 걸으며 흙의 감촉을 느껴보기도 한다. 조용히 물소리와 새소리를 들어본다. 이 세상에서 가장 아름다운 소리란다.

　　편백나무 사이로 만들어 놓은 데크 길을 미로처럼 돌아서 임종국의 수목장림으로 갔다. 느티나무 밑에 자그마한 비석이 하나 있을 뿐이다. 아이들은 나무와 비석만 있는 수목장림을 신기한 표정으로 바라본다. 편백과 삼나무로 수놓은 산속에 굳이 느티나무 아래 수목장을 한 이유는 뭘까? 생전에 심고 가꾼 편백나무 밑에 수목장을 해주면 더 좋을 텐데 말이다. 하기는 이 넓은 산 모두가 그의 안식처인데 어떤 나무인들 무슨 상관 있을까? 그는 이제 자기가 평생 가꾼 산속에서 영면을 누리고 있다.

　　두 시간 넘게 숲길을 걸었다. 편백 숲은 피톤치드가 소나무보다 몇 배 많아 피곤하지 않을 거라고 하더니 마찬가지라고 아이들이 투덜댄다. 엄마들은 외국의 깊은 산에 올라온 기분이라고 한다.

　　점심을 먹고 순천만 습지까지는 다시 한 시간을 더 가야 한다. 육지에 있는 습지가 아니고 바닷가에 있는 습지란 어떤 것을 말하는가? 흑두루미가 순천만 습지에 많이 오는 이유는? 물길이 어떻게 S자 모양이 되었을까? 습지는 그저 축축한 땅이라고 설명하는데 이렇게 글자로 된 개념은 늘 그럴듯이 알 듯 말 듯 하다.

　　입구에 있는 자연 생태관, 천문대, 소리 체험관 등은 모두 생략하고 바로 생태 체험선을 타러 갔다. 정해진 시간에만 운항하고 날씨가 좋지 않으면 탈 수 없다. 다행히 시간에 맞아 배를 탈 수 있었다. 해설사의 순천만 습지 자랑이 넘쳐난다. 특히 끝없이 넓은 갈대밭의 깨끗한 공기를 자랑한다. 짧은 시간이지만 배를 타고 습지 안으로 직접 들어가 살펴보면서 습지의 개념을 조금씩 그려갈 수 있었다. 물길 옆으로 펼쳐지는 갯벌과 갈대와 새들이 습지가 무언지를 설명해준다.

체험선을 내려 갈대숲 탐방로를 걷기 시작했다. 갈대숲 사이로 짱뚱어와 게들이 아이들의 호기심을 끌어낸다. 바닷물이 들어오며 물이 차오르는 현상도 볼 수 있다. 여름이면 싱싱한 푸른 갈대들이 숲을 이루고 가을이면 송이 꽃들이 일렁이는 갈대의 숲을 연출한단다.

오전에 편백나무숲에서 많이 걸어 갈대숲 탐방길 끝까지 왔을 때는 많이 지쳐 있었다. 이제 되돌아가야 하는 지점이다. 아이들은 아무 곳이나 털썩 주저앉는다. 꽤 먼 거리를 지나오면서도 전망대는 보이지 않았다. 바로 그때다. 윤서가 갑자기 큰 소리로 외쳤다.

"선생님, 저기 표지판 보세요. 전망대까지 20분이네요."

윤서가 가리키는 곳을 보니 아주 작은 표지판에 '용산전망대 왕복 40분(1.3km)'이라고 씌어 있다. 왕복 40분이면 올라가는 데는 20분이라고 바꾸어 속셈한 것이다. 20분이면 먼 거리가 아니니 잠깐 가볼 수 있겠다는 생각이 들었다.

전망대에서 바라보는 순천만 습지와 특히 저녁의 해넘이는 정말 멋지다는데 놓칠 수 없지 않은가. 저녁 해지는 모습을 보려고 일부러 순천만 습지를 찾는 이들도 많다는데 좀 힘들더라도 욕심을 부렸다. 희망하는 아이들만 전망대까지 가기로 했다. 오솔길을 구불구불 올라가는 기분이 어렸을 적 마을 뒷산을 생각나게 한다. 아이들은 힘든 줄 모르는 듯 장난치며 즐겁게 올라간다.

이윽고 용산전망대에 도착했다. 아! 이래서 사람들이 이곳을 그렇게 좋아하는구나! 순천만 습지가 한눈에 내려다보인다. 연필로 그려 놓은 듯한 S자 모양의 물길이 또렷하고 물 빠진 갯벌 위로는 둥근 방석 모양의 갈대밭이 아름답다. 가까이에서 보면 키 큰 갈대밭으로만 보이던 곳이 높은 산 위에서 보니 큰 도화지 위에 그린 화단 모양이다. 멀리 바닷물과 습지의 경계선이 뚜렷이 보인다.

저 바닷물이 밀려오면 이곳 습지도 바다로 이어지고, 물이 빠지면 지금처럼 습지의 원래 모습이 나타날 것이다. 면사포를 쓰고 벗는 신부의 모습을 연출하고 있다. 이곳에 올라오기를 잘했구나! 아이들도 이곳에서 습지의 그림을 자기 나름대로 그려 갈 것이다. 꼭 그런 학습 요소가 아니더라도 아름다운 풍경을 마음에 담아가 좋은 추억으로 남는다면 더 무얼 바랄까? 구름에 가려 일몰은 볼 수 없어 아쉬웠지만 정말 멋진 풍경이었다.

다음 날은 순천만 국가 정원으로 가는 날이다. 정원에 가서 보고 싶은 것들이 많다. 꽃으로 만든 드레스, 꿈의 다리, 네덜란드 정원, 야생동물원, 바위 정원, 갯지렁이도서관, 미로 정원, 호수정원, 한국 정원, 히딩크 희망 나무, 참여 정원 등 아이들이 보고 싶어 하는 곳이 잔뜩 기다린다.

정원이 400개가 넘는다. 나무와 꽃들로 가득하다. 서로 다른 형태의 정원이 드넓게 펼쳐져 있다. 밀려들 관광객들을 예상하여 스카이 큐브를 먼저 탔다. 한 칸에 5~6명 정도 탈 수 있는 칸이 연결된 미니 열차였다. 천천히 움직이며 문학관까지 아래로 보이는 자연을 20여 분 동안 감상할 수 있었다.

정원으로 되돌아와 '꿈의 다리'를 건넜다. 아이들의 관심이 가장 큰 곳 중의 하나이다. 꿈의 다리는 세계 최초로 물 위에 떠 있는 미술관이다. 길이 175m인 꿈의 다리의 바깥은 한글 유리 타일 작품 1만여 점으로, 안쪽은 전 세계와 우리나라에서 모인 아이들 그림 14만여 점으로 꾸며졌다. '좋은 스승과 좋은 친구가 있으면 세상에 부러울 게 없다'와 같은, 미소를 짓게 하는 문구들이 있어 재미를 더해준다. 다리가 아니라 아름다운 그림 교실을 지나가는 느낌이다.

관람차를 타고 한 바퀴 돌아봤다. 아이들이 기대하던 네덜란드 튤립 정원은 꽃이 지고 없어 실망이었다. 맑은 호수 안에 있는 봉화산을 올라갔다. 국가 정원의 상징이다. 달팽이 오름길처럼 빙글빙글 돌며 오르는 길이 재미있다. 꼭대기에서 국가 정원을 한눈에 내려다볼 수 있다. 꽃과 나무와 사람들의 천국이다. 내려오는 사람들과 올라오는 사람들이 서로 맞닿지 않게 길이 만들어져 있다.

마지막으로 한국 정원을 빼놓을 수 없다. 안내 지도만 봐서 방향을 찾기가 어려웠는데 진우와 윤서가 길잡이를 자청했다. 아이들이 어른들의 감각보다 빠르다. 지도를 들고 앞장서 가며 으스대는 모습이 재미있다. 한국의 오래된 정원풍경을 재현한 곳

으로 창덕궁의 후원 모습이다. 정원 연못의 물고기들이 아이들을
반겨준다.

　　비가 발길을 재촉한다. 오전 관람으로 일정을 마치고 점
심 후에 출발했다. 충주까지는 네 시간이 걸린다. 아이들에게 어
느 곳이 제일 좋았냐고 물었다. 3학년은 국가 정원, 4학년은 편백
나무숲, 5학년은 국가 정원, 6학년은 순천만 습지라고 대답한다.
여기에 재미난 공통점이 있다. 그것은 바로 학년별로 발표한 집
중 탐구 대상이 바로 자기들이 가장 좋아하는 곳이 되었다는 점
이다. 관심을 두고 사전에 공부한 곳이 마음에 들었다는 것이다.
아는 만큼 보이고, 알면 사랑하게 된다는 말은 바로 이런 경우를
두고 하는 말 같다.

돌리네 앞에서 흘린 눈물

민선 엄마가 강원도 영월에 있는 '호야지리박물관'을 소개한 기사를 가져왔다. 기사를 훑어보니 두 가지 궁금증이 일었다. 지리박물관이라는 것이 어떤 곳인지 우선 궁금했다. 어떤 내용으로 어떻게 구성되어 있을까? 퇴임한 교장 선생님이 운영한다는 점도 호기심을 끈다. 어떤 분일까? 어쩌면 나도 같은 길을 가고 있다고 생각하니 궁금한 게 더 많아졌다.

가을 단풍이 한창이다. 여유로운 시골길을 돌아가는 기분이 편하다. 산들이 포근히 둘러 있고 계곡이 감돌며 들판이 평화롭게 펼쳐져 있다. 영월군 수주면 무릉리라는 지명 그대로 무릉도원이다. 호야지리박물관 2층 건물이 아름답다. 이런 곳에 배움의 공간을 갖는 것은 나의 로망이기도 하다.

관장님은 교직에서 퇴직한 후에 오히려 더 많은 사람에게 살아 있는 지리 교육을 하고 있다. 광개토대왕비의 탁본을 본 다음, 독도가 우리 땅이라는 역사적 사실을 고지도를 통해서 설명을 들었다. 한 장의 지도가 역사적 진실을 입증해주는 귀중한 자료라는 것을 절실하게 느낄 수 있다. 관장님의 힘에 넘치는 열정적 설명이 인상적이다.

다양한 지구본, 외국 민속자료 지리 관련 자료가 진열된 내부를 흥미 있게 돌아봤다. 평생을 지리 교사로 활동하며 모아

놓은 자료들이 빼곡하다. 현직에서의 전문성을 퇴직 후로 연결하여 발전시키며 삶을 즐기는 관장님의 혜안이 돋보였다.

　　법흥사에서 절밥을 맛있게 먹었다. 법흥사는 부처님 진신사리를 모신 절이다. 절을 한 바퀴 돌아보고 관장님과 함께 지리 트래킹에 나섰다.

　　지하자원의 표본실이라 할 수 있을 만큼 다양한 광물이 묻혀 있는 영월은 각종 지리적 특성에 관한 이야깃거리가 많은 지역이다. 관장님의 차가 앞에 가고 우리 일행 차 석 대가 뒤를 따라가면서 학습 대상이 되는 곳이 있으면 차를 세우고 설명을 듣는 형태로 트래킹이 이루어졌다. 시멘트 공장 앞에서 관장님은 왜 이곳에 시멘트 공장이 세워지는지, 지하자원과 관련해 설명해 주었다. 자원의 이동 과정과 생산 유통을 지리라는 주제로 통합한 설명이다. 강 건너 석회암 동굴과 멀리 보이는 석회석 산이 자연스럽게 연결된다. 산에서 캐낸 석회석이 자동으로 운반되는 과정을 차를 타고 가면서도 볼 수 있었다.

　　시멘트 공장에서 멀지 않은 곳에 '돌리네'가 있다. 석회암 지대의 탄산칼슘이 물에 녹으면서 깔때기 모양으로 파인 웅덩이가 형성되는데 경작이 가능한 정도의 큰 웅덩이를 '돌리네'라고 한다. 교과서나 참고서에서 그림이나 사진으로 설명된 걸 직접 와서 보니 금방 이해가 된다. 돌리네 개념을 쉽게 설명하려고 일부러 땅을 모형화한 것처럼 절묘하게 형성되어 있다.

　　이곳 돌리네를 탐방한 어느 지리 선생님은 눈물을 흘렸다고 한다. 얼마나 감동적이었으면 그랬을까. 배운다는, 알아간다는, 찾아간다는 희열이 어떤 것인지를 말해주는 사례라고 할 수 있다. 붉은색의 습기 없는 흙에 자석을 대니 철분처럼 달라붙는다. 테라로사 토양이라 한다. 아이들의 흥미가 더욱더 짙어진다.

다시 차를 돌려 도로 옆에 뾰족뾰족한 괴석이 모여 있는 곳에서 내렸다. 강가에서 주워 온 기암괴석을 전시해놓은 곳이다. 이 기암괴석을 라피에(묘석 지형)라고 하는데 석회암 지대의 탄산칼슘이 녹으면서 석회암이 지표면에 뾰족한 돌기둥이나 능 모양으로 남은 것을 이렇게 모아 놓으니 조각가가 심혈을 기울여 조성한 공원 못지 않다.

방송이나 신문에 소개되면서 영월의 명소가 된 '한반도 지도'로 옮겼다. 높은 산 위에서 내려다본 강가의 지형이 틀림없는 한반도 모습이다. 강물이 오랜 세월을 흐르며 형성한 또 하나의 예술품이다. 하안 단구(하천의 흐름을 따라 생긴 계단 모양의 지형)와 마을이 또한 그림이다. 오래전에 형성된 이 지형이 한 사진작가의 작품에서 비로소 알려지기 시작했다니 다르게 바라보는 시각이 얼마나 신비한 결과를 가져오는지 알 수 있다.

단종의 한이 어린 청룡포 물굽이는 물이 범람하면서 어떤 현상이 일어나는지를 안내해주었다. 아무리 물이 늘더라도 돌아치는 곳으로 치우쳐 늘어나며, 반대편은 문제가 없는 곳으로 남는다. 그래서인지 키보다 높은 나무 위까지 비닐 조각들이 걸려 있다.

해가 저물며 별안간 추워졌다. 마침 하루 일정이 끝나서 다행이었다. 전직 교사 출신 관장님이 베풀어준 열정적인 현장 안내의 여운이 짙다. 교과서에 설명된 지리 개념들은 사실 얼마나 지루하고 피상적인가? 이렇게 산과 들과 강을 찾아다니며 석

회암 지대의 지리적 개념을 명료하게 이해하는 식으로 배운다면
지리 시간이 얼마나 기다려진 것인가.

별과 달을 보며 지샌 밤

고구려 천문과학관은 충주 중앙탑면 하구암리에 있다. 충주 고구려비 전시관 옆을 지나 가파른 굽잇길을 올라가니 겨울 밤바람이 세차다. 천체 투영실에서 편하게 누운 자세로 반구형의 하늘을 신비하게 바라보니 다른 세계에 온 느낌이다.

옥상에 있는 주 관측실로 올라갔다. 밤하늘의 별과 달들이 유난히 밝고 새롭게 다가온다. 멀리 하늘의 별자리들을 레이저 펜으로 가리키면서 설명을 들으니 책에서 봤던 별자리들이 처음 듣는 이름처럼 새롭게 느껴진다. 더구나 대형 망원경을 몇 군데 설치해 놓아 여러 행성과 달을 직접 보면서 그 신비함을 느끼게 해준다. 특히 달 표면을 확대하여 볼 수 있게 한 장치는 달 가까이 우주선 안에 있다는 착각을 하게 한다.

이번에는 세미나실에서 달의 위치 변화를 학습하는 시간이다. 달의 위치 변화는 교과서나 참고서를 통해 아무리 설명해도 쉽게 이해하기 어렵다. 책의 설명은 평면적일 수밖에 없는 한계가 있다. 그런데 천문학관의 연구원이 모듈과 모형으로 설명해주며 우주의 현상을 입체적 구성 화면과 함께 안내하니 아이들이 숨소리조차 내지 않고 집중한다. 설명이 끝난 다음에도 궁금한 부분을 끝까지 탐구하며 분위기가 더욱 진지해졌다.

어느 날, 옛 동료 선생님 몇 분과 차를 마시며 이야기를 나누고 있었다. 그날따라 창밖으로 환한 보름달이 보였다. 교과서에 달 관찰 내용이 나오는데 실제로 관찰하는 것은 너무 어렵다는 이야기가 나왔다.

달의 위치 변화를 집에서 관찰하도록 안내해도 거의 이뤄지지 않아, 이론이나 간접 자료로 대체하는 경우가 대부분이란다. 그렇다고 학급 아이들을 한 장소에 모아 함께 관찰한다는 것은 현실적으로 어려운 일이라 아쉬운데, 봉암은 아이들이 몇 명 안 되니 실제 관찰이 가능하지 않겠냐는 제안이다.

참 좋은 프로젝트라는 생각이 들었다. 그런데 가장 문제가 되는 것은 장소다. 아파트는 소음 문제로 곤란하고 단독 주택이 필요한데 쉽지 않은 일이다. 며칠 후 이 문제가 해결되었다. 시골에 사시는 재환네 할아버지 댁을 허락받은 것이다. 시내에서 40분 정도 걸리고 한적한 곳이라 알맞은 조건이었다. 정월 보름이 얼마 남지 않아 준비를 서둘렀다.

어떻게 해야 아이들과 하룻밤을 꼬박 새워가며 달의 위치 변화를 제대로 관찰할 수 있을까? 대보름이고 시골 마을이니까 전통 놀이를 하면서 시간마다 달의 위치가 달라지는 것을 관찰하기로 방향을 잡았다.

2월 11일 오후 6시. 시골 마을로 출발했다. 챙겨야 할 짐이 많았다. 아이들은 벌써 마음이 들떠 있다. 할아버지 댁에 도착해 짐을 내려놓았을 때 벌써 달이 떠오르고 있었다. 관찰할 자료만 꺼내서 얼른 밖으로 나갔다. 달이 잘 보이는 마을 길에 나란히 자리를 잡았다. 나침반으로 동서 방향을 잡고 스케치북에 동쪽과 서쪽을 표시하고, 달의 위치 변화를 정확히 알기 위해 주변에 있는 산이나 가로등을 밑그림으로 간단히 그려 넣었다. 그리고 지금의 달 위치를 스케치북에 그려 놓고 한 시간 간격으로 달의 위치를 그려 넣기로 했다.

우리가 달 관찰 학습을 하는 동안 재환 아빠와 형우 아빠는 큰 드럼통에 장작불을 피웠다. 눈 내린 밭에서 장작불이 활활 타오른다. 쥐불놀이 때 쓸 불씨와 고구마 구워 먹을 준비를 하려는 것이다. 아이들이 가져온 깡통에 철삿줄을 매달고 불씨를 깡통에 담아주면 나뭇가지를 그 위에 자잘하게 담았다.

아이들은 깡통을 들고 논 가운데로 달려간다. 깡통을 한 바퀴 훅 돌렸는데 갑자기 깡통에 불이 활활 타오르자 놀란 나머지 깡통을 집어 던지고는 눈을 끼얹는 아이도 있다. 연기 나던 깡통에서 갑자기 불이 붙어 커다란 불꽃 원을 그린다. 아이들은 이곳저곳으로 뛰어다니며 마음껏 쥐불놀이 깡통을 휘두른다. 눈이 하얗게 내린 밭에 여기저기서 불꽃들이 춤을 추며 시골 마을의 밤을 수놓는다.

아이들이 논에서 쥐불놀이하는 동안 드럼통 장작불에 고구마와 감자를 구웠다. 아이들이 달려와 둘러앉는다. 은박지를 벗기고 껍질을 까니 노란 고구마 속살이 나왔다. 호호 불며 맛있다고 먹는다. 손과 입가에는 검은 칠로 금방 얼룩진다. 겨울밤의 추억이다. 재환 아빠가 창고에 넣어 둔 옛날 화로를 꺼내 왔다. 드럼통의 불씨를 화로에 담아 놓으니 참 따뜻했다. 옛날에는 이 화로에 삼발이를 놓고 찌개 그릇을 얹어 끓여 먹었다고 설명해주었다. 아이들은 처음 보는 화로가 신기한 듯했다.

이번에는 밤을 구웠다. 밤이 익을 동안 아이들은 저희끼리 재미있는 놀이를 했다. 까르르 웃는 소리와 함께 이리저리 뛰어다니다 "군밤 먹어라." 하는 소리에 후다닥 몰려온다. 툭툭 갈라진 밤 껍데기가 뜨겁다. 고구마, 감자의 맛과는 또 다르다. 하늘엔 보름달이 환하고, 별들이 총총하다. 아이들이 옹기종기 모여 모닥불과 화롯불 옆에서 군고구마, 감자, 밤을 까먹는다. 그 옛날 그리움이 되살아난다.

한 시간마다 잊지 않고 달 관찰은 계속된다. 관찰할 때마다 달의 자리가 바뀌어 가는 것을 확인할 수 있다. 처음에 밑그림을 너무 크게 그려 다시 시작하는 아이도 있다. 달은 서쪽으로 이동했고 점점 가까이 다가오는 것 같다며 놀라기도 한다. 한 시간마다 달의 위치가 달라지고 이동 속도가 꽤 빠르다고 이야기한다.

다음 관찰을 하기 전에 제기차기, 딱지치기, 팽이 돌리기를 했다. 팽이를 조금이라도 더 오래 치려고 팽이를 쫓아다닌다. 또 딱지 한 장이라도 더 따려 하고, 제기를 한 번이라도 더 차려고 안간힘을 쓴다. 그러다 보니 추운 날씨에도 이마에 땀방울이 송골송골 맺힌다.

그러다가 새끼를 꼬아보기로 했다. 재환 아빠가 짚을 봉당에 준비해 놓고 새끼 꼬는 시범을 보여주었다. 처음 해보는 것이라 쉽지 않다. 새끼는 꼬여지지 않고 제자리에서 맴돌다 손을 떼면 처음 그대로이다. 칡뿌리 같다, 댕기꼬리 같다, 뜯어진 밧줄 같다며 웃어댄다. 두 아빠가 옆에서 아이들 새끼 꼬는 것을 하나하나 도와주었다. 가느다란 새끼줄이 조금씩 길어지며 아이들은 더 열심히 손을 비벼본다.

일곱 번째 달 관찰 시간이다. 아이들은 보름달이 초저녁에 동쪽에 보이기 시작하여 밤 열두 시에는 남쪽 하늘에 보이고 새벽이 되면 서쪽으로 사라지는 현상을 관찰했다. 책을 통해 달은 늘 한곳에 머물러 있는 것 같이 보이지만 위치가 변한다는 걸 읽었는데 이렇게 눈으로 확인하면서 새로운 생각을 하게 된다.

달 관찰을 마치고 나서 중학교 과학 선생님인 진영 엄마가 아이들의 질문에 일일이 답해주었다. 추운 밖에서 활동하였고 시간도 늦어져서 아이들이 졸지 않을까 염려했는데 의외로 초롱초롱한 눈망울들이다.

이어서 다식 만드는 시간이다. 중학교에서 가정 과목을 가르치는 형우 엄마가 설명을 해준다. 미숫가루와 꿀을 섞어 반죽하여 다식틀에 넣어 다식을 만드는 실습이다. 예린네 집에서 가져온 다식틀로 자기가 먹을 다식을 만들었다. 그다음은 다례 교육이다. 잎으로 된 녹차를 다기에 담아서 차를 우리는 방법, 따르는 방법, 마시는 방법 등을 실습했다. 그러다 보니 벌써 새벽 3시가 넘었다. 아이들은 이제 졸린다며 하품을 하기 시작한다. 다례 교육을 하는 사이 잠깐 누웠다가 나는 그만 잠이 들었다. 깜짝 놀라 깨니 새벽 5시가 되어간다. 아이들이 그때까지 버틴 것만 해도 놀랍다.

새벽 6시. 모든 것을 마무리하고 집으로 돌아가는 시간이다. 차가 출발하자마자 아이들은 깊은 잠으로 빠져들었다. 집에 도착해서는 깨워도 일어나지 않아 아빠가 안고 들어가고, 다른 골목길로 들어가 개가 짖는 바람에 화들짝 놀라기도 하고, 계단을 올라가다 잠이 들어 엄마가 놀라 흔들어 깨우기도 하였단다. 누구는 쓰레기가 초콜릿으로 보이고 할아버지 손이 보자기로 보였단다. 또 도착하자마자 잠이 들어 일어나 보니 오후 2시가 되었단다. 아이들의 밤새워 지친 뒷이야기가 끝이 없었다.

팝콘 달맞이꽃

우리 아파트 개울 건너에 꽤 넓은 빈터가 있다. 특별히 관리하는 곳이 아니라 늘 잡초가 무성하다. 그러다가 7월이 되면 풀숲을 비집고 고개를 내밀며 피는 노란 꽃을 볼 수 있다. 달맞이꽃이다. 밤하늘의 별이 아름답듯 풀밭 위 노란 무늬 꽃들이 아름답다. 밭둑, 물가, 빈터, 도로 옆 아무 곳에서나 흔히 볼 수 있는 꽃인데도 사람들은 이게 달맞이꽃인 줄 모르는 경우가 많다. 밤에만 피는 꽃이라 더욱더 그렇다.

아이들에게 보여주려고 아침에 달맞이꽃 한 가지를 꺾어다 물에 담가 놓았다. 그러나 오후에는 꽃잎이 시들어 제 모습을 볼 수 없다. 하는 수 없이 달맞이꽃 사진을 보여주고, 달맞이꽃 설명글을 읽게 했다. 아이들은 책에서 새로운 정보를 하나씩 찾아냈다.

'달맞이꽃은 밤에만 피고 낮에는 오므라든다. 꽃가루받이는 벌이나 나비가 하지 않고 나방이나 어린 하늘소 같은 야행성 곤충이 해준다. 꽃술에는 끈끈한 점액질이 있다. 참깨같이 생긴 열매는 기름도 짜고 약으로도 쓰인다. 재미있는 전설이 있다. 북아메리카에서 온 귀화식물이다.'

아이들은 설명글을 읽고 나서 달맞이꽃에 관해 궁금한 것이 많아졌다.

‘모든 꽃은 대개 낮에 피는데 달맞이꽃은 왜 밤에만 필까?’

‘달맞이꽃은 달과 어떤 관계가 있나?’

‘열매로 기름을 짜고 약으로 쓰인다는 데 어떤 성분이 들어 있을까?’

‘먼 나라에서 처음에 어떻게 우리나라에 들어왔을까?’

‘왜 벌이나 나비가 꽃가루받이 해주지 않나?’

이 질문에는 바로 답이 나온다.

"그거야 달맞이꽃은 밤에 피고 벌이나 나비는 낮에만 다니니까 그렇지. 밤에만 다니는 야행성 곤충이 대신하는 거 아니겠니?"

읽은 글에서 찾아낸 설명이다. 그런데 진영이는 아주 새로운 질문을 내놓았다.

"밤이 되는 걸 어떻게 알고 꽃을 피울까? 가령 저녁에는 언제쯤 꽃이 벌어질까? 또 낮에는 언제부터 꽃잎이 오므라질까? 비가 오거나 캄캄한 밤에도 필까? 낮에도 구름이 많이 끼면 꽃은 그대로 있을까?"

달맞이꽃에 대한 궁금증의 답을 찾아 책과 자료를 읽고 내용을 파악하자니 일종의 문해력 활동에 불과했다. 나중에 달맞이꽃에 대해 한두 가지 정보를 아는 척하며 이야기할 수는 있을 것이다. 이런 낱개의 지식 조각들이 아이들의 삶에 무슨 도움이 될까? 책 속의 달맞이꽃은 그냥 하나의 낱말로 남게 될 것이다. 달맞이꽃의 진짜 모습에 관한 느낌은 기대할 수 없을 것이다. 이건 아닌데 싶었다.

'달맞이꽃은 밤에만 피고 낮에는 시든다면, 밤에 도대체 언제 핀다는 걸까?'

나도 은근히 궁금해졌다. 검색해보면 금방 해결될 수도 있겠지만 왠지 직접 알아보고 싶어졌다. 그래서 아이들의 마음으로 돌아가 초보 관찰을 시작했다.

이른 아침에는 싱싱한 꽃 그대로였다. 새벽녘의 달맞이꽃잎은 더 맑아 보였다. 그러다가 해 뜰 무렵이 되면 약간의 변화가 일어났다. 활짝 펴졌던 꽃잎이 조금씩 안으로 접어드는 것을 볼 수 있었다. 그러다가 10시쯤에는 꽃잎이 거의 위로 오므라지며, 한낮이 되면 꽃잎이 모두 포개지다가, 오후에는 꽃잎이 아예 들러붙었다. 오후 4시경이면 오그라든 꽃잎이 갈색으로 변한 것을 볼 수 있었다. '달맞이꽃은 낮에는 시든다.'라는 짧은 문장 속에 이렇게 복잡한 변화 과정의 실체가 숨어 있다.

이렇게 시든 꽃잎이 밤이 되면 어떻게 되살아나 피어나는 것인가? 어느 날 밤 1시였다. 슬그머니 일어나 집 앞의 달맞이꽃밭으로 나가 봤다. 무성한 풀밭 여기저기에 노란 달맞이꽃이 피어 있다. 한밤의 달맞이꽃은 맑고 깨끗하다. 노란색에 연한 녹색을 한방울 떨어뜨려 잘 섞은 다음 다시 고운체로 걸러낸 색깔이다. 달맞이꽃은 이런 아름다운 모습을 밤에만 보여주는 은둔의 꽃이다.

다음 날 밤 9시에도 달맞이꽃은 역시 활짝 피어 있었다. 그렇다면 꽃은 9시보다 더 이른 시각에 필 것으로 생각되었다. 그다음 날은 아예 저녁 6시부터 꽃이 피었는지 확인해봤다. 6시, 7시, 8시에도 꽃은 피지 않았다. 그렇다면 어제 9시에 꽃이 피어 있었으니, 저녁 8시부터 9시 사이에는 틀림없이 꽃이 필 거라 예상할 수 있다. 그물망이 좁혀진 것이다. 그 시간만 잘 지켜보면 피는 모습을 볼 수 있을 것이라는 생각이 들었다.

이렇게 달맞이꽃은 저녁 8시부터 9시 사이에는 꽃이 필 것이라는 예상으로 그 시간을 잘 지켜보기로 했다. 이제부터는 나 혼자가 아니라 6학년 은기와 준기도 불렀다.

첫날은 우선 달맞이꽃 식물 전체 모습을 살펴봤다. 준기는 잎이 바람개비같이 돌려나 있다고 하고, 은기는 사방팔방으로 잎이 어긋나게 나 있다고 했다. 잎이 난 모양을 바람개비나 사방팔방으로 표현하는 것이 시인의 말 같다.

다음 날은 은기와 준기를 저녁 7시에 달맞이꽃 풀밭에서 다시 만났다. 달맞이꽃이 언제쯤 피어날까? 기다리는 수밖에 없다. 저녁을 먹지 않았고 시간은 자꾸 간다. 그래서 가까운 식당에 가 짜장면을 서둘러 먹고 왔다. 8시 30분이다. 아직 달맞이꽃은 하나도 보이지 않았다. 너무 더워 차 안으로 얼른 들어가 에어컨 바람을 쐬고 있었다. 십 분쯤 지났을까? 창 밖으로 잠깐 눈을 돌리는 순간이다.

"아니, 저게 뭐야?"

조금 전에도 없었던 달맞이꽃이 눈에 확 들어오는 것이 아닌가. 조금 전에도 보이지 않던 노란 달맞이꽃들이 여기저기에 피어 있다. 그런 변화를 잠깐 사이에 놓치고 만 것이다.

"어? 이게 뭐야? 어제 피었다 시들었던 꽃잎이 다시 벌어지는 줄 알았는데 그게 아니잖아!"

시든 꽃잎은 모두 그대로 있고 그 윗부분으로 새로운 꽃이 핀다. 지금까지 오므리고 있던 꽃이 밤이면 다시 벌어질 것이라는 생각은 틀렸다. 시든 갈색 달맞이꽃을 만지니 툭 떨어졌다. 하루 피고 지는 꽃이었다. 꽃자루 끝에는 조그만 열매가 남아 있었다.

겨우 십 분 정도에 이렇게 꽃들이 많이 피어났다면, 우리도 새로 피는 꽃을 직접 지켜볼 수 있겠다는 생각이 들었다. 그래서 꽃망울을 찾아봤다. 가지마다 줄기 맨 윗부분에는 꽃망울들이 톡톡 삐쳐 나와 있다. 꽃망울 끝으로 노란 것이 조금 보이며 꽃망울이 조금씩 부풀어 오르는 것 같았다. 준기는 노란 부분이 조금 삐져나온 것을 보고 "똥이 나온다!"라고 소리쳤다. 정말 그렇다며 은기도 웃었다.

꽃망울이 더 부풀어지면서 아까보다 노란 부분이 더 확실해졌다. 그때 갑자기 몽우리 끝이 벌어지는 순간 "야!" 소리가 절로 나왔다. 눈 깜짝할 사이에 꽃 한 송이가 피어난 것이다. 마술사가 손으로 마술을 부리는 것 같았다. 텔레비전에서 꽃 피는 장면을 느린 동작으로는 봤지만, 이렇게 실제로 꽃 피는 모습을 직접 눈앞에서 보고 있으니 이건 감동이 아닐 수 없다. 준기는 꽃이 피는 순간을 팝콘이 터진 것 같다고 하고, 은기는 풍선이 터지는 것 같다고 했다.

이 감동을 우리만 갖고 있을 수 없다. 다음 날 밤부터 다른 아이들도 달맞이꽃 피는 감동의 순간으로 초대했다. "어머! 와! 야!" 여기저기서 꽃피는 순간마다 탄성이 터져 나온다. 아름다운 달맞이꽃 축제가 되었다.

소현이가 꽃망울을 따서 손에 올려놓더니 갑자기 "야! 이것 봐라." 하며 소리친다. 손 위에 있던 꽃망울이 갑자기 활짝 핀 꽃송이로 변한 것이다. 자연의 경이와 신비를 느껴본 시간이었다.

목마른 이에게 물을

타라 웨스트오버는 16세까지 공교육을 한 번도 받지 않았다. 그런데 명문대 케임브리지에서 박사 학위까지 받았다. 어떻게 된 일일까? 타라 웨스트오버가 천재라는 이야기는 어디에서도 찾아볼 수 없었다. 그렇다면 그의 학문적 성공의 배경은 무엇일까? 이렇게 『배움의 발견』은 호기심을 잔뜩 자극했다.

500여 쪽의 두꺼운 책이지만 첫 줄부터 신선한 바람을 느낀다. 책장을 넘기면서 글의 표현이 참 아름답다는 생각이 든다. 싱그러운 풀밭을 지나가는 느낌이다. 타라의 자전적 이야기인데 마치 소설을 읽는 것 같다. 사건의 흐름이 믿어지지 않을 만큼 박진감이 있다. 그래서 메모하며 다시 읽어봤다. 좀더 분석적으로 파악하려고 두 번을 더 읽었고 마지막으로 흐름에 따라 다시 읽었으니 모두 다섯 번 읽은 셈이다. 아름다운 표현은 원문을 찾아 비교도 해봤다. 난해한 전문 도서도 아니고 복잡한 구성도 아닌데 이렇게 여러 번 읽게 된 것에 나 자신도 놀랐다.

타라의 집은 미국 아이다호의 벅스피크 산기슭의 외딴곳

이다. 벅스피크산은 늘 타라와 함께 존재한다. 아름다운 산과 계곡 그리고 펼쳐진 밀밭은 그의 삶의 밑바탕에 깔려 있다. 눈 덮인 산이 봄으로 가고 짙푸른 여름 산이 가면 가을이 오는 자연의 순환을 감지하게 된다. 변화가 아닌 자연의 순환이라는 철학을 터득해가며 자라온 것이다. 타라에게 이곳은 외로운 산기슭이 아니라 늘 그리운 보금자리이다. 장중한 자연이 주는 넓고 끝없는 호흡 속에 그는 존재하고 있다. 그래서 타라는 이렇게 말한다.

> 산이라는 광대한 공간에서는 아무도 없이 혼자서 소나무와 덤불과 바위들 사이를 몇 시간이고 누릴 수 있다. 그곳에는 광대무변한 공간감에서 나오는 고요함이 있다. 그 엄청난 규모 앞에는 차분해지고 인간과 같은 하찮은 존재는 전혀 중요치 않아 보인다.[*]

산과 집 사이의 드넓은 초원에는 폐철 처리장이 있다. 이 폐철 처리장은 타라 가족의 생업 현장이다. 한때는 어린 타라에게 이곳은 신나는 놀이터였다. 험한 고철 덩어리들이 뒤엉켜 있는 곳을 누비고 다니며 전쟁놀이, 마술 놀이에 신났던 곳이었다. 그러나 타라가 열 살 때부터 이곳은 그의 일터가 된다.

폐철 처리장의 일은 힘 좋은 청년에게도 벅차다. 위험하고 고된 일이다. 손이 절단되고 화상을 밥 먹듯 입으며 폭발과 추락도 빈번하다. 이런 곳에서 막일꾼 노릇을 하며 타라의 몸과 마음이 단련된다. 앞으로 어떤 어려움이 닥쳐오더라도 이보다 더 끔

---

[*] 『배움의 발견』, 타라 웨스트오버 지음, 김희정 옮김, 열린책들, 2020, 55쪽.

찍한 일은 없을 것이다. 타라는 삶의 힘든 과정을 폐철 처리장에서 미리 경험한 셈이다.

타라의 아버지는 모로몬교에 빠져 있다. 세기의 종말을 믿는다. 공교육은 사람을 사탄으로 빠지게 하는 함정이라 여겨 아이들을 학교에 보내지 않는다. 죽음에 가까운 병에 걸려도 병원에는 절대 가지 않는다. 조금이라도 시간이 있으면 아버지는 성경을 읽고 강론한다. 타라가 듣는 것은 모로몬교의 진리뿐이다.

어머니는 아버지의 믿음에 굴종하며 산파 일과 자연 요법 치료 일 등으로 가계를 꾸린다. 타라는 어려서부터 엄마와 통조림을 만들고 자연 약물을 만드는 일을 돕는다. 엄마의 산파 일을 따라다니며 사회생활의 단면을 경험한다. 폐쇄적이고 강압적인 가정에서 일곱 남매가 자란다. 위로 세 오빠는 고등학교까지 다니다가 자퇴하게 되고 밑으로 네 남매는 아예 학교에 가본 적이 없으며 출생신고도 되어 있지 않다.

타라는 무슨 이야기든지 들으면 그 상황에서 자기 나름대로 상상을 덧붙여 이해해 나간다. 작은 이야기도 크게 넓혀 만들어가고 가공의 이야기도 실제처럼 연출하는 능력이 쌓여간다. 엄마가 홈스쿨링으로 오빠들에게 이야기하는 걸 귀동냥으로 듣곤했다. 타라가 공교육을 받지 않은 것이 오히려 다행이었다고 하면 지나칠까? 타라는 공교육의 장점은 물론 단점에도 물들지 않았다.

외딴집 타라 7남매의 집안은 늘 전쟁 놀이터와 같다. 막내 타라는 이런 오빠들의 틈에 엉겨 생활한다. 그러나 같은 형제라도 개성이 다 다르다. 타일러 오빠는 조용하고 음악을 좋아한다.

리처드 오빠는 어두운 지하실로 내려가 소파와 벽 사이의 작은 공간에 끼어 앉아 백과사전을 본다. 그만큼 책 읽기를 좋아한다. 숀 오빠는 야수처럼 타라를 괴롭힌다.

타라는 타일러 오빠의 CD로 성가대 합창을 처음 들으면서 알 수 없는 감동을 맛보게 된다. 아마 이것은 타라가 무엇을 새롭게 접하면서 지적 충동을 느낀 최초의 경험이었을 것이다. 아버지의 병적인 믿음과 폐철 처리장에서의 비정한 작업 태도에 지쳐, 타라는 아버지의 곁을 떠날 결심을 한다. 집을 벗어나 아르바이트 일을 하면서 우연히 피아노와 춤, 그리고 성악을 배우게 된다. 배운다는 것이 얼마나 즐거운 일인지를 깨닫는 경험이었다. 배움의 발견이었다.

타일러 오빠가 집을 떠나 대학으로 가면서 타라에게도 학교에 대한 호기심의 씨가 뿌려졌다. 타라가 배우려 할수록 책에서 멀어지게 만드는 아버지의 고질적인 교육 혐오는 오히려 타라의 공부 열망을 촉진하는 요인이 되었는지도 모른다.

타라도 공부 흉내를 내기 시작한다. 시작은 종교였다. 집에 있는 것이라고는 오직 종교 관련 책뿐이었기 때문이다. 이해할 수 없는 추상적 개념을 참고 읽어내는 끈기야말로 그가 스스로 익힌 학습 방법의 핵심이다.

이해할 수 없는 것을 이해될 때까지 읽고 또 읽으며 깊이 생각한다. 타라의 이러한 학습 방법은 바로 자기주도적 학습이며 자기조직적 학습환경이다. 공교육을 받지 않은 백지 위에 자기주도적으로 학습하는 타라의 학습 방법은 "사람은 배우려는 의지가 있을 때, 자신의 욕망의 긴장이나 상황의 강제 덕분에 설명해주는 스승 없이도 혼자 배울 수 있다."는 랑시에르의 주장과도 일치한다.

오빠의 권유로 ACT 시험을 준비했는데 모두 독학이었다. 앞에서 익힌 자기주도적 학습 방법으로 그것이 가능했다. 타라는 여러 사람과 한 장소에서 함께 하는 시험도 처음이고, OMR카드 기입 방법조차 몰라 시험관을 놀라게 한다. 이렇게 시작한 ACT 시험은 실패했으나 끈질긴 자기주도학습으로 마침내 이 벽을 넘어 합격이 된다.

타라는 대학에 들어가는 순간부터 무지의 충격을 받는다. 그 충격이 오히려 배움의 강한 엔진 동력이 된다. 부끄러움을 이겨내기 위해 도서관을 찾아간다. 밤을 새워 책을 읽는다. 지식 탐험이 종횡무진으로 이루어진다. 수동적으로 읽는 책이 아니라 줄기를 찾아 끝까지 뿌리를 캐어 들어가는 적극적인 지적 활동이다. 지식의 갈구였다. 학문을 위한 학문이 아니라 처절한 자기 갈등을 해결하는 과정에서 타라는 배움의 기쁨을 축적하게 된다.

이 과정에서 타라는 지혜로운 교수들을 만난다. 그저 궁금해서, 무엇인가 알고 싶어서 교수를 찾을 때마다 교수들은 타라의 이야기를 듣고, 그의 원초적인 학문 자세에 감동을 받는다. 다른 학생들에게서 찾아볼 수 없는 신선한 호기심과 근원적인 물음에 교수들은 박수를 보내며 그에게 길을 열어준다. 타라가 그 물음을 해결할 수 있도록 교환 학생 코스, 대학원, 박사과정의 길을 열어준다.

이 책은 배운다는 것이 무엇인지를 다시 생각하게 만든다.

궁금한 것, 알고 싶은 것, 의문이 가는 것으로부터 배움은 시작된다. 그러니까 배움의 출발은 나로부터다. 밖에서 주어지는 것이 아니다. 내가 궁금해지고 알고 싶어지면 그 해결 방안은 저절로 생겨난다. 배움은 물음을 갖고 시작하여 그 물음을 없애는 과정이다.

사람은 스스로 배울 수 있는 능력을 갖추고 태어난다. 우리는 사람의 이러한 능력을 믿어야 한다. 그렇다면 의문과 호기심과 궁금함을 갖게 하는 것은 가르치는 일의 첫 출발이라고 할 수 있다. 해결의 길은 배우는 사람의 몫이다.

3장

역사 속을 여행하며

오늘은 내가 문화재 해설사

충주시청 로비에 들어선 아이들이 떠들썩하다. 지금부터는 선생님 도움 없이 아이들끼리 움직인다. 시청 안내판 앞에서 우왕좌왕하고 있으니 안내원이 다가와서 물어본다.

"무언데 그러니?"

"저, 충주 문화재 공부에 필요한 자료를 구하려고요."

충주의 문화재 중에서 국보로 지정된 충주 탑평리 칠층석탑(중앙탑), 충주 고구려비, 충주 청룡사지 보각국사탑을 탐방하기로 하고 오늘은 관련 자료를 구하러 온 것이다.

"아, 그럼 4층 문화예술과로 가면 돼."

"야, 가자." 하며 뛰어가던 아이들이 정작 문 앞에서는 서로 먼저 들어가라며 떠다민다. 낯선 사무실을 선뜻 들어가기가 망설여지는 모양이다. 사무실 앞에 있는 직원안내판 사진을 살펴보더니 누구에게 갈지를 정한 듯 문을 열고 우르르 들어간다. 꽤 시간이 지나서야 자료집 한 권씩을 손에 들고 나온다.

충주 탑평리 칠층석탑은 우리나라의 중앙에 세워졌다고 하여 흔히 중앙탑이라 부른다. 드넓은 잔디밭에 아름다운 소나무들이 모둠 지어 호위한다. 그 주변에 느티나무, 산수유, 수양버들이 점 찍어 수를 놓은 듯하다. 조각 공원 옆으로는 탄금호의 맑은 물이 출렁인다. 이렇게 아름다운 공원의 한 가운데에 중앙탑이 우뚝 솟아 그 멋을 드러내고 있다.

5미터 높이의 단 위에 다시 13미터 높이의 탑이 서 있으니 까마득하게 높다. 그래서 탑에서 멀리 떨어져 보아야 전체 모습을 한눈으로 감상할 수 있다. 20여 개의 돌층계를 올라가 칠층석탑 가까이 가면 절벽에서 떨어질 것 같은 느낌이 든다며 아이들은 살금살금 발걸음을 떼어 놓는다. 탑을 올려다보며 어디가 아름다운가를 찾아본다.

'탑의 맨 꼭대기 부분이 왕관을 쓰고 있는 것같이 예쁘다. 하늘을 찌를 듯이 높아 멋있다. 덮개돌이 약간 들려 있는 것도 보기 좋다.'

문화재를 감상하는 눈을 떠보는 시간이다.

충주 고구려비는 중앙탑에서 10분 거리에 있다. 이 고구려비는 1982년 국보로 지정되기 전에는 그냥 마을에 나뒹굴던 관심 없는 돌기둥에 불과했다. 입석立石 마을, 선돌배기에 오랫동안 서 있는 이 돌에 분명 무언가 비밀이 숨어 있지 않을까? 역사를 사랑하는 한 검사의 눈에 희미한 글자가 눈에 띄었고 마침내 남한의 유일한 고구려비라는 것이 확인된 것은 1979년이다. 마을 입구에 서 있던 돌기둥을 겨우 보호각으로 옮겼고, 다시 2010년에 지금의 현대식 전시관에 자리를 잡게 된 것이다. 이제는 전시관 출입문을 고구려비 모양의 거대한 돌로 조성하였다. 그동안의 푸대접을 벗어난 느낌이다.

충주 청룡사지 석탑(석등, 비)은 소태면에 있다. 충주 고구려비에서는 차로 20분 정도 걸린다. 강변의 철새와 꽃들을 함께

하며 시골길을 차가 달리면서 소박한 농촌의 정감을 느끼게 한다. 끝이 보이지 않는 굴참나무와 갈참나무, 소나무가 우거져 있다. 채영이의 청룡사 소개를 듣고 청룡사 절터로 올라갔다. 평평한 들판에 풀만 무성하다. 주춧돌이나 긴 돌이 더러 보이고 기왓장 조각도 발에 차여 이곳이 옛날 절이 있던 절터라는 것을 짐작하게 한다.

지금은 절이 없어지고 그 터만 남았으니 청룡사지址라고 한다. 址를 크게 프린트하여 코팅한 것을 보여주고 이 글자가 '땅지地'가 아니고 '터 지址'라는 것을 다시 알려준다. 그러니까 청룡사지는 청룡사 절터라는 뜻이다. 여기서 조금 올라가면 충주 청룡사지 보각국사탑(국보), 사자 석등(보물), 그리고 비(보물)가 한 줄로 서 있다. 한적한 산자락에 다소곳한 조형물이 한눈에 들어온다. 탑과 석등과 비석이 처음 보아도 예사롭지 않다. 참 아름답고 조화롭다.

찬양이가 보각국사탑 설명을 마치고 아이들에게 이렇게 물어봤다.

"이 탑을 보면 어떤 모양처럼 보이나요?"

"통통한 인형 같아요. 장난감 같아요. 오뚜기 같아요."

정말 귀여운 인형을 떠올리게 한다. 또 어느 부분이 맘에 드는지를 물어보았다.

'맨 밑 부분이 톡 튀어나온 것이 예쁘다. 가운데 부분이 쏙 들어간 곳이 어울린다. 다시 위의 돌이 멋지다. 몸돌이 울퉁불퉁 튀어나오게 조각한 것이 아름답다. 지붕돌이 잘 눌러준다. 구슬에 태극무늬가 예쁘다.'

아이들이 자기가 본 관점을 여러 가지로 이야기한다. 이제는 탑 앞에 있는 사자 석등이다. 우진이의 설명대로 이 석등은 받침돌 위에 놓인 돌이 사자 모습이어서 사자 석등이라 한다. 사자상이 쏙 들어가도록 홈이 패 있고 사자가 쪼그리고 앉아 있는 모습이다. 친구들은 설명을 듣고는 사자 모습이 아니라 두꺼비나 개구리 모습 같다고 한다. 정말 사자의 모습보다는 왕눈이 개구리 모습이 더 어울릴 것 같다.

탑 뒤에 있는 비는 높이가 3미터나 된다. 예영이는 비 앞에 서서 이렇게 설명한다.

"이 비는 보각국사의 훌륭한 점을 써놓은 것으로 권근이 지었고 글씨는 승려 천택이 썼다고 해. 비석의 머리가 없고 이 큰 비는 받침돌에 홈을 깊이 파서 넣었어. 그래도 안 넘어가고 탄탄해. 여기서 퀴즈 하나, 이 비는 지금 우리가 보는 것처럼 양 귀퉁이를 끊어 냈지? 이런 것을 무어라고 하는지 아는 사람?"

아이들은 오기 전에 미리 공부한 것을 기억하여 '귀접'이라고 답한다. 맞았다고 하며 설명을 마친다. 친구들이 박수를 보내준다. 이렇게 해서 아이들의 설명이 모두 끝났다. 이제부터는 탑, 석등, 비를 더 가까이 다가서서 살펴보는 시간이다. 지금까지는 설명하는 아이만 안에 들어가 문화재 옆에 서서 발표했는데, 이제는 다 안으로 들어가 가까이서 살펴보자고 했다.

"안으로 들어가면 안 돼요. CCTV도 있잖아요."

얕지만 경계 철책이 있고 CCTV까지 있는데 안으로 들어가면 어떡하냐고 선생님을 오히려 말린다.

"너희들 말이 맞아. 그런데 탑의 문양과 비석의 글자는 멀리서는 잘 보이지 않거든. 그러니까 가까이 가서 선생님과 같이 조심스럽게 보는 건 괜찮아. 탑이나 비석에 손을 대면 안 되고 꼭 가리킬 것이 있으면 이 막대를 이용하도록 하자."

그래도 아이들은 마뜩잖은 듯이 경계선 안으로 조심스럽게 넘어갔다. 비에 적혀 있는 글자를 읽어본다. 충주 고구려비에서는 글자의 형체를 잘 알아볼 수 없었지만, 이 비의 글자는 너무나 뚜렷하다. 긴 막대기로 生, 土, 寺, 王 등 아는 글자를 가리킨다. 보각국사탑에 새긴 여러 무늬도 확인할 수 있다. 탑의 연꽃, 용트림, 신의 모습, 태극 모양 등을 잘 볼 수 있다.

이렇게 차분하게 아이들과 살펴보고 있는데, 갑자기 저 아래서 누가 소리 지르며 달려온다. 가까이 오더니 문화재 답사의 기본도 모르느냐며 삿대질에 고함까지 질러댄다. 복장을 보니 담당 해설사였다. 아이들과 학부모 앞에서 선생님 체면이 여지없이 구겨졌다. 아이들이 말렸는데도 효율적 탐방을 명목으로 경계선을 넘게 하였는데 결국 문제가 되고 만 것이다.

아이들 활동을 서둘러 마무리 짓고 모두 집으로 출발한 뒤 해설사 사무실로 갔다. 이런 얘길 해줄 참이었다.

'설령 경계선 안으로 들어간 것이 문제였더라도, 아이들 앞에서 그렇게 망신을 주어도 되나. 답사의 기본도 모른다고 호통치던데, 어른에 대한 기본예절도 모르는 그 태도는 도대체 뭔가. 석탑 주변은 잔디밭도 아니고 자갈이 깔려 있어 바닥이 훼손될 일도 없고, 석조물에 손을 대지 않고 필요하면 준비한 작은 막대기를 사용하도록 미리 주의하여 문화재를 꼼꼼히 살펴본 게 어떤 점에서 문화재 훼손인가. 문화재 주변을 멀리서 대충 돌아보고 가는 것만이 문화재 보호인가. 문화재에 훼손이 갈 만한 행위를 하지 않고 꼼꼼히 감상하는 게 오히려 적극적으로 문화재를 아끼는 일이 아니겠나.'

　　어느 해인가 잔디 관리가 어렵다고 탑 주변을 아예 콘크리트로 흉물스럽게 발라놓아 시청으로 전화해서 바꾸도록 건의하여 지금처럼 자갈로 대체한 이야기도 해줄 생각이었다. 해설사와 하나하나 이야기를 나누려고 했으나 그새 퇴근했는지 보이지 않았다. 해설사가 자리에 없는 게 차라리 다행이었다. 아무리 상한 기분을 추슬렀어도 큰소리가 나갔을 테니까.

유물을 왜 호미로 파요?

2200년 전의 세력가 무덤에서 국보급 유물이 19점이나 우리 고장 충주에서 나왔다는 뉴스가 크게 보도되었다. 충주 공설 운동장을 새로 조성하는 과정에 돌무지무덤이 발굴되었고 여기서 청동 유물이 쏟아졌다는 것이다. 우리 고장 충주에서 발굴된 것이고 또한 현장이 보존되어 있어 좋은 학습의 장이 되겠다는 생각이 들었다. 먼저 신문 기사의 제목만 복사하여 아이들에게 나누어 주었다.

> 2200년 前 충주 일대 首長 무덤서 국보급 청동 유물 19점 쏟아져:
> 돌무지 나무 널 철기 무덤 속 세형동검·깨진 거울 등 7種

"이것은 신문 기사의 큰 제목이거든. 아마 이 제목만으로는 궁금한 점이 많을 거야. 어떤 점이 궁금하지?"

어떤 것에 대해 의문을 품는다는 것은 배움의 적극적 출발점이 된다. 스스로 만들어낸 궁금증은 지적 탐구의 부싯돌이 된다. 다음은 아이들이 공책에 남긴 질문이다.

- 언제 발견되었나?
- 충주 어디서 발견되었나?

- 수장 무덤이 무엇인가?

- 돌무지 나무 널 무덤이 무엇인가?

- 7개의 종류는 어떤 것들인가?

- 세형동검, 깨진 거울을 어떻게 찾았나?

- 깨진 거울은 조합해보면 무슨 모양일까?

- 비파형 동검과 세형동검은 무엇이 다른가?

- 발굴된 것이 19점이면 많은 건가?

- 前, 首長, 種은 무슨 뜻인가?

- 유물의 상태는 어떠하였나?

표현은 서툴더라도 이 기사가 알려줄 내용을 아우르는 질문들이다.

"그럼 이제 이 기사의 원문을 나누어 줄 거야. 읽어보면 내가 궁금해한 것들이 이 기사에 들어 있을지도 몰라."

아이들은 기사 내용을 열심히 읽어가면서 궁금하게 생각한 것이 풀려가는 즐거움을 맛보았다. 특히 2200년 전 무덤을 중부 지방에서 발굴된 것은 처음이고, 하나의 무덤에서 19점이라는 출토품은 국내에서 최다 기록이라는 사실에도 놀라워했다.

이쯤 되자 아이들은 발굴 현장에 가서 직접 보고 싶다고 한다. 그래서 부랴부랴 시청으로 연락을 해보니 유물은 이미 서울로 옮겨져 연구 작업 중이라고 한다. 신문 기사대로 20일에 일반에게 공개되었다는데 시간을 놓친 것이다. 너무 아쉬워 현장(무덤)만이라도 견학할 수 없냐고 부탁했더니 발굴 현장은 일반에게 공개가 곤란하다고 한다.

며칠 후 어렵게 견학을 허락받았다. 마침 담당자가 나의 제자였다며 특별히 편의를 봐주었다고 한다. 그런데 아무리 생각해도 그 제자가 누구인지 알 수가 없다. 나중에 알고 보니 나와 이름이 비슷한 다른 선생님으로 착각한 것이다. 남의 제자 덕을 본 셈이다.

발굴 현장은 호암동 연못 가까운 곳으로 봉암교실에서 10분 정도의 거리였다. 불그스름하게 땅을 파헤친 발굴 표지가 여기저기에 보여 쉽게 현장을 찾을 수 있었다. 임시로 마련한 공간에서 30여 분간 발굴 상황에 대한 설명을 들었다. 직접 발굴 작업에 참여한 학예사의 설명이기에 더욱 실감이 났다.

그 넓은 지역에서 어느 한 곳에 유물이 있을 것이라는 예측으로 작업을 한단다. 한 줌 한 줌 파내는 과정에 유물이 나오는 순간은 얼마나 감격스러웠을까 싶다. 작은 구덩이(무덤) 속에서 발굴하는 사진을 보고 한 아이가 물어본다.

"저기서 어떻게 일을 했어요?"

학예사는 잠시 웃더니 "힘들지요. 좁고 갑갑한 데서 조금씩 흙을 걷어내야 하니까요. 혹시 유물이 나올지도 모른다는 기대와 희망으로 꾹 참고 작업했어요." 한다.

"얼마나 걸렸어요?"

"두 달 반 걸렸어요."

"아휴!"

흙에 묻힌 유물이 살짝 보이는 사진을 보여주며 "이럴 때가 제일 흥분되는 순간이지요." 하자 모두 그렇겠다고 하며 고개를 끄덕인다. 거울, 도끼, 칼, 창, 끌, 토기 등의 유물이 원형 그대로 남아 있다는 것이 놀랍다. 신문 기사보다 더 생생하고 풍성한 발굴 사진을 볼 수 있다. 한 아이는 설명을 듣다가 문득 바로 옆에 있는 함지 연못 안에도 유물이 있지 않을까 생각하다가 강의의 다음 내용을 놓쳤다고 한다.

발굴 현장으로 올라가는 길은 완전히 진흙 수렁이다. 운동화에 눌어붙은 흙덩어리가 떨어지지 않는다. 바짓가랑이조차 흙투성이가 되었다. 아이들은 발에 진흙이 찰떡같이 달라붙어 키높이 신발을 신은 느낌이 들며 쇠사슬을 찬 것 같다고 했다. 사람들이 호미로 땅을 살살 긁어내고 있다. 아이들은 포크레인을 두고 왜 호미로 작업을 하는지 궁금했다.

"유물이 있으니까 조심하느라 그런 거야. 포크레인으로 파면 유물이 다칠 수 있으니까."

밭고랑같이 남아 있는 것이 책에서만 본 처음 발굴 작업의 흔적이라는 것도 알게 되었다. 무덤이 발굴된 곳에 도착했다. 무덤이 깊이 파여 있었다. 그런데 길이가 짧아 보였는지 "왜 키가 이렇게 작아요?"라고 물어본다. 그러자 학예사는 "옛날에는 먹을 게 부족해서 키가 작았겠지?"라고 대답해주었다.

땅 밑으로 1m 70cm 내려가 나무널이 묻힌 곳에 별다른 흔적은 보이지 않았으나 옆에 꺼내놓은 돌무지가 인상적이다. 강가에서나 흔히 보는 동글동글한 냇돌이다. 가까운 달래강에서 주워 온 돌일까? 그건 아니고 아마도 옛날에는 이곳 옆으로 강이 흐르다가 언젠가 융기 작용으로 이곳이 높은 지역으로 변했을 것으로 본단다. 오랜 시간이 흘렀다는 이야기다. 강줄기가 변하여 멀리 그 길이 바뀌었으니 말이다.

아직도 발굴 작업이 한창인 이곳에서 어떤 결과가 나올 것이며 앞으로 이곳의 문화재는 어떤 형태로 보존될 것인지 궁금하다. 그냥 유물만 가져가 다른 박물관에 보관하고 이곳 발굴 현장은 스포츠 타운으로 덮어버리는 것이 아닐까 걱정되었다.

역사의 숨결 강화도

5월 말, 여름 한더위 날씨다. 강화도 탐방을 하며 차내에서 아이들에게 물어봤다.

"여러분은 이번 탐방에서 어느 곳에 제일 관심이 있어요?"

고인돌, 평화전망대, 오읍약수터, 전등사, 정족산사고, 초지진 포탄 맞은 소나무, 광성보 등 일정에 있는 방문지가 다 나온다. 윤서는 광성보에 있는 순의총에 가면 꼭 그에 알맞은 이름을 새로 지어주겠단다. 예리는 슬픈 역사를 담고 있는 오읍 약수터에 가면 그 물을 시원하게 마시고 싶단다.

고려 궁터를 나와 강화산성 북문으로 향했다. 벚나무 길을 돌고 돌아가며 땀을 흘린다. 부지런히 앞서간 아이들은 벌써 성벽 계단을 올라 여장 밑에 쉬고 있다. 마침 잘됐다 싶어 모두 그곳으로 올라가 책에서 공부한 성체, 여장, 타구, 성벽을 구분해봤다. 사방을 바라볼 수 있어 침입하는 적을 방어하기에 알맞은 지형이었다. 북한 땅이 건너다 보이는 높은 지형이다.

철종이 살았던 용흥궁은 아이들 눈에도 평범한 기와집이다. 이곳에서 도령이 살다가 어느 날 부름을 받고 왕이 되면서 그가 살던 집도 그나마 이런 기와집으로 변신하였단다. 조선 시대 왕위 세습의 단면을 짐작할 수 있다. 이런 역사가 담긴 유적이 지금은 전통찻집으로 활용되고 있었다.

평화전망대로 가는 바닷가의 철조망이 남방한계선이라고 한다. 군인들의 출입 통제하는 것을 보니 민간인 통제 구역이라는 것을 알 수 있다. 전망대 망원경으로 북쪽 마을이 보인다. 자전거 타는 사람, 담배 피우는 사람, 집 근처의 사람들이 뚜렷이 보인다. 똑같은 형태의 허술한 주택들이 눈에 들어온다.

강화 하점면 부근리 고인돌은 역사책에서 너무도 자주 보아 온 모습이다. 아이들이 가장 관심을 두고 온 것 중 하나가 바로 이 고인돌이다. 그런데 관람길에서 너무 멀리 떨어져 있어 크게 느껴지지 않는다. 책에서 사진으로 보는 것과 실제로 와서 보는 것과 실감이 나지 않기는 마찬가지다. 그래서 고인돌의 크기를 발표한 유진이가 직접 고인돌 밑으로 가서 보게 했다. 잔디밭으로 들어가는 것이 내키지 않는지 부끄러운 듯 달려갔고 고인돌은 유진이 머리가 닿지 않는 높이였다. 넓은 잔디밭 중앙에 있어서 상대적으로 작게 보이는지도 모른다.

바로 옆에 있는 강화 역사박물관은 강화 역사 공부의 종합정리장이다. 이곳에서는 어재연 장군의 수자기가 관심거리였다. 미국에 빼앗겨 136년 만에 돌아온 깃발이라는 사실을 기억하기 때문이다. 모형 수자기가 난간에 높이 게시되어 있다. 장수 수(帥)의 내림 획이 진한 검은색으로 칠해져 있는 것이 궁금해 해설사에게 그 이유를 물어봤으나, 대답은 시원치 않았다.

강화도 참성단 모형을 아이들이 특별히 눈여겨봤다. 마니산을 올라가지 않아 참성단을 직접 볼 수 없기 때문이다. 사진이나 설명으로는 잘 이해가 가지 않는 구조이나 다행히 실제를 축소하여 모형으로 제시하였기 때문에 쉽게 파악할 수 있었다.

오늘의 마지막 코스는 덕진진이다. 덕진 돈대나 남장포대의 전술적 의도를 따져보며 저녁 해를 맞이했다. 대원군의 경계비는 한참 돌아가야 보인다. 해상관문을 굳게 지킬 것이며 다른 나라 배는 절대로 강화해협을 통과할 수 없다. 경계비에 새겨진 '海門防守他國船愼勿過(해문방수 타국선 신물과)'는 대원군의 굳은 의지의 산물이다. 이렇듯 중요한 경계비가 너무 외진 곳에 있어 사람들이 지나쳐버리지 않을까 걱정이 되었다.

광성보 근처에 있는 숙소로 갔다. 식당 위의 민박 형태이다. 저녁을 먹고 넓은 마당에서 족구로 즐거운 시간을 보낸 뒤 한 방에 모였다. 오늘 탐방 내용을 퀴즈로 제시하며 하루를 정리하게 했다. 아이들이 제 이마를 툭툭 치며 하루를 돌아본다.

다음 날, 아침을 먹고 아이들과 광성보를 탐방했다. 쌍충비각과 순의총에 관심이 많다. 어재연 장군 형제의 애국정신과 형제애를 책에서도 깊이 느꼈기 때문일까? 그런데 쌍충비각의 앞면이 가려져 있어 옆으로 돌아가 보아야 하는 구조가 불편하다. 왜 비각의 앞문을 가려놓은 형태인지 그 의도를 알 수가 없다. 어재연 형제의 유해는 충북 음성군 삼성에 모셔져 있다고 한다. 우리 충주에서 가까운 곳이기에 시간적으로는 멀지만, 가깝게 받아들이게 된다.

손돌목 돈대로 가는 길가에 소나무에는 함민복 시인의 시 한 구절이 걸려 있다. "당신 그리는 마음 아무 곳에나 내릴 수 없어 눈 위에 피었습니다." 함 시인도 충주 노은 사람이라는 것을 알고 모두 더 주의 깊게 읽어봤다. 저마다 다른 상상으로 이 시의 구절을 해석하며 깔깔거린다. 손돌목 돈대는 아이들 말대로 원형극장 형태이다. 그 위치도 사방을 조망할 수 있는 좋은 조건이다.

바닷가로 내려간 용두돈대는 천연의 요새이다. 우리는 이곳에서 용두돈대의 형태를 그림으로 나타내보기로 했다. 그린 그림을 학년별로 늘어놓고 누구의 그림이 생동감이 있는지 찾아봤다. 아이들의 말대로 땅콩, 올챙이, 뱀, 용처럼 생긴 이 용두돈대는 전쟁 때 어떤 역할을 할까 생각해봤다.

"바다로 툭 튀어나와 있어 외적을 감시하기가 좋아요."

"돈대가 꼬불꼬불하여 숨어서 싸우기가 좋아요."

"밖에서 보면 잘 안 보여요."

자연조건을 이용한 군사 시설의 이점을 아이들 나름대로 표현한다.

전등사 입구에서 삼랑성의 유래, 정족산의 한자어 의미, 병인양요 때 양헌수 장군이 이곳을 전쟁의 보루로 삼았다는 이야기를 예리에게 들었다. 그런데 마침 행사가 열리고 있어 비집고 움직여야 할 정도로 북적거렸다. 전등사에서 멀리 앞을 바라보는 운치는 생각할 수도 없다. 추녀 밑의 벌 받는 여인상을 돌아보고는 빠지듯 정족산사고 쪽으로 향했다.

삼랑성 안에 전등사가 있고, 절 뒤편으로 올라가면 정족산사고가 자리 잡고 있다. 정족산사고는 고즈넉하다. 아무런 내용물도 없는 공간이라 사람들에게 시선을 받지 못하는 것 같다.

우리는 건물 밖 계단으로 나와 효진이가 임진왜란 때 유일하게 남겨진 전주 사고의 비밀을 들었다. 손홍록과 안의가 아니었더라면 전주 사고의 귀중한 조선왕조실록마저 소실될 뻔한 위기의 순간이었고, 그 후 다시 복사하여 다섯 군데에 보관하게 된 것이다. 그 다섯 곳 중의 하나가 이곳 정족산사고다. 그러면 그 당시 왜 이곳에 사고를 지었을까? 아이들의 생각이 재미있다.

"저 밑의 절까지 쳐들어왔다가도 이렇게 산 위쪽에 사고가 있는지를 눈치채지 못하고 돌아갈 거 같아요. 햇볕이 잘 들고 바람이 시원하게 불어오니 실록을 보관하기에 좋은 위치예요."

내려오면서 양헌수 장군의 비에 적힌 비문의 글자를 읽어보며 병인양요의 승전을 떠올렸다. 삼랑성의 남문과 동문의 확연한 차이점을 비교해보며 성문을 빠져나왔다. 성안에 절과 실록사고가 있는 별난 구조라 하겠다.

마지막으로 초지진을 갔다. 초지진에서는 모두 포탄 맞은 소나무에 관심이 높다. 소나무의 시멘트 바른 부분을 유심히 살펴본다.

책이나 그 밖의 설명적 지식보다는 실제 현장 경험을 바탕으로 각자 진, 보, 돈대를 정의해보는 시간을 가졌다. 은기는 "보는 최고급 호텔 같고, 진은 일반호텔, 돈대는 자그마한 모텔 같다."라고 했다. 아이들은 정확한 말로 표현하지 못하더라도 머릿속에 어떤 개념도가 형성되어 있을 것이다. 그것이 바로 이해의 실체적 과정이라고 할 수 있다. 자칫 밋밋할 수 있는 역사 유적지 위주의 탐방이 아이들의 적극적인 참여로 생동감 있는 탐방이 된 것 같다.

우리끼리 한성 백제

　　지금까지는 유적 탐방이나 관찰 체험 학습은 항상 선생님과 함께 했다. 이제는 아이들끼리 탐방하는 기회를 주자고 의견이 모였다. 한성 백제의 중심이라 할 수 있는 풍납토성, 몽촌토성, 석촌동 고분군이 그 대상이다. 역사적 배경, 축조 과정, 차이점, 위치의 특성 등을 미리 공부하고 현장을 탐방하게 했다. 물론 아이들은 찾아가는 길을 인터넷으로 미리 확인해 두었다.

　　출발하는 날 아침 터미널에는 엄마들이 모두 아이들을 데리고 나왔다. 항상 나들이에는 부모님들이 동행하기 마련인데 오늘은 아이들끼리 다녀오게 한다는 것이 왠지 불안한 마음이 들었다. 개인별로 40,000원씩을 봉투에 넣어 나누어 주었다. 경비 집행도 단체가 아니라 개인 각자가 해야 한다. 잘 다녀오기를 바라는 마음으로 버스가 출발하는 모습을 바라보았다.

　　오후 4시쯤에 전화가 왔다. 스케이트를 타다가 한 아이가 넘어져 이마를 다쳤다고 한다. 정해진 탐방 일정을 마치고 자유 일정으로 스케이트장을 간 것이다. 걱정이 되었지만 얼마 후 직접 통화해 보니 그리 크게 다친 것은 아니고 찰과상 정도라고 한다. 다행이다.

　　저녁 도착 시각에 터미널에 다시 나갔다. 이마에 붕대를 붙이고 있으나 별일 아니라는 표정이다. 차로 이동하면서 붕대

밑을 들춰 보니 약간 멍이 들고 부어 있었다.

　　다녀온 후에는 이이들이 다시 모여 공동으로 탐방 결과를 벽 신문으로 제작했다. 풍납토성의 절개 면을 찾아보려고 고생을 많이 했으나 결국 실패했다고 한다. 몽촌토성은 미리 학습한 내용대로 쉽게 임무에 성공해서 기분 좋은 시간을 보낸 것으로 보였다. 무덥고 힘든 날씨에도 키득거리며 물어물어 찾아다닌 시간이 재미있었다고 한다. 함께한 그 시간이 아이들에게는 소중한 추억으로 새겨질 것이다.

엄마 보고 싶고 집이 그리워

오늘은 봉암 친구들과 백제 여행을 떠난다. 공주, 부여, 익산의 백제 유적을 찾아가는 탐방이다. 우리는 차를 타고 가면서 개인별로 탐구 주제 발표를 했다. 『얘들아, 백제 여행 떠나 볼래?』를 읽고 우리가 탐방하면서 알아야 할 모든 정보를 워크북에 담아 놓았다. 그리고 개인별로 준비한 탐구 주제를 차 안이나 현장에서 발표하게 된다.

내가 맡은 주제는 공주 이름의 유래이다. 공주의 원래 이름은 웅진이다. 그런데 웅주, 곰주로 바꿨다가 발음하기 좋게 공주로 바뀌었다 하기도 하고, 공산성의 앞 글자를 따서 공주로 부른다기도 한다.

공주 시내 들어가는 다리를 건너기 전에 도로에서 잠시 내렸다. 강 건너로 공산성이 보인다. 깃발이 펄럭이고 돌로 쌓은 성곽이 구불구불하다. 성곽의 모습을 바라보며 한성에서 밀려난 백제의 문주왕은 왜 이곳에다 성벽을 쌓았을까 생각해 보았다. 강을 건너야 하고, 높지는 않지만 산 둘레에 성을 쌓아 튼튼하고, 또 적군을 감시하기 좋겠다고 이야기했다. 공산성을 직접 올라가 성곽을 또 다른 방향에서 살펴보면 더욱 입체적으로 공산성을 머리에 그릴 수 있을 것이다.

시내로 들어가 우리가 먼저 간 곳은 송산리고분군이다. 이름을 알 수 없는 옛날 무덤이 7기나 이곳에 있어 송산리고분군으로 통틀어 불러왔다. 그러다가 그중 하나가 무령왕릉이라는 것이 확인된 것이다. 아이들은 5호분의 천장 모양을 보고 우산 모양이나 원두막 형태라고 한다. 5호분이 돌로 무덤을 만들었다면 6호분과 무령왕릉은 벽돌로 쌓아 만든 것이다.

내 생각엔 5호분은 아무 돌이나 주워 대충 쌓은 거 같았고, 6호분은 5호분과 달리 돌을 다듬고 맞춰서 쌓았다. 돌에 무늬도 있었다.

고갯마루에 이어 정지산 유적지로 갔다. 무령왕이 죽은 다음 이곳에 임시로 주검을 모셨을 것으로 여겨지는 곳이다. 잔디밭 밑으로 엉겅퀴 한 포기가 곱게 피어 있다. 양지바른 야산이라 그런지 꽃 색깔이 유난히 곱고 아름답다. 탐방이 끝나고 집으로 향하는 차 안에서 4학년 석준이는 정지산 유적지가 제일 신기했다고 한다. 건물이나 실물이 아니더라도 그 장소가 담고 있는 이야기가 아이들 관심을 끈다는 것을 알 수 있었다.

정지산 유적지를 돌아 나와 공주 박물관으로 이어지는 뒷길은 늘 평화롭다. 박물관을 먼저 보고 차로 이동하여 무령왕릉으로 가는 것이 보통이지만, 우리는 무령왕릉을 먼저 보고 그대로 걸어서 정지산 유적지를 들러 박물관으로 이어가는 산길을 택했다. 뒷마당 달팽이 놀이와 십자 놀이가 아이들에게 활력소가 되어 주었다.

공주 박물관은 무령왕릉 출토유물이 주 전시물이다. 손톱만큼 작은 유리 동자가 아이들에게는 제일 인기가 많았다. 아이들은 워크북의 유물 확인표를 보면서 개별적으로 돌아본다. 유리 동자나 금제관식, 석수, 뒤꽂이 등 이미 공부해 온 것을 바탕으로 활발하게 돌아다니면서 살펴봤다. 지석을 비롯한 몇 가지 중요한 유물은 함께 다니면서 다시 확인했다.

내가 제일 신기하게 봤던 베개는 현재 사용하는 베개와 비슷할 줄 알았는데 훨씬 달랐다. 구멍이 뽕뽕 나 있고 딱딱한 느낌이 들었다.

석수는 무덤을 지켜서 왠지 무서워야 할 것 같은데 귀엽기만 했다. 그리고 지석에는 내가 읽을 수 있는 한자 몇 개가 있었다.

밖으로 나와 나무 그늘 밑에서 잠시 휴식을 취했다.
"얘들아, 무령왕릉에서 나온 여러 유물 중에서 한 가지만 고르라면 너희들은 어떤 것을 택하겠니?"
예쁜 뒤꽂이나 앙증맞은 인형이 인기가 많다. 혹시나 지석誌石이 나오길 기대한 것은 욕심이었나 보다. 그래서 바꾸어 물어봤다.
"만약 너희들이 역사학자라면 이 중에서 어느 것을 제일 먼저 챙겨갈까?"
물음의 속셈을 알아차렸는지 '지석이 당연히 순위 1번'이라고 합창한다. 묘지석이 아니었으면 이 무덤의 주인이 무령왕임을 알 수 없었을 것이다. 그렇다면 어떤 다른 국보급 유물보다 이

지석이 중요하다고 말할 수 있었을 것이다.

점심 후에는 공산성으로 갔다. 오전에 강 건너편에서 차를 내려 성의 모습을 바라봤고 이제는 성 안으로 들어가서 주위를 살펴봤다. 궁궐터로 추정되는 쌍수정 주변은 넓지는 않지만, 사방을 호위하는 임시 왕궁으로는 알맞다는 생각이 들었다. 아이들은 왕궁이라기에 너무 협소하다고 한다. 위례성을 황급히 빠져나와 자리 잡은 곳이 이만하면 되지 않을까?

공산성을 나와 백제가 공주에서 60여 년을 지내고 새로 옮긴 부여 도읍지로 향한다. 궁남지의 연못과 버드나무의 정취는 여느 공원과 다를 바 없다. 그 옛날 백제의 왕들이 이 주변의 별궁에 머무르면서 여유를 즐길 수 있었을 것이다.

7기의 능산리 고분군은 백제왕과 왕실의 무덤임은 틀림없겠으나 누구의 묘로 단정 짓지 못하는 어려움이 있다. 이 고분군은 풍수지리상으로도 명당이라 할 만큼 아늑하고 평화로운 산자락에 자리 잡고 있다.

능산리 절터는 관광객을 위한 주차장 시설 공사 중에 금동대향로가 발굴되고 이어 석조 사리감이 발굴되면서 이곳이 절이 있었던 것이 확인된 것이다. 우리는 금동대향로가 발굴된 공방 터가 어디쯤인지 찾아봤다.

금동대향로와 석조 사리감 등 국보급 보물이 발굴된 곳을 확인하면서 많은 생각을 하게 된다. 주차시설 공사를 하기에 앞서 시행한 발굴 작업 성과로는 어마어마한 선물이 아닌가? 그냥 묻혀 영원히 잠들어 있었을지도 모르는 아찔한 순간이었다. 이곳에서 발굴의 장면을 떠올려보는 것은 큰 감동이었다.

아직 해가 많이 남아 있다. 부여 정림사지 오층석탑을 하루 당기는 것이 좋겠다는 엄마들 의견이다. 다음 날의 초파일 행사 준비로 석탑 주변은 분주하다. 우진이가 정림사지 오층석탑에 관한 설명을 끝내면서 아이들에게 이렇게 물었다.

"얘들아, 이 정림사지 오층석탑은 어디가 아름다우니?"

돌이면서도 나무로 만든 것 같은 부드럽고 정교함이 있는 탑이다. 유홍준은 그의 답사기에서 이 정림사지 오층석탑은 특히 석양에 바라보아야 제 모습을 감상할 수 있다고 했다. 마침 우리가 갔을 때 석양이 비치고 있었다.

"얘들아, 충주 탑평리 칠층석탑을 모두 가 봤잖니? 그 칠층석탑과 이 오층석탑은 어떤 점이 다른지 찾아볼래?"

'돌이 부드럽다. 동글동글하게 깎았다. 돌을 여러 개 맞추어서 쌓아 올렸다. 지붕 끝이 살짝 올라갔다. 멀리서 보면 나무 탑 같다' 등 이야기가 터져 나온다. 또한, 정림사지 오층석탑에서는 소정방의 낙서에 관심을 보였다.

정림사지로 갔다. 정림사지 앞에 초등학교가 있었다. 그 초등학교의 학생들은 하교할 때마다 국보를 볼 수 있는데 과연 좋을지 모르겠다. 혹시 매일 볼 수 있는 게 국보니까 국보가 시시하다고 느낄 수도 있을 것 같다.

이튿날은 아침을 일찍 먹고 부소산성으로 갔다. 부소산성 입구에 있는 관북리 유적은 짧게 돌아봤다. 이곳에서는 여기는 수로이고 저기는 도로가 있던 곳이라는 등의 세부적인 확인은 아직 아이들에게 어려울 것 같다. 그래서 왜 하필이면 이곳에 왕궁 터를 잡았을까 생각해보게 했다. 뒤로는 부소산과 강이 있고 앞으로는 넓은 평야가 있으니 왕궁을 짓기에 알맞았을 것으로 상상해봤다.

부소산성 오르는 길은 나무 사이의 바람으로 시원하다. 아침도 먹었고 아직 덥지는 않다. 전쟁이 없을 때는 백제의 왕과 왕비, 신하들이 이곳 부소산을 오르며 풍광을 즐기지 않았을까? 우리도 왕실 사람들이 되어 이 산을 올라가 보자꾸나! 아이들은 왕, 왕비, 대신, 신하들 흉내를 내며 제각기 비탈길을 올라간다.

산성이라고 하지만 그냥 지나치면 산성이라는 것을 알아차리지 못하고 평범한 산책로만 느껴질 수 있다. 그래서 정상 가까이서 토성을 의도적으로 찾아보게 했다. 반월루에서 토성의 부분들을 확인하고 부여 소재지도 내려다봤다.

부소산성은 걷다 보면 선생님께서 가끔 여기가 토성이라고 알려주시는데 내가 볼 때는 산성이라 그런지 그냥 산에 있는 언덕 같은 모습이었다.

부소산성에서 아이들의 최고 관심사는 낙화암이다. 낙화암에서 낭떠러지 절벽을 아찔하게 내려다본다.

"정말, 무섭다."

난간 못 미쳐 너럭바위에 앉아 잠시 생각에 잠기기도 한다. 고란사 불당 앞에는 복스러운 개 한 마리가 잠에 취해 있다. 사람들이 시끌시끌해도 쿨쿨 잔다. 짓궂은 아이가 흔들어 깨워도 눈만 떴다가 또 잠을 잔다. 오던 길을 되돌아 나갈 계획이었으나 그러다 보면 시간이 많이 늦어질 것 같다. 그래서 고란사에서 강으로 내려가 배를 타고 나가기로 했다. 아이들은 배를 타는 보너스를 아주 좋아했다. 낙화암과 부소산을 강 밑에서 바라볼 수 있어 훨씬 입체적인 탐방이 되었다. 지난밤에 잠을 못 잔 탓인지 배에 기대어 잠이 든 아이도 보인다.

백제금동대향로와 창왕명 사리감이 있는 국립 부여 박물관은 아이들이 기대가 큰 곳이다.

금동대향로에 관한 발표를 하고 나니까 긴장이 풀려서 나도 모르게 스르륵 잠이 들었다.

박물관에서 자유롭게 시간을 주고 개인별로 관람하게 했다. 역시 백제금동대향로나 사리감은 아이들에게 인기 만점이다. 백제금동대향로 주변을 아이들이 쉽게 떠나지 않는다. 아무리 보아도 신비스럽기만 하다. 어떻게 저리 정교하게 만들 수 있을까? 아이들의 표현에서도 읽을 수 있는 '꿈에 그리던' 백제금동대향로이다. 박물관이면 슬쩍슬쩍 스쳐 가는 모습을 흔히 보게 되는데 백제금동대향로 주변은 진지하다. 문화재에 아무런 지식과 관심이 없는 사람이라도 이 앞에서 감탄하지 않는 사람이 있을까 싶다.

뭐니 뭐니 해도 이곳의 하이라이트는 백제금동대향로라고 생각한다. 백제금동대향로는 따로 전시되어 있었다. 정말 책에서 나온

대로 백제금동대향로를 본 순간 눈을 뗄 수 없었다. 그 어떤 물건보다 너무나도 섬세하고 예뻤다. 정말 순간적으로 금동대향로를 너무 갖고 싶어졌다.

사리감의 평면 사진으로는 어디에 사리를 넣을 수 있을까 궁금해하던 아이들이 있다. 직접 실물로 보고 우체통처럼 깊숙하게 파놓은 것을 보고 쉽게 이해할 수 있었다. 석조 사리감은 앞뒤로 구멍이 있는데 왜 앞뒤에 만들었는지 의문이 들었다. 석조 사리감은 뒷면을 파다가 잘못 파서 앞면에 다시 팠다고 한다. 그런데 이것은 백제 당시에도 중요했을 텐데 새 돌을 사용하지 않고 왜 실수한 돌을 계속 썼을까? 여전히 의문이다.

박물관을 돌아보고 이제 문을 나오려는데 민형이는 "선생님, 금동대향로 다시 한번 더 보고 올게요." 하며 재빠른 걸음으로 백제금동대향로 쪽으로 뛰어간다.

아이들은 20여 년의 해체 복원 과정을 걸쳐 마무리된 익산 미륵사지 석탑에 관심이 많다. 해체하고 어떻게 다시 짜 맞추었을까. 심주석 맨 밑의 돌이라는 게 어떤 걸까. 사리장엄구 중에 사리 봉영기와 사리호는 어떤 모양일까.

아이들은 복원된 석탑이 여러 가지 다른 색깔의 벽돌을 쌓은 것 같다고 한다. 있던 석재와 새로운 석재가 섞여 있다는 뜻이다. 탑 안의 심주석을 들여다볼 수 없어 내부 관람이 가능한 동탑으로 가서 십자 통로 외 중심기둥을 돌아보며 심주석의 위치와 기능을 가늠할 수 있었다. 아! 이래서 이 위치에 사리장엄구를 보존해 놓았구나. 국립익산박물관은 눈에 금방 들어오지 않는다. 지하에 숨겨진 박물관이다. 금동사리외호와 금제사리내호는 손 안에도 넣을 수 있을 것 같은 크기다. 앙증맞게 세련된 멋이 있다. 섬세한 문양이 놀랍다. 엽서 크기의 금판에 글씨를 새긴 사리봉영기는 귀중한 역사의 기록이다. 문화재 발굴의 의미를 새롭게 해준 탐방이었다.

탐방을 하면서 점점 백제의 매력에 깊이 빠져들었다. 이제 집으로 간다. 하루 떨어져 있었는데 엄마가 보고 싶다. 드디어 모든 일정이 끝났다. 다른 기행보다 많은 경험을 한 백제 기행이었다. 집 나가면 고생이라는 말이 있듯이 어딜 가든 우리는 자신의 집을 그리워하게 된다. 우리들의 버스는 충주로 달려가고 있었다.

일본 속의 백제 문화

서울, 공주, 부여, 익산의 백제 문화 탐방에 이어, 이번에는 4박 5일 동안 오사카, 교토, 나라 지방의 백제 문화 관련 유적을 돌아보기로 했다. 부산에서 배를 타고 일본으로 향했다. 2시부터 절차를 밟기 시작하여 승선하고 배가 출항한 것은 4시였다. 2만 톤급의 대형 선박이라 흔들림이 심하지는 않았지만 일렁거리는 뱃멀미를 피할 수 없었다.

긴 시간을 배에 있어야 한다. 배로 일본까지는 얼마 되지 않았지만, 일본까지 가서 다시 혼슈섬과 규슈섬 사이의 내해를 지나 오사카로 가는 데 많은 시간이 걸렸다. 잠자고, 이야기 나누고, 식사하기를 반복하면서 이튿날 11시에 배에서 내렸다.

부두를 출발한 버스 안에서 바라본 일본의 풍경은 외국이라는 느낌이 별로 들지 않았다. 우리와 비슷했다. 좁은 도로와 소형차 그리고 운전석이 오른쪽이라는 것이 좀 다르게 보일 뿐이다.

첫날 일정은 오사카성, 왕인 박사 묘, 백제왕 신사이다. 오사카성은 이중 해자와 큰 돌을 이용한 석축 그리고 높은 누각이 이채롭다. 50톤이 넘는 돌도 20여 개나 된다고 하니 도요토미 히데요시의 야망이 곳곳에 배어 있다는 느낌이다. 아이들은 우리나라 성과 아주 다른 형태를 신기하게 생각했다.

도로 표지판이나 안내 표지판에 '王人 博士 墓' 글자가 우리를 반갑게 맞아준다. 조용한 주택가에 아담하게 가꾸어져 있다. 한국식 출입문과 무궁화 등이 우리를 따뜻하게 해준다. 일본에 새로운 문명의 지평을 열어준 왕인 박사의 고마움을 일본인들도 알고 있다는 게 다행스러웠다.

백제왕 신사는 조용한 주택가에 자리 잡고 있었다. 백제(百濟)라는 선명한 글씨가 반갑다. 백제의 왕을 모시는 사당이다. 정초라서 그런지 과일이며 여러 가지 술병이 즐비하다. 워낙 여러 신을 섬기는 일본이라지만 백제왕을 모시는 사당을 보니 고대 백제의 힘이 느껴졌다.

어둑해져서야 호텔에 들어왔다. 언제나 그렇듯 여행의 들뜬 기분으로 시끌시끌하다. 아이들은 유카타를 입고 비둘기가 짧은 다리로 뛰듯 다리를 모으고 뛰며 깔깔댄다.

이튿날 일정도 빡빡하다. 후덕한 모습의 가이드가 탐방을 효율적으로 이끌어준다. 아이들이 탐방지에 관한 기본적인 공부를 하고 왔다는 것을 알고 보다 새로운 정보를 제공하기 위해 힘을 써줬다.

고류지(広隆寺)에는 일본의 국보 1호 목조미륵보살반가사유상이 있다. 우리나라의 국보 83호인 금동미륵보살반가사유상과 꼭 닮은 모습이다. 반가사유상을 만든 재료가 일본에서는 나지 않는 우리 금강송이라 우리나라에서 만들어 가져갔을 것으로 본다. 그래서일까? 당 내에는 왠지 모를 차가운 분위기가 감돌았다. 모자를 벗게 하고 촬영을 금지하면서도 설명이나 안내에는 인색했다. 사람이 너무 많아 사유상을 감상할 시간조차 없었다.

　　교토의 니조성에서는 꼬꼬 마루의 신비를 찾으려고 모두
가 귀를 기울였다. 누군가 몰래 다가올 적을 탐지하려고 마루를
밟으면 소리가 나게 설계했다는 것이다. 몇 단계를 거쳐야 만날
수 있도록 한 쇼군의 위상을 짐작할 수 있다. 한편 언제 어떤 일이
있을지 모르는 초조와 불안의 권력이라는 단면을 읽을 수 있다.

　　백제계의 간무천황이 지었다는 사천왕사의 오층탑은 그
높이가 무려 40미터나 된다. 아파트 10층도 더 된다. 나선형으로
위층까지 올라갈 수 있게 되어 있다. 헤이안 신궁은 백제인 간무
천황을 모시는 곳이다. 역시 신년 초라 그런지 수많은 사람이 몰
려들고 있었으며 이곳에서도 일본 사람들의 운수 풀이 풍습은 놀
라울 정도다. 줄이나 나뭇가지 등에 붙인 운수 표는 마치 하얀 꽃
이 만발한 것 같았다.

　　물이 맑은 절이라는 청수사(기요미즈데라)를 부지런히 돌
아보고 어둑해서야 귀 무덤을 찾았다. 귀 무덤은 시가지의 주택
가에 있었다. 봉분처럼 크게 동산을 만들고 그 위에 석물을 세워
놓았다. 여기가 그 비참한 조선인 학살의 징표라 생각하니 그들
의 잔인함에 소름이 끼친다. 빡빡한 일정에 피곤함에도 다들 더
욱 확실하게 살펴보려 했다. 진지한 우리의 참배를 일본 속에 더
욱 인식시키고 싶은 마음이었다. 바로 길 건너에 도요토미 히데
요시의 신사와 국립박물관이 있는 것은 무슨 심사인가 싶다.

　　역사탐방 마지막 날이다. 빠듯하게 짜인 일정이라 그런지
사흘이 금방 간 것 같다. 도다이사(東大寺)와 호류사(法隆寺)가 주
요 탐방코스다. 도다이사는 고구려·백제·신라의 스님과 장인들

이 모두 참여해 지은 절이다. 부처님의 크기가 하도 어마어마하여 수치로는 실감이 나지 않는지 손바닥에 어른 열세 명이 올라갈 수 있다 표현한다. 부처님의 콧구멍 크기로 기둥 밑을 뚫어 관광객들이 그 속으로 빠져나가게 만들어 놓기도 했다. 아이들은 이 구멍을 빠져나오며 즐거워 했다.

심상 스님의 설법에 감동하여 불전을 이룩하는 대역사를 이루었고 여기에 양변 스님, 행기 스님을 비롯하여 고대 우리나라의 많은 사람이 이 불당을 이룩하는 데 참여했다고 한다. 일본인들도 이 역사적 사실을 부인할 수 없는지 불당 건립에 공이 많은 우리의 스님들을 기리는 사당이 작게나마 자리 잡고 있다.

주변은 나라 국립공원으로 수목들이 잘 가꾸어져 있고 사슴들이 방목되어 있어 관광객들의 눈길을 끈다. 관광객이 주는 과자를 받아먹으며 유유자적하는 사슴들 모습이 평화롭게 느껴진다.

보물창고 쇼쇼인(正倉院)은 베일에 싸여 있는 모습이다. 어른 키보다 훨씬 높게 시멘트 담장이 둘러져 있는데다 수목들로 가려 건물의 모습을 제대로 볼 수 없다. 정해진 시간에만 열리는 정문을 통과해도 일정한 지점까지만 가게 되어 있어 갑갑하기는 마찬가지란다. 쇼무(聖武)천황의 고묘(光明)왕후가 한반도에서 가져온 귀중품을 헌납하여 이를 보관하기 위해 건립했고 이후 왕실의 귀중품을 소장하는 곳이 되었다. 매년 12월에 한 번씩 특별전을 열어 전 세계 학자들의 관심이 집중된다. 그것도 고작 100여 점 정도를 전시한다니 12,000점의 소장품을 모두 보여주려면 120여 년이 걸린다는 계산이 나온다.

호류사는 우리에게 담징의 벽화로 잘 알려져 있는, 세계에서 가장 오래된 목조 건물이다. 많은 관광객이 호류사를 찾는 이유는 백제 관음상을 보기 위해서다. 너무나 아름답다. 은은한 표정에 어울리는 옷자락들이 살아 움직이는듯 고고하다. 구세 관음상은 목제 병풍으로 둘러놓아 평소에는 볼 수 없게 되어 있다.

곳곳에 전해지고 있는 우리의 문화에 새로운 자긍심을 갖게 한 사흘간의 여정이었다. 이렇게 일본 속의 백제 역사 탐방을 마치고 다시 부산행 배에 올랐다. 타고 왔던 배 그대로이다. 같은 뱃길이라 올 때보다는 익숙하다. 오후 4시에 출발하여 다음 날 11시가 되어 부산항에 닿았다. 배에서 내려도 일렁이는 기분이었다.

우리끼리 수원화성

　수원화성 성곽길을 아이들과 함께 돌지 않고, 학년끼리 자율 탐방을 해보도록 했다. 6학년은 제일 높은 서장대에서 출발하여 밑으로 내려오고, 반대로 5학년은 제일 낮은 봉돈에서 출발하여 위로 올라가기로 했다. 3·4학년은 가운데 화서문에서 출발하여 아래로 내려오기로 했다. 서로 중복되지 않고 다른 방향의 코스가 정해져 다행이었다. 오고 가면서 이산가족 상봉이 이루어지게 된다며 웃어댄다.

　출발하기 전 아이들에게 서장대에서 수원화성을 내려다보며 성곽의 전체적인 모습을 파악하고, 치와 루, 문, 돈, 대 등의 구조와 기능을 살펴보라고 초점을 다시 강조했다. 그리고 수원화성의 아름다움, 견고함, 과학적인 면을 어디에서 찾아볼 수 있는지도 잊지 않도록 했다.

　3·4학년이 화서문에서 출발해 겨우 장안문에서 서성대고 있는데 봉돈에서 올라오는 5학년 팀을 만났다. 아직 올라올 시간이 아닌데 벌써 이곳에서 만나다니 구석구석 살펴보지 않고 빨리 돌아보는 데만 집중하는 건 아닌지 걱정이 되었다.

　3·4학년은 선생님과 함께 다녔다. 아이들은 북수문(화홍문)이 책에서 설명한 것처럼 그렇게 화려하지는 않다고 말한다. 방화수류정의 다각형 지붕은 얼핏 보아도 멋진 각루이다. 우리는

정자로 올라가 봤다. 비좁은 난간에 걸터앉아 아래로 연못을 감상한다. 군사 시설이 이렇게 아름다운 경치를 내려다보는 여유로운 정자라니 아리송하다. 암문으로 내려가 형태를 파악하고 성벽의 돌 쌓은 모양을 살펴볼 수 있었다. 크고 작은 돌을 맞물려 쌓은 돌무늬가 아름다운 디자인이었다. 구불구불한 성벽 곡선이 하나의 예술이다.

창룡문에서 실명판을 찾아봤다. 공사 책임자의 이름이 새겨진 돌을 한 개 찾을 수 있었다. 이 실명판이 일하는 사람들의 사기를 북돋우게 했으니, 소중한 뜻이 담긴 돌이라 할 수 있다. 동북공심돈은 문이 잠겨 있어서 소라각 같은 내부를 볼 수 없어서 아쉬워했다.

포루와 치를 지나 마지막으로 봉돈을 들렸다. 반 바퀴 성곽길을 돌아보는 데 두 시간은 걸린 셈이다. 봉돈에서 집결지 행궁으로 가는 길이 뚜렷하지 않아 우왕좌왕했는데 우연히 동네 샛길을 빠져나오니 큰길을 만나게 되었다. 행궁으로 가 보니 벌써 5·6학년이 와 있었다.

5학년은 봉돈에서 출발하는 것에 문제가 생겨 지도를 펴놓고 다시 협의하여, 봉돈이 아니라 창룡문에서 바로 출발했다고 한다. 장안문, 화서문, 서장대로 올라갔다가 행궁으로 내려와서 마지막으로 봉돈을 들르기로 코스 수정을 했다고 한다. 현명한 코스 변경이었다. 처음 정한 대로 다녔다면 오히려 불필요한 시간을 낭비하고 정해진 시간에 코스 탐방이 어려웠을지도 모른다. 스스로 코스를 변경하며 자율 탐방을 한 것이 대견스러웠다.

우리 생각은 달라요

일정이 촘촘하여 새벽에 출발했다. 가는 길에 단양 장회 나루에서 잠시 내렸다. 물안개 낀 나루의 아침 경치는 한 폭의 그림이다. 퇴계는 이곳 단양에서 군수로 지낸 바 있다. 조정의 벼슬살이보다는 심신을 갈고 닦는 산골을 찾아 단양으로 내려와 삶에 지친 농민들을 보살피고 아름다운 단양을 드러내는 일에 마음을 쏟았다. 단양 팔경의 이름도 그때 생겨난 것이며 단양에서 관기 두향과의 사랑 이야기도 아름답게 전해오고 있다.

형님이 충청 감사로 오게 되면서 퇴계는 풍기 군수로 옮겨 간다. 퇴계가 단양을 떠날 때는 힘겹게 넘었을 죽령 고개를 옆으로 하고 우리는 중앙고속도를 타고 소수서원으로 향했다.

아름드리 소나무가 우거져 소수서원은 밖으로 드러나 보이지 않는다. 한참을 걸어 들어가다 보면 깨끗한 죽계천이 저만큼 보이면서 가려진 소수서원이 조용히 나타난다. 아이들이 처음으로 서원을 맞이한다. 한가운데 큰 집이 높게 버티고 있다. '백운동'이라고 씌어 있는 강학당 층계를 올라가니 넓은 마루방이 보인다.

'아! 여기가 유생들이 앉아 공부하던 교실이구나!'

강학당 안의 북쪽으로는 임금이 친필로 하사한 '소수서원' 현판이 걸려 있다. 소수서원은 풍기 군수 퇴계 이황이 임금께

요청하여 이루어진 우리나라 최초의 사액 서원이다. 훈장님들의
숙소인 일신재와 직방재, 그리고 유생들의 기거 공간인 지락재와
완락재도 아이들의 관심거리였다. 그 이름이 주는 의미도 뜻이
깊고 어떤 구조인지도 궁금한 것이다. 서원의 구조가 머리에 담
기는 현장이다.

　도산서원은 퇴계의 겸손과 소박함이 그대로 담긴 곳이
다. 퇴계는 이 산자락에 서당 터를 잡고 만족해했으며 서당 크기
와 자재, 공간의 이름 등에 자신의 이상과 뜻을 담았다. 서당은
방과 부엌, 마루방만 있는 간결한 집이다. 그 옛날 유생들이 공부
한 마루(암서헌)에 앉아, 퇴계 선생님의 가르침을 떠올려봤다. 혼
탁한 벼슬자리를 멀리하고 고향으로 돌아와 학문에 정진하고 후
학을 양성하는 즐거움을 만끽하며 여생을 보낸 그의 삶이 얼마
나 맑은가?

　퇴계의 묘는 길가에 표지판도 허술하여 그냥 지나칠 수
도 있겠다는 생각이 들었다. 퇴계 묘는 보통 묘와 별다른 게 없었
다. 올라가는 길도 여느 산길이며 퇴계의 묘 또한 평범하다 못해
허술한 느낌이 들었다. 이렇게 느슨한 관리를 지적하는 사람들이
많지만, 문중에서도 섣불리 묘소 단장에 나서지 못하고 있다. 퇴
계의 유언이 있기 때문이다.

　우리는 퇴계 이황의 묘갈명 '퇴도 만은 진성이공지묘退陶
晩隱眞城李公之墓(도산으로 느지막하게 돌아와 은거하는 이 씨의 묘)'를
한 글자 한 글자씩 함께 읽어 봤다. 퇴계의 일생을 요약하는 묘갈
명을 아무런 벼슬이나 경력도 없이 그저 '이 씨의 묘'로 쓰도록 유

언을 남긴 그의 겸손함이 그대로 남아 있다.

병산서원으로 가는 길은 비포장 길이다. 10여 분 정도 지나 산모퉁이를 지나 마을이 다가온다. 조용한 시골이다. 병산서원은 밖에서 보면 시골 부잣집 같은 느낌이다. 안으로 들어서면 가슴이 시원해지며 당당한 건물들이 다가온다. 막에 가려진 무대 장치가 한눈에 나타나는 느낌이다. "와!" 하는 소리가 저절로 터져 나온다.

만대루 받침 기둥들이 줄지어 있고 입교당이 겹쳐져 보인다. 만대루 통나무 계단은 몇백 년은 갈 것 같다. 그리고 출입금지로 되어 있는 만대루에 오늘은 출입이 가능한 행운을 얻었다. 앞으로 낙동강 물줄기와 병산이 저만큼 펼쳐 있고 아름다운 가을 자연이 주변을 색칠하고 있다. 유생들의 휴식 공간이자 격론하는 토론장이자 학문의 경연장이기도 했을 것이다. 누구든 이 만대루에 오르면 넓은 자연을 호흡하면서 무한한 자기의 세계를 넓혀 갔을 것이다. 아이들도 "이런 데서 공부하면 좋겠다. 여기서 살고 싶다." 한다. 오래 앉아 있고 싶은 곳이다. 입교당에서 바라본 풍경은 또 다른 화폭이었다.

부용대서 바라본 하회 마을은 멋지다. 강이 돌아간다. 들판과 전통 한옥 마을이 한눈에 들어온다. 아이들 눈에도 멋진 풍경이었나 보다. 대나무 숲길을 따라 내려와서 『징비록』이 탄생한 옥연정사를 들렀다. 류성룡이 징비록을 집필한 곳은 강을 건너야 하는 조용한 집이었다.

옥연정사를 보고 배를 타러 강가 모래밭으로 내려갔다. 하회 마을을 먼저 보고 나서 부용대로 오는 것이 보통 코스다. 우리는 거꾸로 부용대에서 하회 마을을 전체적으로 내려다보고 나서 배로 건너 하회 마을로 가기로 했다.

한낮의 열기가 후끈거린다. 뱃사공이 노를 저을 준비를 하고 있다. 우리는 빠르게 달려가 배 가까이 다다랐다. 그런데 막 배를 타려는 순간 배가 떠나기 시작한다. 배가 다시 돌아올 때까지 기다리는 수밖에 없었다.

점심시간이 지나고 있어 지쳐간다. 아이들은 가까이 얕은 도랑 가장자리에서 모래를 발로 밀어 넣으며 놀고 있다. 굵은 모래들이 도랑으로 주르륵 밀려 내려간다. 신발에 모래가 들어가는 게 걸리적거리는지 신발, 양말을 모두 벗는다. 이제는 털썩 주저앉아 두 발로 모래를 밀어 내린다. 발바닥의 모래 감촉이 시원하고 간질거린다. 모래로 물이 메워지는 모습을 너무 좋아한다.

"어, 배가 온다."

아이들은 후다닥 신을 신고 양말은 주머니에 넣은 채 배를 향해 잽싸게 달려가 한 줄로 선다. 인원을 말하고 배에 타려고 하니 또 안 된다며 사공이 손사래를 친다. 도대체 무슨 이유일까? 이곳에서 하회 마을로 가는 것은 안 되고, 정문으로 입장해야만 된다고 한다. 똑같이 입장료를 내는데 왜 안 되느냐고 따져도 막무가내였다. 우리 일행의 코스를 설명해도 소용없다. 그러면 매표소로 가서 입장권을 사 온다고 해도 거절이다. 우리는 할 수 없이 버스를 타고 하회 마을 정문으로 돌아가야 했다. 배를 타고 강을 건너 하회 마을을 거꾸로 탐방하려던 우리의 계획은 물거품이 되었다. 무더운 한낮에 1시간 이상을 뜨거운 모래밭에서 기다린 지라 더욱 힘이 쏙 빠졌다.

　　탐방이 끝나고 아이들에게 물어봤다. 이번 탐방에서 가장 재미있었던 것이 무엇이냐고. 놀랍게도 배를 기다리는 동안 강가에서 모래 장난을 한 것이 최고로 재미있었단다. 이번 탐방에서 뺐으면 하는 곳도 물어봤다. 뜻밖에도 하나같이 퇴계 묘라고 한다. 퇴계의 발자취를 따라 단양 장회나루, 소수서원, 도산서원과 농운정사를 보고 마지막으로 퇴계의 묘에 들러 그의 삶을 전체적으로 느껴보는, 나름 의미 있는 코스 설정이었다고 생각했는데 탐방코스에 넣지 않았으면 좋았겠다니 너무 황당했다.

　　퇴계 이황의 삶의 자취를 정교하게 구성하여 효율적으로 탐방했다고 생각한 것은 나만의 착각이었다. 아이들에게는 이 과정이 가장 힘든 난코스로 기억되었다. 오히려 지루하게 기다리게 해 미안했던 강가의 시간을 아이들은 가장 신나는 시간으로 꼽았다. 아이들의 세계는 선생님의 생각과 이렇게 다르다. 선생님이 만든 합리적인 준거가 그대로 받아들여지는 것은 아니다. 아이들의 세계를 다시 투명하게 바라보는 교사의 자세가 요구되는 장면이었다.

달팽이 화장실이 제일 궁금해

강화도 전등사에 가면 아이들이 다른 것에 앞서 먼저 찾아보려는 것이 있다. 바로 대웅전 추녀 밑에 있는 네 개의 벌거벗은 여인상이다. 절의 대웅전을 맡아 짓고 있는 도편수는 솜씨도 뛰어나고 성실한 사람이었다. 이 도편수는 주막의 예쁜 주모에게 사랑에 빠져 결혼을 약속하고 목수 일로 받은 돈을 주모에게 맡겼다. 그런데 주모가 돈이 어느 정도 모이자 맡긴 돈을 모두 가지고 도망을 갔다. 주모에 대한 미움과 복수심으로 도편수는 주모를 못생기고 벌거벗은 모습으로 조각하여 추녀 밑에서 무거운 지붕을 떠받치게 해 모든 사람이 볼 수 있게 했다. 아이들은 이 전설을 재미있어하며 네 개의 조각상이 저마다 어떤 모습을 하고 있는지 찾아내려고 대웅전을 뺑뺑 돈다.

부석사에서 경사가 심한 석축 길을 따라 힘들게 무량수전 마당에 올라서면 아이들이 우선 찾아보려는 것이 있다. 뜬 돌, 부석浮石이다. 의상대사가 당나라에서 도를 닦고 돌아와 5년간이나 헤매며 발견한 절터가 이곳이었다. 의상이 절을 지으려 하자 이곳에 살던 이교도들이 반대를 했다. 그때 선묘 아가씨가 나타나 신통한 힘으로 바위를 공중으로 들어올려 그들을 평정하여 절을 지을 수 있었다고 한다.

그때의 돌이 무량수전 서편에 길게 누워 있고 '부석'이라

씌어 있다. 뜬 돌이라 실을 바위 사이에 넣어보면 걸리지 않는다는 설화가 전해지는 돌이다. 하지만 출발 때와 달리 아이들은 시큰둥한 반응이다. 올라오면서 힘들어 지친데다 뜬 돌의 신비한 모습도 느끼지 못하니 모두 시들해진다.

도산서원의 농운정사에서도 비슷한 분위기다. 아이들은 도산서당의 단아한 구조나 의미를 찾기도 전에 농운정사로 빠르게 이동하여 공工자 기숙사를 얼른 확인하고 싶어 한다. 사실 농운정사로 들어가면 그 안에서는 공자 형태를 쉽게 구별하기 어렵다. 오히려 농운정사에서 나와 좀 높은 위치에서 내려다보아야 확실히 구분된다. 전등사나 부석사의 창건 설화와는 달리 농운정사는 건물의 형태적 측면이지만 아이들의 관심이 높은 대상이다.

병산서원으로 가면 아이들 반응이 더욱더 재미있다. 병산서원에 들어가 건물을 차례로 살펴보는데 어느 사이 한두 명이 보이지 않는다. 한참 있다 후닥닥 뛰어와 킥킥 웃으며 합류한다. 왜 그러는지 물어보면 둘이서 서로 대답을 떠민다. 그러다가 간신히 '화장실'이라고 짤막하게 답하고 또 킥킥거린다.

그제야 왜 그러는지를 알았다. 달팽이 화장실이 궁금하여 슬쩍 다녀온 것이다. 달팽이 화장실은 병산서원이 지어질 때 같이 지어진 것으로 일꾼들이 사용하는 화장실로 추정된다. 나지막한 돌담이 둥글게 감아진 모습이 달팽이 같은데 지붕도 없고 문도 없다. 그래서 안에 누가 있는지는 오직 기침이나 기척 소리로 확인했다고 한다. 달팽이 화장실이 너무 궁금한데 서원 여기저기를 다 돌아보려면 빨리 끝날 것 같지는 않고 에라 모르겠다며 용감한 탈출을 시도한 것이다. 병산서원을 다 둘러보고 밖에 있는 달팽이 화장실 앞으로 우리도 모두 가 봤다. 한 명씩 달팽이 화장실을 들어갔다 나오면서 하나같이 코를 막고 달려 나온다. 책에서 본 것처럼 그렇게 신비한 구조가 아니라며 실망스러운 기색이다.

벌거벗은 여인상이나 뜬 돌, 그리고 공工자 농운정사나 달팽이 화장실은 아이들의 호기심을 끈다. 그래서 아이들은 흥미와 기대로 즐겁게 탐방에 참여한다. 그런데 상상했던 것과 너무 다르면 크게 실망할 수도 있다. 재미와 흥미가 너무 커져서 오히려 문제가 된다.

무궁화꽃이 피었습니다

탐방 길을 나설 때는 늘 목표를 세운다. 그러나 길을 나서고 보면 생각지 않은 많은 이야기가 만들어진다. 그 이야기가 오히려 정해진 목표와 가치보다 더 소중한 여운을 남겨줄 때가 많다. 그것이 길을 나서는 여행의 묘미가 된다.

4월의 산기슭은 산뜻하다. 아직은 짙푸른 녹음도 아니고 더위로 그늘을 찾을 때도 아니다. 어느 곳에 앉아도 기분 좋은 상큼한 계절이다. 충주 소태면 산기슭에서 보각국사탑을 끝으로 모든 탐방 일정이 끝났다. 아이들에게 자유 시간을 주자 즐거운 함성이 터졌다.

한참 후 보니 아이들이 모두 한데 모여 무언가 열심히 파헤치며 떠들썩하다. 개미가 들어간 큰 돌멩이를 파내는 중이다. 여럿이 나무 꼬챙이로 돌 가장자리를 웬만큼 파니 돌멩이가 움직거린다. 성한이가 큰 막대를 주워 와 지렛대 삼아 들먹거리다 힘껏 누르니 큰 돌이 쑥 빠져나왔다. 아이들이 일제히 "와!" 하고 소리를 지른다. 개미굴은 없었다. 이번에는 나뭇가지로 흙을 긁어 모은다. 이 흙을 커다란 나뭇잎에 싸서 만두를 만들기 시작한다. 흙이 만두소가 되고 나뭇잎이 만두피가 된다. 작은 나뭇가지로 꿰매어 만두를 마무리하는 놀이에 푹 빠진다.

바위 틈새에 자라난 단풍나무가 옆으로 길게 누워 있다.

잘 가꾼 분재 같다. 어떻게 저리 큰 바위틈에서 멋진 나무가 자라고 있을까? 아직 연초록 나뭇잎이 더욱더 싱그럽다. 그런데 갑자기 한 녀석이 올라가더니 이 나뭇가지를 마구 흔들어댄다. 깜짝 놀라 "아니 왜 나무를 흔들어대니? 얼른 내려와." 하고 다급하게 소리쳤다. 아이는 "아유, 선생님도. 이것 봐요, 부채가 시원하잖아요." 하면서 여유롭게 나뭇가지를 아래위로 흔들어댄다. 바위틈 사이에 끼어 자라는 나무를 부채 삼아 흔드는 아이의 얼굴은 마냥 신이 나 있다.

서울 송파구 몽촌토성은 성이라고는 하지만 공원의 산책길과 다름없다. 그래서인지 승연이는 이렇게 표현하고 있다.

몽촌토성은 가까운 남산을 걷는 느낌이었다. 산과 산을 이어서 흙을 쌓았으니 그럴 수밖에 없다. 가는 길에 잔디밭에 다 같이 앉아서 쉬고 있는데 88올림픽 주제가가 나왔다. 익숙한 노래여서 따라 부르기도 했다.

낙엽 길 끝에 나무들이 줄지어 있다. 나무 임자 놀이를 했다. 선생님 손가락 숫자만큼 나무를 차지하는 놀이이다. 잠깐의 휴식 놀이다. 한솔이와 적성이가 나무를 차지하지 못하고 아웃되려 할 때 한솔이가 손을 하늘로 뻗어 나무를 표현하고 적성이는 그 사람 나무를 꽉 끌어안는다.

어느덧 토성을 벗어날 지점이었다. 우리는 잠시 쉬어가기로 했다. 마침 의자 조각상이 눈길을 끌었다. 의자 조각상은 갈수록 의자 크기가 커져서 가장 큰 의자는 2미터가 훨씬 넘을 것 같다. 점점 커지는 의자들을 만들어 배치한 조각 작품들이 아이들의 호기심을 끌어들였다. 따뜻한 가을 햇살과 구름 없는 하늘이 아이들의 여유를 불러온다. 잔디밭에 앉아 있는 아이들이 무척 풍요로웠다. 2학년 한나는 어느새 비스듬히 누워서 휴식을 만끽하고 있다. 3학년 민규도 쉬는 시간을 즐겼다.

나는 뭘 하고 놀까 생각하고 있는데 민준이가 친구들과 잔디밭에서 뒹굴고 있었다. 나도 친구들과 같이 뒹굴어봤더니 의외로 재미가 있었다. 너무 신나게 구르다 보니 잔디가 온몸에 묻어 있는 것이다. 그래서 친구들에게 털어달라고 했다. 너무 많이 굴러서 어지러웠다. 다음에 봉암에서 노는 시간을 주신다면 나는 봉암 뒤에 가서 또 구를 것 같다.

어느새 모든 아이가 잔디밭을 구르느라 정신이 없었다. 몽촌토성은 백제의 성이라기보다 아이들에게는 아름다운 공원을 돌아본 추억의 장소가 된 듯하다.

강화도 탐방 때다. 제일 먼저 고려 궁터를 갔다. 그늘진 처마 밑에 줄지어 앉아 고려 궁터에 관련된 지현이의 설명을 들었다.
"이곳이 몽골 침입으로 1232년에 개경에서 도읍지를 옮겨온 궁터이며, 지금 볼 수 있는 건물들은 조선 시대 건물들이야."
왜 하필이면 이곳에다 궁궐을 지었을까? 어떤 점이 궁궐 터로 알맞을까? 궁궐은 어느 정도의 규모인가? 아이들과 이야기를 나눈다. 상진이는 1232년 공사가 시작되어 2년 후인 1234년 궁궐 공사를 마무리했다며 특히 1234라는 숫자가 재미있다고 한다. 이야기가 끝나는가 싶더니 4학년 혁기가 정적을 깬다.

"선생님, 저쪽에 어마어마한 나무가 보이잖아요?"

"그런데?"

"저 나무 밑에 가서 '무궁화꽃이 피었습니다' 놀이를 하면 좋겠어요."

느닷없는 술래잡기 돌발 제안이다. 아직은 관광객이 없고 잔디밭은 넓다. 아이들은 일제히 함성을 지른다. 혁기는 나무 밑으로 빠르게 달려가 술래가 되고 아이들은 숨죽여 접근해간다. 고려 궁터의 역사 이야기는 가려지고 '무궁화꽃이 피었습니다'와 함성으로 가득하다.

혁기는 왜 술래잡기를 갑자기 떠올린 것일까 궁금하다. 탐방을 다녀와서 혁기가 이런 글을 남겼다.

고려궁 터에서 발표를 듣고 있는데 저 앞에서 제비 두 마리가 날아오더니 사뿐히 내려앉는 모습이 보였다. 한 마리는 지저귀고 또 다른 한 마리는 총총걸음으로 지저귀는 제비를 따라갔다. 그거다! 무궁화꽃이 피었습니다.

그때 술래잡기가 문득 떠오른 것이다. 아름다운 장면이다. 고려 궁터의 역사 이야기보다는 제비들의 모습이 혁기는 더 즐겁고 재미있었을 것이다.

창녕 우포늪에는 가을이 짙어 가고 있었다. 갈대와 단풍이 어우러지는 늪이다. 새들이 날고 내려앉는 아름다운 풍경이다. 전망대에서 우포늪을 두루 바라본 다음 산비탈을 내려오는 길이다. 마을 산자락에는 말뚝에 긴 줄로 이어진 누런 소가 한가롭게 쉬고 있었다. 동희는 혼자서 아무 말 없이 쪼그리고 앉아 소들을 우두커니 바라보고 있다.

"동희야, 뭐 하고 있니?"

"소를 보고 있어요."

"소를 보고 있어?"

"예, 지금 소가 울고 있거든요."

"소가 울고 있다고?"

"그 전에 할아버지 댁 근처에서도 소를 많이 봤어요. 그런데 그 소들이 우는 소리와 이 소가 우는 소리는 아주 달라요."

동희는 지금 소의 울음소리에 깊이 빠져 있다. 다른 친구들은 바쁘게 내려가고 있는데 혼자서 우두커니 소를 바라보고 있다. 동희는 자기만의 세계에 깊이 빠져 있다. 살아가면서 저렇듯 무엇에 깊이 빠져든 적이 얼마나 될까?

병산서원을 돌아보고 나와 모래밭으로 내려갔다. 끝도 보이지 않을 만큼 넓은 모래밭이다. 아이들은 갑자기 달리기 시작한다. 모래밭 끝까지 달려가 강가에 닿는다. 돌멩이를 찾아 힘껏 던져본다. 다시 되돌아 달린다. 이제는 축구 시합이다. 4·5학년이 한편이 되어 6학년을 상대로 경기를 한다. 골대는 가방으로 한다. 모래밭이어서 공이 튀기지도 않고 달리기도 마음대로 되지 않는다. 힘껏 차도 주변의 모래만 위로 퍼진다. 신발을 털어보니 모래가 잔뜩 나온다. 아예 신발과 양말을 벗어 던진다. 그래도 마찬가지다. 공은 데굴데굴 구르지 않고 가다가 멈추고 가다가 선다. 15분 경기는 30분으로 늘어났다. 하회 마을 부용대로 갈 시간이 바쁘지만 아이들 얼굴의 웃음을 보니 독촉할 수 없었다.

BTS 공부하기

새벽잠에서 깨어 TV를 트니 〈세상을 바꾸는 시간, 15분〉 프로그램이 거의 끝나가고 있었다. 화면 하단에 '『BTS 예술혁명』의 저자 이지영, 세종대 교수'라고 강사를 소개하는 자막이 떴다. 강의 내용은 알 수 없지만, 이 자막이 머리에서 지워지지 않았다. '대학교수'와 'BTS'와 '예술혁명'의 세 낱말이 잘 연결이 되지 않고 어색하면서도 왠지 궁금해진다. BTS에 관해 내가 아는 것이라고는 유엔 총회에서 연설한 것과 빌보드 차트에 올라 있는 인기 아이돌그룹이라는 정도가 고작이다. BTS가 궁금해졌다. 그들에게 어떤 이야기가 숨어 있는 것인지.

이 교수의 강의 영상을 찾아봤다. 강의 주제는 'BTS와 아미, 편견에 맞서며 성장하다'였다. 시작부터 생소하다. BTS를 눈여겨본 적이 없어 짧은 15분 강의 내용을 이해한다는 건 무리였다. 그러나 강의 끝말이 강하게 남았다. 이 교수는 '방탄은 이 세상은 희망을 가지고 살아갈 수 있도록 해준 고마운 존재로서 존경하며 나 자신도 아미가 되었다'고 했다.

서둘러 『BTS 예술혁명』을 구했지만 몇 페이지 읽다가 덮어버렸다. 모르는 단어가 너무 많은 영어책 같다. No More Dream, 학교 3부작, 화양연화, Tomorrow 등 구석구석에서 막혀 답답한 기분이었다.

　　책을 읽기 전에 BTS에 관한 기본적인 이해가 필요했다. 우선 일곱 명의 BTS 멤버 이름과 얼굴이라도 알아야겠다. 신문 광고에 크게 난 일곱 명의 사진에 각각의 이름을 써서 컴퓨터 옆에 붙여 놓고 자료를 볼 때마다 수시로 얼굴을 확인했다.

　　어느 정도 얼굴이 익혀지자 그동안의 신문, 방송, 영상자료 등을 눈에 띄는 대로 살펴봤다. 자료는 널려 있었다. 자료에 나오는 노래는 그때마다 영상자료로 확인했다. 생소한 것이지만 그래도 반복했다. 아예 공책을 따로 한 권 준비하여 메모해 나가면서 정리했다.

　　5학년 서하는 BTS 팬이다. 서하에게 BTS 대표곡의 가사 프린트를 부탁했다. 노랫말 프린트물을 보면서 속사포 같은 랩을 맞춰봤다. 멤버의 신상명세나 신곡의 배경 등 궁금한 것을 서하에게 물어보니 답이 척척 나온다. 앨범 구경 좀 하자고 했더니 입을 딱 벌린다. 그 수량이 엄청 많단다. CD 몇 장이려니 했는데 그게 아닌 모양이다. 사흘 뒤 엄마와 함께 커다란 종이가방을 들고 와 꺼내놓는데 책상 위로 한가득이었다. 사진, 포스터, 가사집, 사진첩, 책갈피 등 많기도 하다. 나는 처음 보는 물건들이다. 내가 이것저것 뒤적거리며 구경하려니까 흰 장갑을 끼고 만지라고 한다. 성스러운 물건을 함부로 만져서는 곤란하다는 것이다. 아아! 그럴 정도구나. 흥미로운 경험이었다.

여러 자료에서 반복되는 이야기를 통해 어느 정도 큰 흐름은 파악했다. 히트곡과 앨범 제작 연도, 해외 공연과 반응, 수상 기록 등이 정리되었다. 그리고 많은 영상자료에서 그들의 생활 이면과 관련 정보를 접하면서 겨우 낯을 익힌 정도가 됐다.

이렇게 준비 단계를 거쳐서 겨우 『BTS 예술혁명』을 읽을 수 있었다. 이제는 생땅은 아니다. 호미가 조금씩 들어가는 느낌이었다. 이 책은 BTS가 전 세계를 휩쓴 배경에 초점을 두었다. 책에서는 음악적 탁월성, 진정성, 자발성과 개성, 그리고 팬덤 아미와의 만남을 성공 요인으로 분석했다.

트렌디하고 중독성 강한 리듬과 멜로디, 공감을 자아내며 진정성을 보여주는 가사, 가사와 혼연일체를 이룬 퍼포먼스, 수준 높은 이미지와 의미를 담고 있는 뮤직비디오 등에서 두루 탁월성을 보여주고 있다. 편견, 절망, 분노 등 현세대 젊은이들의 마음을 그대로 담은 메시지에 공감하며 세계음악의 트렌드를 반영한다. 멤버들이 닦아온 춤과 음악성이 함께 어우러지며 폭발적 반응을 유도한다. 많은 의미를 담고 있는 뮤직비디오가 이를 받쳐준다.

BTS의 진정성은 다른 누군가에게 기대어 만들어진 것이 아니라 자신들의 삶에서 느껴지는 시련과 아픔, 두려움을 자신의 목소리로 들려준다. 그러니까 이러한 가사, 멜로디, 리듬은 그대로 다른 사람들에게 공감을 받는다. 이러한 진정성은 음악에서뿐 아니라 그들의 일상생활 속에서도 느껴진다. BTS의 실제 모습을 담은 수많은 영상에서 순수함과 진솔함을 느껴 사람들의 마음을 편하게 해준다. 아미의 열광도 이들의 진정성에 대한 반응이다.

이러한 진정성은 다시 이들의 자발성과 개성에서 원천을 찾을 수 있다. 어떤 음악을 할지 스스로 생각하고, 자신들이 말하고자 하는 것을 온몸으로 노래하는 것, 이것이 바로 그들의 음악이 가진 힘의 근원이다. 그들은 작사·작곡·촬영에 직접 참여한다. 자신들의 생각과 의견을 직접 반영한다. 그들의 음악은 곧 그들 자신의 성장 이야기다. 자기 생각을 담아 만들고, 스스로 표현하면서 엄청난 에너지가 나온다. 이러한 자율성을 이끌어낸 방시혁 대표의 철학에 눈길이 간다. 아이들이 하고 싶은 것을 하게 한다는 것은 경쟁 세계에서 결코 쉬운 일이 아니다.

여기에 BTS가 지향하는 방향과 아미가 희망하는 방향 간의 조응과 공명이 현재를 가능하게 했다. 저자는 "현재의 세계가 바뀌어야 한다는 필요성, 그리고 그 변화가 더 큰 자유와 해방, 더 나은 세상을 향해야 한다는 데 대한 감흥과 공명. 이것이야말로 방탄이 글로벌한 성공을 거둘 수 있었던 근본적인 요인 중 하나다."라고 분석한다.

이러한 BTS의 메시지는 사회의 기존 위계질서에 균열을 일으키며, 예술가와 수용자의 경계가 유동적으로 변하는 예술형식을 만들어가고 있다. 이것은 예술혁명이다. 이렇게 위계를 해체하려는 수평성은 현대 사회의 근본적인 변화의 방향과도 일치한다.

이러한 현상을 다시 리좀 개념으로 설명하면 더욱 뚜렷해진다. 리좀은 생강이나 연근처럼 마디에서 어린줄기가 뻗어 나오는 뿌리줄기 혹은 뿌리줄기 식물을 말한다. 뿌리줄기는 땅속에서 부단히 증식하면서 다른 뿌리와 연결되기도 하고 분리되기도 하며 뻗어나가는 수평적인 연결을 특징으로 한다. 리좀은 BTS와 팬클럽 아미의 곳곳에서 나타나는 현상이다. 우리 교육에도 수직적 나무 형의 위계 구조가 아니라 자유로운 뿌리줄기처럼 살아 있는 교육 풍토로 바뀌어야 한다.

모든 변화와 에너지의 원천은 자율에서 나오게 마련이다. 우리 교육에서 가장 취약점의 하나는 자율성이 부족하다는 점이다. 교육 곳곳에 처져 있는 그물코 같은 타율이 제거되어야 한다. 이런 의미에서 리좀의 원리는 내게도 반갑고 신선한 개념이었다.

『BTS 예술혁명』을 읽고 나니 다른 책에도 관심이 생겼다. BTS 공연 현장을 동행하며 자료를 정리한 『BTS 길 위에서』, 여덟 명의 교수가 각각의 전공 입장에서 바라본 『BTS 글로벌 매력 이야기』, BTS의 팬덤 아미의 문화를 집중 분석한 『BTS와 아미 컬쳐』, BTS의 콘서트를 기획하고 연출한 생생한 기록을 담은 『케이팝 시대를 항해하는 콘서트 연출기』, 방탄의 노래에 관련된 심리학을 안내한 『BTS 덕분에 시작하는 청소년 심리학』도 특이한 접근이었다. 『BTS와 철학하기』는 BTS의 12곡과 현대철학이 만나는 이야기로 그들의 노래를 더 깊게 생각해보게 했다.

나는 특히 그들의 순수함이 좋았다. 가식 없이 자기를 그대로 드러내는 순수함은 진정성으로 이어질 수밖에 없다. 이러한 순수함과 진정성은 자율성이란 토양에서 나온 것이다.

우연히 만난 『BTS 예술혁명』은 내게 BTS를 주제로 하는 배움의 장을 열어주었다. 호기심으로 낯선 분야를 조금씩 벗겨가는 즐거운 탐구였다. 개인적 경험이 전혀 없는 BTS를 알아가는 과정은 그 자체가 하나의 즐거움이며, 새로운 독서 경험이었다. 이제는 신문, 방송에 BTS 소식이 나오면 반갑다. 새 앨범이 나오면 바로 유튜브로 확인한다. 그 리듬이 어색하지 않고 낯익은 느낌이다.

4장

살아 있는 글과 함께

우리도 선생님을 이겼다

현진이와 서현이가 우연히 똑같은 책을 읽어왔다. 책 제목이 별나다. 『선생님을 이긴 날』이다. 책을 쳐다보던 다른 아이가 물어봤다.

"제목이 재미있네. 어떻게 해서 읽게 된 책이야?"

"마침 학교 도서관에 갔더니 이 책이 여러 권 있었어. 책 제목이 신기하기에 골랐지."

"어떤 내용이니?"

"「선생님을 이긴 날」은 이 책에 나오는 여러 동시 중 하나야."

책을 읽지 않은 우리는 '아하! 동시집이구나!' 알아차릴 수 있었다. 그런데 선생님을 어떻게 이겼다는 건지 궁금하다. 「선생님을 이긴 날」은 잘못을 하면 별명을 부르는 선생님에게 '내 별명 부르지 말고, 차라리 종아리 때려달라'며 큰소리치는 시다. "선생님은 깜짝 놀라 벌게진 얼굴로 나를 노려보기만 한다. 속이 후련하다." 그래서 선생님을 이긴 날이라고 했구나.

"그런데 난 이 동시보다 오히려 「아버지의 허리」가 더 좋았어. 정선에 계신 우리 할아버지 댁에 가면 허리가 아프신 할아버지와 할머니 허리를 밟아드리곤 하거든."

서현이의 말을 듣고 있던 현진이가 거든다.

"얼마 전 학교에서 캠핑을 갔어요. 그때 서현이가 집에 전화를 걸어 엄마 허리 아픈데 저녁 때 아빠가 마사지해주더냐고 물어봤대요. 아니라고 해서 자기가 아빠 혼내준다고 했대요. 그 소리를 듣고 엄마가 엄청 고마워했대요."

그러니까 서현이는 이 동시에서 할아버지 할머니, 그리고 엄마의 모습이 겹쳐져 보였던 모양이다. 아이들이 서현이에게 시를 읽어달라고 한다. 동시를 들은 아이들 모두 공감하는 표정이었다. 현진이가 말한다.

"아주 쉬운 표현으로 우리 주변에 있는 이야기들을 많이 써놓아서 재미있어요."

"현진이도 읽은 것 중에서도 한 편 소개해볼까?"

현진이는 금방 동시 한 편을 찾아낸다. 그러고는 "아휴 이걸 어떻게…?" 하며 고개를 숙이더니 서현이를 쳐다보고 난처하다는 표정을 짓는다. 서현이는 그냥 씩 웃기만 한다. 이런 걸 어떻게 읽느냐며 머뭇거리더니 작은 소리로 읽어간다. 「할머니의 젖가슴」이다.

"왜 이 동시가 마음에 들었을까?"

"우리 집 할머니와 똑같아서요."

집에서 늘 보는 할머니의 모습이 그대로 그려졌다는 설명이다.

"언젠가 더운 여름에 저녁밥을 지을 때였어요. 얼마나 덥던지 할머니는 아예 옷을 다 벗으시고 앞치마로 앞가슴 쪽을 가리셨어요. 그래도 더우니까 선풍기를 뒤에 갖다 놓았어요. 뒤에서 선풍기 바람이 부니 앞치마가 펄럭이며 다 보이잖아요. 건너

편 아파트에서도 다 보인다고 엄마가 막 뭐라고 해도 할머니는 그냥 계셨어요."

현진이가 설명하는 장면이 그대로 떠오른다. 아이들은 웃지도 않고 오히려 진지한 얼굴들이다. 우리는 어느새 이 동시집에 모두 빠져들고 있었다. 동시가 어렵거나 까다롭지 않고 쉽다는 생각이 든다. 좋은 말, 아름다운 말로 꾸미지 않고 본 대로 느낀 대로 쓰면 된다는 말을 깨닫는 듯했다. 아이들은 재미있는 동시를 더 소개해달라고 한다. 현진이와 서현이가 번갈아가며 동시를 읽어준다.

"오늘은 다른 것 하지 말고 계속 이 동시집 이야기만 해요. 필이 꽂혔어요."

"필이 꽂혔다고? 그래, 그러면 그렇게 하자."

"야! 오늘은 우리도 선생님을 이겼다."

주변에 흔히 있는 소재를 다루어 친근감이 느껴지는 재미있는 동시집 한 권으로 동시와 친해진 시간이었다. 다음 날 다른 아이들도 모두 『선생님을 이긴 날』을 들고 왔다.

시리즈 몽땅 사 주세요

4학년 서영이는 담임선생님이 추천하신 『빨간 머리 앤』을 읽었다. 300쪽이 넘는 책이 세 권이나 되고 글씨도 작아서 처음에는 매우 망설여졌다고 한다. 한 세트로 세 권을 케이스에 담았고 책의 포장도 아주 세련되어 있다. 정말 두꺼운 분량의 책이다. 그런데 이 책을 다 읽었다고 자랑스러워한다. 서영이는 책을 읽기 시작하면 끝까지 읽는다.

진규는 700여 쪽의 『이야기 한국사』를 가지고 왔다. 역사에 관심이 많은 진규이지만 이렇게 전문적인 책까지 읽었다니 또한 놀랍다. 책에 나오는 한자는 사전을 찾아가며 읽었다고 한다. 사촌 형이 선물로 준 중국 이야기 세 권도 다 읽었는데 너무 부피가 커서 한 권만 가져왔다고 했다. 주제와 내용에 재미를 느끼거나 관심이 있으면 책의 두께는 크게 문제가 되지 않는 것 같다.

스티브 잡스에 관한 책은 여러 종류가 있다. 타임스 편집장을 지낸 아이잭슨이 지은 잡스의 이야기는 특별하다. 잡스가 공식적으로 자기의 전기를 쓰도록 미리 부탁하여 2년 가까이 지내면서 모든 자료를 수집하여 집필했다. 스티브 잡스가 죽고 한 달도 되지 않은 그해 10월 25일 전 세계가 동시에 출간하고, 예약판매로 출시했다. 무려 900쪽이 넘는다. 매일 조금씩 읽다 보니 한 달도 더 걸렸다. 스티브 잡스의 창의성이 싹튼 원천을 찾으려고 메모하면서 읽다 보니 시간이 꽤 걸렸다.

아이들은 선생님 방을 드나들면서 『스티브 잡스』를 눈여겨보고는 집에 가서 엄마에게 사달라고 부탁하는 모양이다. 3학년 현수가 자기도 그 책을 샀다며 가져왔다. 그 두꺼운 책을 학교에까지 갖고 다니면서 매일 읽는다고 한다. 어느 날, 이 책을 다 읽었다고 자랑한다. 대단하다. 3학년짜리가 900쪽이나 되는 책을 끝까지 읽었다니 놀라울 따름이다. 현수는 그후 크리스마스 선물로도 부모님께 스티브 잡스에 관한 책을 두 권이나 더 받았다고 한다.

찬미는 『다리가 되렴』이 너무나 재미있었다. 그래서 엄마에게 이 책을 출판한 '푸른 책들'의 '책 읽는 가족' 시리즈를 모두 사달라고 졸랐다.

"그래서 어떻게 되었니?"

"다 사주신다고 약속하셨어요. 그런데 자꾸 깜빡 잊어버려서 어제 다시 이야기했거든요."

바로 주문해서 아마 내일쯤은 책이 올 것이라고 한다. 주원이도 이 책이 얼마나 재미있는지 이금이 작가의 다른 책도 찾아봤다. 그랬더니 저학년 때 읽은 『김치는 영어로 해도 김치』를 비롯해 『밤티마을 큰돌이네 집』, 『나와 조금 다를 뿐이야』 등 많은 책이 있어 다시 읽어봤다. 같은 출판사의 시리즈를 전부 읽어보려 하고, 저자가 지은 다른 책을 찾아 읽는 것이 기특했다.

3학년은 『위대한 책벌레』 시리즈 열 권 중에서 한 권을 골라 읽어보기로 했다. 며칠 후 혁기와 소현이가 열 권을 모두 읽었다며 자랑한다. 한 권 골라서 읽기인데 열 권을 모두 읽었으니 스스로 자랑스러울 만도 하다.

"혁기야, 소현아, 대단하다. 열 권을 다 읽었으니 말이야. 이 소식을 3학년 엄마들 밴드에 올리면 어떻겠니?"

"선생님, 절대 안 돼요."

혁기가 강력하게 반대한다. '절대' 안 된단다.

"왜 안 돼? 밴드에 올리면 엄마들도 칭찬하고 좋아할 텐데."

그런데 그 이유가 재미있다. 열 권을 다 읽겠다고 해서 엄마가 모두 사 주시면서 그 대신 천천히 한 권씩 읽기로 약속하였단다. 그런데 너무 재미있어서 엄마 몰래 연달아 다 읽어버렸다. 그러니까 밴드에 올리면 엄마와의 이 약속을 어긴 것이 들통이 나게 된다. 꼼꼼하게 정독할 것을 엄마가 요구했는데 며칠 만에 다 읽었으니 대충 읽은 것으로 오해받을 수 있다. 혁기 생각에는 엄마에게 좋은 소리를 들을 리 없는 것이다. 재미있는 숨바꼭질이다. 혁기는 책 읽기를 좋아한다. 많이 읽고 다양하게 읽는다. 마음에 드는 책은 읽을 때마다 스티커를 붙이는데 스무 개도 넘게 붙여놓은 책도 있다.

그러면 오늘은 무엇으로 상을 주면 좋을까? 밴드에 올리면 안 되고, 친구들 모두가 좋아하는 것으로는 아이스크림이 제일 좋겠다고 한다. 혁기와 소현이를 슈퍼마켓으로 보냈다. 비닐봉지의 아이스크림이 오늘의 선물이다.

별명, 그 골치 아픈 문제

아이들은 별명 부르기를 좋아한다. 별명이 만들어지는 과정을 들어보면 단순하다. 이름을 조금 바꾸어 별명이 된 것도 있고, 잘하는 점을 별명으로 올려주기도 하고, 신체적 특징이나 약점을 별명으로 만들기도 한다.

어느 날, 3학년에서 별명이 문제가 되었다. 무슨 일인지 알아보아도 뭐 뚜렷한 사건은 아닌 것 같은데 하여튼 시끌시끌하다. 꼬리 물기를 하다 보면 서로 얽혀 있어 결국은 누가 잘못한 건지 알 수가 없다. 참 이럴 때가 난처하다.

"뭐 그런 걸 가지고 싸우고 그러니?"

말을 하고 나서도 싱겁기 짝이 없다.

"지금 별명 때문에 다툰 모양인데. 너희들은 별명이 필요하다고 생각하니? 필요 없다고 생각하니?"

"필요해요. 아니요, 필요 없어요."

금방 방안이 떠들썩해졌다. 별명이 필요하다는 주장은 진우, 윤서, 혁기, 효원이 네 사람이다. 소현, 예리, 태오는 별명이 필요 없단다. 그래서 찬반으로 나누어 자리를 구분했다. 그리고 왜 그렇게 생각하는지 따져보기로 했다.

"만약 쌍둥이가 있다고 해봐. 그럴 때 별명이 있다면 쉽게 구분이 되어 얼마나 편리하겠니?" (진우)

"야, 이건 내 실제 경험이거든. 집에서 나를 꿀돼지라고 누나들이 부른단 말이야. 그러면 좀 기분 나쁠 때도 있지만, 다른 일로 짜증날 때 이 별명을 생각하면 나도 모르게 푸 하고 웃음이 나오거든. 그러니 별명은 필요해." (윤서)

"나도 집에서 게임을 좋아한다고 누나가 프로게이머라고 별명을 부르거든. 그런데 나는 그 별명을 들으면 오히려 기분이 좋아져. 그리고 아빠한테 혼날 때도 프로게이머 별명을 생각하면 웃음이 나온다." (혁기)

"좋은 별명은 얼마든지 불러도 좋다고 생각해. 가령 소현이는 얼굴이 예뻐서 사과라고 한다면 얼마나 좋겠어?" (효원)

"나는 별명은 무조건 필요 없다고 생각해. 부모님이 지어준 이름이 있는데 왜 다른 이름을 부르니? 나를 사과로 불러줘도 난 절대로 싫어." (소현)

"나도 그래, 뭐 하러 이름 놔두고 다른 별명을 불러? 복잡하지 않니?" (예리)

"나도 어떤 별명이든 싫어. 그냥 이름이 좋아." (태오)

좋은 별명이면 괜찮을 것이란 예상과는 아주 달랐다. 찬성과 반대 의견에서 조금도 양보가 없다.

"선생님은 어떻게 생각해요?"

선생님의 최종 판결을 또 요구한다.

"글쎄, 뭐라고 이야기해야 좋을까? 나도 잘 모르겠는데."

"선생님도 모르면서 왜 우리한테 물어요?"

아이들이 돌아간 다음 곰곰이 생각해봤다. 별명에 대한 마땅한 답이 떠오르지 않는다. 잘못하면 꼰대라는 소리를 들을 것 같다. 이럴 때 마땅한 책이라도 없을까? 도서 검색을 해보니 마침 『썩 괜찮은 별명』이 있다. 내용은 잘 알 수 없어도 별명을 주제로 한 이야기가 전개될 것이라는 짐작이 들었다. 기왕 별명으로 술렁거렸으니, 어디 이 책을 한번 읽어볼까? 어떤 반응을 보일지 궁금하다.

온라인으로 일곱 권을 바로 주문했다. 휴일이 지나고 월요일에 때맞추어 배송되었다. 90쪽 정도의 저학년 문고라 금방 읽을 수 있다. 아이들에게 책을 모두 나누어 주고 함께 읽었다.

성모는 킁킁거리는 소리로 '멧돼지 김'이라는 별명을 얻었다. 성모는 이 별명을 싫어한다. 영조는 『시튼 동물기』를 좋아한다. 그래서 생긴 별명이 '늑대 박'이다. 영조는 시튼 선생님이 쓴 이야기에 등장하는 동물인 늑대 박이 되었으니 오히려 기분이 좋다. 경진이는 비만 오면 달팽이처럼 밖으로 기어나가는 버릇 때문에 '빈둥빈둥 달팽이'다. 엄마가 붙여준 별명이다. 달팽이 관찰기록문으로 상도 받았다. 승도는 성격이 까칠하고 이름이 비슷하다며 '고슴도치'라고 부른다. 소연이는 몸집이 작고 단단하여 '땅콩'이라고 부른다. 나중에 위기상황에서 땅콩의 진가를 발휘한다.

다시 마음을 돌아보기로 하자. 나의 장점을 살려주는 별명은 기분이 좋다. 그러나 나의 단점을 찔러주는 별명은 기분이 나쁘다. 그러나 좀 언짢은 별명도 잘만 써먹으면 오히려 좋은 결과를 얻을 수 있다. 선생님이 답하기 곤란한 문제를 책이 대신 생생한 예를 들어 조곤조곤 설명해주니 참 고맙다.

사랑 이야기가 좋아요

5학년 서현이는 『반짝반짝 빛나는 열한 살의 여행 일기』를 읽어 왔다. 싱글거리며 책 내용을 소개해준다.

"보라는 오랜만에 친구들과 캠핑하러 갔거든. 엄마도 어렵게 같이 가게 돼. 그런데 여기서 현우라는 오빠를 만나게 되는데 셋 다 현우 오빠를 좋아하게 돼. 내숭도 떨고 예쁘게 꾸미기도 하며 가슴이 콩닥거리는 분위기가 이어지는 이야기야."

이야기를 듣는 아이들의 표정이 마냥 즐겁다. 서로 웃으며 궁금한 것들을 서현에게 물어본다. 이야기를 들어보며 그들의 파릇한 감정을 느낄 수 있다. 이 책의 맛을 좀더 느껴보려는 듯, 서현에게 한 장면을 골라 낭독해달라고 한다. 상상의 그림을 그려가며 함께 듣는 모습이 다소곳하다.

서현이는 '우리 나이에 딱 맞는 이야기'라고 강조한다. 6학년 올라가면 이런 종류의 책을 더 많이 읽게 해달라고 부탁까지 한다. 그러더니 갑자기 미니 연극으로 해보고 싶단다. 그러면 지난 시간에 완성하지 못한 월드컵 신문을 완성하고 남는 시간에 연극 활동을 하자고 했더니 하나같이 반대한다. 월드컵이 끝난지 언제인데 아직도 월드컵 신문이냐는 돌직구를 날린다. 오늘은 그냥 연극 활동을 하고 다음에 신문을 완성하는 게 좋겠다.

아이들의 아우성에 밀려 연극 활동이 시작되었다. 방안이 갑자기 떠들썩하다. 여자 넷, 남자 넷이 만든 토막 연극을 30분 후에 발표했다. 아이들은 매우 재미있는 표정으로 자기 역할을 했다. 모두를 마음 설레게 하는 시간이 된 것 같았다.

아이들이 집으로 돌아간 다음 이 책 뒷장의 날개 페이지를 펴 보니 이 시리즈는 사춘기 아이들의 성장 동화였다. 오늘 깔깔거리며 흥미로워했던 이런 책을 더 읽게 하면 좋겠다 싶어 곧바로 이 시리즈를 인터넷으로 주문했다. 이틀 후에 서현에게서 전화가 왔다.

"선생님, 오늘 책이 여섯 권 우리 집으로 배달되었는데요. 이게 뭐예요?"

갑자기 여러 권의 책이 택배로 왔으니 알 수 없다는 목소리였다.

"응, 지난 독서 시간에 서현이가 『열한 살의 여행 일기』를 재미있게 소개했잖아? 그리고 이런 책을 더 읽게 해달라고도 했지? 그래서 비슷한 책들을 준비한 거야. 친구들하고 서로 바꿔 읽으면 좋을 것 같아 보낸 거야."

"아, 그래요? 고맙습니다."

며칠 후 서현이가 책 꾸러미를 들고 봉암으로 왔다. 책상 위에 쌓인 책을 보며 아이들 눈이 동그래진다.

"이 책들은 뭐야?"

"지난 시간에 내가 소개한 책 알지? 재미있었잖아. 여기 책은 모두 같은 작가의 시리즈야. 선생님이 주시는 선물이래. 우리 모두 돌려가며 읽자."

아이들은 여러 책 중에서 마음에 드는 책을 한 권씩 골라

들었다. 서로 돌려가며 다 읽게 될 것이니까 어느 책을 먼저 고르려고 다툼하지도 않았다.

오늘은 원래 『우포늪엔 공룡 똥구멍이 있다』에 대한 독후 활동을 하기로 되어 있었다. 그런데 방금 골라잡은 책에 마음이 가 있다. 오늘은 새로 받은 이 책을 읽고 독후 활동은 다음에 하자고 또 졸라댄다. 오늘도 아이들의 아우성에 밀리고 말았다.

"선생님이 또 졌다. 그럼 마음껏 읽어보아라. 방, 베란다, 거실 어디에서 읽든 편하게 읽어라."

『열한 살의 여행 일기』가 한 권 남기에 나도 읽어보기로 했다. 한 시간쯤 지났을까, 물 먹고 지나가던 아이가 선생님이 읽은 쪽수를 들여다보고 "선생님, 겨우 81쪽 읽고 있네요?" 한다. 선생님이 읽는 속도가 제일 느리다.

"얘들아, 어떻게 그리 빨리 읽었니?"

"이야기가 재미있으니까 그렇지요."

최재천 읽기

　　6학년은 3월 한 달 동안 최재천 교수의 『과학자의 서재』를 읽는다. 저자의 자전적 이야기로 재미있는 일화가 많아 저자의 삶을 엿볼 수 있다. 장난꾸러기 재천이의 어릴 적 이야기는 웃음을 참을 수 없게 만든다. 시골을 품에 안고 자라난 재천이가 동물학자가 된 것은 어찌 보면 필연이 아닐까 싶기도 하고, 타의에 의한 의대 지망이나 에드먼즈 교수의 만남 등 진로 결정의 계기가 된 순간들을 보면 이건 또 우연이 아닐까 싶기도 하다.

　　오늘날 그가 세계적 석학으로 성공할 수 있었던 배경은 무엇일까? 아이들의 주장은 모두가 다르다. 누구는 부모님의 공이 제일 크다고 하며, 누구는 스승님들을 잘 만나서라고도 하고, 누구는 친구 때문이라고 한다. 그것도 아니다, 뭐니 뭐니 해도 재천이의 용기와 고집, 그리고 다양한 재능을 들 수 있다는 주장도 있다. 또 이 모든 것은 고향, 시골을 너무 좋아했기 때문이라는 아이도 있다. 자연에 그의 영혼이 닿아 있었기 때문에 오늘날의 그가 있는 것이란다. 아이들의 생각들이 마구 교차하면서 결론 없는 이야기로 번져간다.

　　영훈이는 재천이의 성공 요인은 뭐니 뭐니 해도 독서라고 주장한다. 『이기적 유전자』라는 책이 최재천의 인생을 바꾸어 놓았다고 보기 때문이다. 이 책은 그의 행로를 전환시켰지만 한편으로는 이 책으로 인해 좌절의 순간도 있었다니 책의 영향은 다면적이기도 하다. 이미 사람의 삶의 방향이 정해져 있다면 굳이 노력하고 발버둥 칠 필요가 있느냐는 회의에 빠진 젊은이의 고뇌가 담긴 이 책을 영훈이는 꼭 읽어보고 싶단다. 아직은 이 책의 내용이 너무 어려우니 고등학교 졸업 때쯤 읽어보라고 했다. 그렇게 말해주고도 무언가 부족한 조언 같아서, 며칠 후 인터넷으로 책을 주문하여 영훈에게 배송시켰다. 나중에 꼭 읽어보라고.

이렇게 『과학자의 서재』를 집중적으로 읽고 나서는 최재천 교수가 지은 다른 책들을 골라서 읽어봤다. 『손잡지 않고 살아남은 생명은 없다』, 『개미 제국의 발견』, 『생명이 있는 것은 다 아름답다』, 『알이 닭을 낳는다』, 『여성시대에는 남자가 화장을 한다』, 『인간과 동물』 등 한 권씩을 골라 읽었다.

마지막으로 그의 강연, 세미나 등 영상자료를 찾아봤다. 책을 통해서 그의 생각과 학문적 배경을 맛봤기 때문에 영상 속 그의 말이 어렵지 않았다. 이렇게 한 달간의 최재천 집중 독서가 끝났다.

5월에 우리는 충남 서천에 있는 국립생태원을 가기로 했다. 새로운 형태의 생태전시관을 조성하여 전국적으로 주목을 받고 있는 곳이었고, 최재천 교수가 이곳의 초대 원장이며 이 생태원을 설립하는 데 실질적 자문을 했다니 더욱 기대되었다.

2015년 3월 29일, 봉암 개설 10주년을 기념하는 저녁 자리가 있었다. 10년이 참 빠르게 지나갔다. 봉암 1기 아이들이 벌써 의젓한 대학생이 되었다. 지나온 이야기를 서로 나누며 즐거운 시간을 보내는 중이었다. 이때 윤찬 엄마가 다가와 서프라이즈가 있다고 한다.

윤찬 엄마가 최재천 교수님에게 메일을 보냈는데 답장이 왔단다. 봉암 아이들이 생태원에 견학하는 날 최재천 원장님이 특강을 해주신다는 연락을 받았다는 것이다. 깜짝 놀랐다. 너무 바쁜 분인 걸 아는데 우리에게 특강을 해준다니 말이다.

"아니, 어떻게 메일을 보냈기에 교수님이 허락했을까? 편지의 달인이 아니에요?"

우리는 모두 들뜬 분위기가 되었다. 6학년 아이들은 이미 최재천 교수의 책을 집중적으로 읽었으니 더욱 감동한 것은 말할 것도 없고, 다른 학년 아이들과 부모님들에게도 최재천 바람이 불었다.

6학년들은 원장님께 편지를 썼다. 독후 활동의 하나로 주인공에게 편지 쓰기는 흔히 하는 활동이다. 그런데 놀랍다. 마음에서 우러난 진솔한 내용이었다. 30분 정도의 시간을 주었을 뿐인데 말이다. 그만큼 최재천의 책과 이야기들이 아이들에게 여러모로 깊은 울림을 주었다는 생각이 들었다. 서현이는 최재천 교수님께 이렇게 편지를 썼다.

안녕하세요? 저는 충주 성남초등학교에 다니고 있는 전서현입니다. 교수님께 만나달라는 메일을 보낸 분이 바로 우리 엄마세요. 교수님께 답장이 왔을 때 엄마와 제가 얼마나 기뻐한 줄 아세요? 복권이 당첨된 듯 좋아했어요. 답장을 몇 번이고 읽어봤고 잠들기 전에도 행여나 꿈이 아닐까 걱정하며 다시 보고 편안하게 잠이 들었답니다. 믿어지지 않아요. 이렇게 교수님께 편지를 드릴 수 있다는 것이 말이에요. 정말 감사합니다. 편지를 쓰고 있는 이 순간에도 가슴이 두근거려요. (이하 생략)

5월 30일, 드디어 견학의 날이다. 봉암 아이들은 물론 학부모 그리고 이미 봉암을 마친 중학생들도 함께 참여했다. 그러다 보니 관광버스가 세 대나 되었다. 서천 생태원까지는 세 시간이 걸렸다. 비서실에서 우리를 강당으로 안내하자 바로 원장님이 나오셨다. 휴일인데도 우리를 위해 서울에서 일부러 내려와준 것이 너무 감사했다.

입구에서 6학년 아이들만 대표로 책에 사인을 받았다. 현진이는 원장님의 초상화를 준비해 선물로 드렸다. 봉암 모든 가족에게는 한 장의 사인을 별도로 받아 나중에 복사하여 나누어 주기로 했다.

모두의 박수 속에 강의가 시작되었다. '아름다운 방황'이 주제였다. 자신이 살아온 과정에서 가꿔온 꿈 이야기이다. 자기가 좋아하는 일이 무엇인가를 찾는 일이 제일 중요하다고 강조한다. 글쓰기와 독서는 살아가는 데 필수라고 했다. 강연 내내 이게 우리가 직접 강의를 듣고 있는 건지, TV 화면을 통해 시청하고 있는 건지 긴가민가했다. 그만큼 믿어지지 않는 감동이었기 때문이다.

강연이 끝나고 질문 시간이다. '집에 개미가 들어오면 어떻게 해요? 동물을 연구하면서 가장 힘들었던 때는 언제인가요? 어떤 동물의 연구가 제일 신기했어요? 개미의 아이큐는 어느 정도나 될까요? 유학 가서 학비는 어떻게 마련했나요?' 아이들의 질문이 쏟아졌다. 대기업 초청 강연도 거절하는 바쁜 원장님이 봉암 가족에게 벅찬 감동을 안겨주었다. 이렇게 해서 우리는 최재천 책 읽기의 대단원을 마감하게 되었다.

　　그로부터 6년이 지난 후 지음이가 대학생이 되어 찾아왔다. 마침 최재천 교수가 있는 이화여자대학교에 다닌다. 지음이는 최 교수의 강의를 수강 신청해서 꼭 들어보겠다고 한다. 생각만 해도 벌써 가슴이 설렌다고 한다. 아직도 우리들의 최재천 교수 이야기는 계속 진행 중이다.

권정생 작가의 마지막 말

『강아지똥』,『몽실 언니』,『밥데기 죽데기』의 저자 권정생 선생님은 2007년에 돌아가셨다. 선생님의 생가는 경북 안동시 임진면 조탑리에 있다. 권정생 생가로 가는 차 안에서 소현이가 『엄마 까투리』를 낭독했다. 짧은 이야기지만 자식을 사랑하는 엄마의 희생이 눈물겨웠다.

권정생 선생님이 종지기로 살아온 교회에서 목사님이 선생님의 삶을 설명해주셨다. 작가라기보다 구도자나 성인에 가깝다고 표현하셨다. 한겨울에도 맨손으로 겸손하게 쳤다는 그 종을 우리 아이들도 쳐봤다.

권전생 선생의 생가를 찾아 동네를 돌았지만 집이 잘 보이지 않는다. 동네 고샅길을 지나 맨 끝 집에서 물어봤다.

"권정생 선생님 댁이 어디인가요?"

"저기 큰 나무가 보이지요? 거기 가면 집이 보입니다."

조금은 긴장한 마음으로 걸음을 빨리했다. 굽은 길을 조금 돌아가니 나무 사이로 작은 집이 보인다. 일부러 사람들과 멀리 떨어져 있으려는 듯 외돌아 있다. 사진에서 봤던 토담집이 눈앞에 다가온다.

'여기로구나, 사진에서 봤던 그 초라한 집. 권정생 선생이 살았던 집이.'

비닐을 접어 매직으로 '권정생'이라고 삐뚤게 쓴 문패가 문설주 위에 초라하게 박혀 있다. 토담집 흙벽은 녹슨 함석으로 덧대어 있고 그도 모자랐던지 헌 모포 조각이 매달려 있다. 슬레이트 지붕이 바람에 날아갈까 얹어놓은 돌이 오랜 비바람에 삭아 가루가 되어 흩어져 있다.

집 앞에 놓여 있는 들마루는 쓸쓸하다 못해 가슴을 아리게 한다. 어디서 주워 왔을 앵글로 짜 맞춘 마루 위에 비닐 장판도 몇 조각을 덧붙여 깔려 있다. 그것마저도 갈라지고 삭아서 바람이 불면 조각져 날아갈 것 같다. 마당의 개나리 밑에 있는 강아지집도 일그러져 있다. 재래식 벽돌 화장실이 휑하게 서 있고 문짝이 뒤틀려 있다. 화장실 옆으로는 곳집(장례 때 쓰는 물건을 보관하는 곳)이 울타리처럼 함께 있어 으스스하다.

방문에는 볼품없는 자물쇠가 달려 있다. 찢어진 문틈으로 허름한 빈 책꽂이가 보인다. 겨우 한 몸 자리할 골방이다. 추녀 밑 여기저기 거미줄이 널려 있고 검은 비닐로 동여맨 헛간에는 구겨진 인쇄물들이 통에 담겨 있다.

동네 교회의 문간방에서 종지기로 15년 동안 살다가 동네 청년들이 지어준 이 여덟 평짜리 흙집을 받고 선생님은 무척 좋아했다. '따뜻하고, 조용하고, 마음대로 외로울 수 있고, 아플 수 있고, 생각에 젖을 수 있어' 이사 간 집이 참 좋다고 편지를 썼다.

지독한 질병과 고독, 그리고 물질 세계를 멀리하며 처절하게 가난한 생활 속에서도 선생님은 아름다운 동화를 줄지어 발표했다. 따뜻하고 맑고 아름다운 이야기들이 이곳 오두막집에서 올올이 엮여 나왔다.

우리는 여기서 『강아지똥』을 돌아가며 낭독했다. 그리고 이곳의 느낌을 스케치하는 시간을 가졌다. 사람들은 이 세상을 살다 가는 길이 모두 다르다. 권정생의 삶은 너무 처절하다. 그런 가운데도 그토록 아름다운 동화를 많이 남기고 갔다. 고결한 삶이다.

'나'는 없고 '남'을 위해서 살아온 선생님은 돌아가시면서 이 집도 모두 없애도록 유언했다. 이 유언을 따라 헐어낼 것인지 아니면 보존할 것인지를 두고 논란이 있었던 모양이다. 결국은 지금처럼 생가를 보존하도록 의견이 모여진 듯하다. 정말 다행이다. 이렇게 둘러보는 것만으로도 많은 것을 생각하게 하는데 말이다.

한편 이 허술한 토담집이 과연 이대로 보존될 수 있을지가 걱정스럽다. 시간이 흘러가면서 점점 더 노후될 것이고 그러면 어쩔 수 없이 보수·복원을 해야 할 터인데, 그러다 보면 지금의 이 현장이 그대로 존재할 수 있을지 의문이다. 그때쯤이면 깔끔히 복원된 집을 보며 머리로 이 분위기를 유추하는 수밖에 없지 않을까 싶다.

다음으로 권정생 기념관을 찾아갔다. 폐교를 다듬어 만든 곳이다. 그의 면모를 보여주는 모든 것이 전시되어 있다. 특히, 그의 삶에 관한 영상자료는 우리의 마음을 뭉클하게 했다. 아이들은 선생이 마지막 남긴 말이 인상 깊었다고 했다.

어린이들은 불쌍하다. 어른이 만들어 놓은 사회에 살고 있어 선택권이 없다.

어른들을 향한 선생의 속마음이 담겨 있다. 아이들도 엄마들도 모두 눈시울이 빨갛다.

하늘말나리를 찾아서

어떤 책을 읽으면 좋을지 학부모들과 이야기를 나누는 자리였다. 처음 듣는 책이라도 제목 정도는 알아들을 수 있는 게 보통이다. 그런데 방금 한 엄마가 추천한 책 『너도 하늘말나리야』는 알아듣지 못했다. 책 이름을 다시 물어야 했다. '너도 하늘말나리야'라고 받아 적으면서도 너무 낯설어 그게 무슨 뜻인지 감이 오지 않았다. '너도 하늘말나리야'가 뭐지?

『너도 하늘말나리야』의 저자 이금이는 우리나라의 손꼽는 동화 작가로 이 책은 그의 대표작이다. 동화의 배경은 달밭마을이다. 몇 집 안 되는 산골 마을은 유년 시절 내가 살던 마을과 겹쳐 살아난다. 동화 속의 미르, 바우, 소희의 삶도 내 어린 시절의 조각들로 다가온다. 하나같이 아픈 환경 속에서도 저마다 다른 방식으로 자기를 다듬어가는 과정이 너무 아름답다.

어휘 하나, 문장 하나, 부호 하나하나가 어쩌면 그렇게 치밀하게 엮여 있을까? 마치 한 올 한 올을 손으로 뜨개질한 것 같다. 이야기의 전개가 솔바람같이 상큼하다. 넘치지 않고 졸졸 흘러가는 도랑물 같다. 마지막 책장을 넘기면서도 세 어린이의 세계에서 성큼 빠져나오지 못하고 눈을 감았다. 책 나들이에 안성맞춤이다. 책 표지를 보여주며 아이들에게도 물어봤다.

"너도 하늘말나리야는 어떤 뜻이겠니?"

책 이름을 보면 그래도 떠오르는 이미지가 있다. 그러면 이런저런 이야기가 나온다. 그런데 이 책은 제목만으로는 무얼 말하는지 짐작조차 가지 않는다. 『너도 하늘말나리야』에는 꽃 이름이 많이 나온다. 달맞이꽃, 엉겅퀴꽃, 꽃무릇, 상사화, 장미꽃, 괭이밥, 그리고 느티나무. 산골 마을이 배어 나오는 꽃과 나무들이다. 바우가 마지막 장면에서 떠나는 소희에게 도화지를 내민다. 섬세하게 그려진 연필그림에 담긴 글이었다.

> 하늘말나리. 소희○○를 닮은 꽃.
> 자기 자신을 사랑할 줄 아는 꽃.

늘 누나로 부르던 소희였다. '누나' 자를 지운 공간이 비어 있다. 다른 나리꽃들은 땅을 보면서 피는데 하늘말나리는 하늘을 보면서 피는 게 소희 같다고 말한다. 세 아이의 이별이 아름다운 마지막 장면으로 남는다.

'하늘말나리'는 꽃 이름이었다. 대체 어떤 꽃인지 알고 싶어졌다. 꽃 관련 책을 찾아보니 나리꽃이 아주 생소하지는 않았다. 특히 참나리는 우리 주변에서 흔히 볼 수 있는 꽃이다. '하늘나리, 참나리, 중나리, 땅나리, 말나리 그리고 하늘말나리'는 이름도 엇비슷하거니와 사진으로도 가려내기가 쉽지 않았다.

언젠가 등산길에서 봤던 그 꽃이 혹시 하늘말나리가 아닐까 하고 깔딱 고개 송전탑까지 바쁜 마음으로 다시 올라가 봤다. 들고 간 책의 사진과 비교해 보니 하늘말나리는 아니고 중나리였다. 그 후로도 남산을 오르내리면서 두루 살펴봤으나 이 꽃을 찾

지 못했다. 그로부터 아이들은 물론 학부모들에게도 하늘말나리
는 우리들의 꽃이 되었다. 누군가의 집에 하늘말나리가 있다는
정보만으로도 귀가 번쩍 띄었다.

"옆집에 작년까지도 하늘말나리가 있었는데 올해는 죽었
대요. 깊은 산에 가야 있대요."

어떤 때는 찾았다며 보낸 꽃이 원추리나 다른 나리꽃이었
다. 나도 잘 모르니 그때마다 식물도감을 펴놓고 대조하는 수밖
에 없었다.

그러던 어느 날 아침, 텔레비전 건강프로그램에서 당뇨에
는 엉겅퀴꽃이 좋다는 이야기가 소개되었다. 아내가 오랫동안 당
뇨로 고생하고 있어 더욱 관심이 가는 내용이었다. 아침을 먹고
나서 바로 집을 나섰다. 창룡사 가는 길가에서 엉겅퀴를 많이 봤
던 게 생각이 나서다.

이른 시간이라 아무도 없다. 차를 세우고 밖으로 나오니
솔숲 속의 바람이 시원하다. 산속 정경을 돌아보는데 주차장 끝
으로 얼핏 주황색 꽃들이 눈에 들어왔다. 혹시나 하늘말나리가
아닐까 하고 가까이 가봤다. 홑왕원추리였다. 절로 올라가는 길
양옆으로 엉겅퀴꽃이 더러 보였다. 찾으면 없는 건지 겨우 몇 가
지를 채취하여 다시 주차장으로 내려왔다.

아까 봤던 홑왕원추리 풀숲을 지나는데 자그만 꽃 한 송
이가 눈에 들어왔다. 어떤 예감이 훅 지나갔다. 혹시 하늘말나리
가 아닐까 하는 느낌이 찌르르 온 것이다. 나도 모르게 걸음을 재
촉하여 가까이 가 풀을 헤치며 다가가 봤다. 예쁜 꽃이 풀 사이에
올라와 있다. 검붉은 작은 꽃잎이 하늘을 올려보고 있다. 줄기를

헤쳐 보니 잎이 동그랗게 둘러져 있고 반점도 있다. 책에서 보아 둔 설명을 떠올려보니 틀림없는 하늘말나리였다.

가슴이 마구 뛰었다. 소름이 돋아났다. 이렇게 우연히, 그리고 갑작스러운 일은 살아가며 자주 있는 일이 아니다. 언젠가 오랫동안 찾아오던 책을 도서관에서 우연히 찾았을 때의 반가움 같았다.

꽃줄기 맨 밑을 조심스럽게 잘라서 차로 가져왔다. 시들기 전에 얼른 병에 꽂아두고 아이들에게 보여주고 싶었다. 진짜 맞는지 책으로 다시 확인도 해야겠다는 생각이 들어 서둘러 차를 몰았다. 마음이 급해져 자동차 신호도 더 느려 보였다. 봉암에 와서 병에 얼른 꽂아 놓고 이제는 진짜 맞는지 급하게 확인 작업에 들어갔다. 하늘을 똑바로 올려다보며 타원형 잎이 돌아 나 있다. 틀림없는 하늘말나리였다. 2년 만이다.

오후에 6학년 아이들에게 하늘말나리를 보여주었다. 아! 이게 우리가 늘 들어왔던 그 꽃이로구나! 다음 날 아침에 와 보니 페트병의 하늘말나리 꽃잎 한 송이가 시들어 툭 떨어져 있다. 내일 5학년이 오는 날인데 걱정이다. 그 안에 다 떨어지면 도로아미타불이 된다. 남아 있는 꽃송이가 잘 버텨주기를 바랄 뿐이다. 이튿날은 겨우 한 송이만 남아 있다. 꽃송이가 떨어져 허술하다. 어쩔 수 없이 불완전한 모양인 채로 아이들에게 보여주었다. 아이들에게 미안하고 꽃을 덥석 꺾어 온 것도 후회되었다.

그러다 문득 그날은 하늘말나리가 한 가지만 눈에 띄었지만, 식물의 속성으로 보아 그 근처에 하늘말나리가 더 있을지 모른다는 생각이 들었다. 차를 몰고 다시 그 장소로 갔다. 잃어버린 물건을 찾는 심정으로 풀숲을 훑어봤다. 예상이 딱 들어맞았다. 어두운 풀숲에 하늘말나리가 살며시 고개를 내밀고 있었다. 한 송이가 아니고 세 송이나 있었다. 풀숲에 고개만 내민 꽃이 너무 아름다웠다. 이제 됐다. 언제고 하늘말나리를 아이들에게 안내할 수 있게 되었으니까!

　　이튿날 화요일, 5학년은 수업을 조금 일찍 끝내고 하늘말나리를 직접 보러 산으로 갔다. 지난번 시든 꽃을 보여주어 미안했던 아이들에게 "이 근처에서 하늘말나리를 찾았거든. 너희들도 한번 찾아보렴" 하니 금방 찾아내며 환호성을 올린다. 내가 미리 보아둔 곳 말고도 다른 곳에서도 더 찾아냈다. 아이들이 손뼉을 치며 좋아한다. 이제는 꺾어 가지 않아도 된다. 숲속 여기저기 피어난 하늘말나리를 마음껏 볼 수 있으니까.

　　기왕에 여기까지 왔으니 남산 절까지 올라가 보기로 했다. 절은 아주 조용했다. 일을 거드는 아주머니 한 사람만 보일 뿐이다. 아이들이 법당 문 앞에서 기웃거리더니 줄지어 옆문으로 해서 법당 안으로 들어간다. 알고 보니 법당 안의 어른 한 분이 예불을 드리다 말고 아이들에게 들어오라고 손짓한 것이다.

　　그분이 부처님께 절하는 방법을 가르쳐주자 아이들은 시키는 대로 방석을 깔고 공손하게 절을 했다. 그분은 거기서 그치지 않고 아이들에게 부처님들 이름을 가르쳐주고 불교라는 종교에 대한 안내를 시작했다. 다른 일정이 있는 아이도 있는데 중간에 설명을 끊을 수도 없어 난처해하는데 가만히 들어보니 불교를 너무도 쉽게 설명하여 나도 이야기 속으로 빠져들었다. 20여 분의 불교 특강을 듣고 아이들이 법당을 나왔다. 시간에 맞추어 절간 아주머니가 수박을 썰어 한 쟁반 수북하게 내주셨다. 절간 샘물 속에 있던 수박이라 시원했다. 아이들은 좋아라 하며 빠르게 수박을 먹었다.

하늘말나리꽃, 불교 특강, 시원한 수박! 이제 아이들은 비탈진 절길을 줄달음쳐 내려간다.

한솔이의 글쓰기 특강

오늘은 내가 읽고 싶은 책을 마음대로 골라 읽고 이야기를 나누는 시간이다. 영훈이는 『세한도』를 다시 읽어 왔다. 지난번 추사 기념관에 갈 때 골랐던 책이다. 약간 어렵지만 읽을 만하다고 했다. 정민이는 『색으로 알아보는 상징 이야기』, 민우는 『갈매기의 꿈』, 준영이는 『마법의 시간여행』, 진성이는 『먼 나라 이웃 나라』, 영진이는 『세계사 이야기』를 읽어 왔다.

그런데 한솔이가 선택한 책 이름이 별나다. 『여전히 글쓰기가 두려운 당신에게』인데 내가 잠깐 훑어보아도 아이들에게는 어렵다는 생각이 들었다. 그래도 읽은 데까지만이라도 이야기를 들어보기로 했다. 제목을 어떻게 정하면 좋을까에 관한 내용이었다.

> 글을 꿰뚫는 핵심 글귀를 뽑아보자.
> 의문형 제목으로 독자의 호기심을 자극하자.
> 딱 떨어지는 제목으로 강한 인상을 남기자.

지난 독서 기행을 다녀와서 글짓기 한 것을 나누어 주고 자기가 정한 글의 제목을 다시 살펴보게 했다. 한솔이가 소개한 글 제목 정하는 원칙 세 가지에 따라 자기의 제목은 어떤지 검토

해보는 것이다. 각자 자기의 제목을 평가하면서 또 다른 제목을 생각해 내며 관심을 보였다. 이렇게 하다 보니 한솔이의 설명을 더 듣고 글쓰기 공부를 하면 좋겠다는 생각이 들었다.

"지금 한솔이 강의를 들어보니 재미있다. 그러면 한솔이가 이 책을 다 읽고 와서 그다음 이야기도 특강으로 들어보면 어떻겠니?"

아이들은 "최한솔 교수님의 특강이 기대된다." 하며 웃는다. 이렇게 해서 다음 금요일에는 한솔에게 다시 이야기를 듣기로 했다.

이틀 후, 수업이 다시 시작되었다. 한솔이가 책을 꺼내 놓는다. 책에 포스트잇이 가지런히 붙어 있다. 오늘의 강의 준비는 잘 되어 있구나! 한솔이의 강의가 시작되었다.

먼저, 낱말이 서로 어울리는 짝과 만나야 제 기능을 다 한다는 설명이다. 예를 들면 '그는 농구 선수치고 키가 크다.'는 어색한 문장이다. '~치고' 다음에는 반대되는 낱말이 와야 한다. 즉 '농구 선수치고 키가 작다.'가 어울린다. 중요한 대목이다. 주어 서술어의 호응 관계라든가 논리적 호응 관계가 잘못되어 어색한 문장이 되는 경우는 흔한 일이 된다.

둘째, 긴 문장일수록 흠결이 많다. 장미란 선수의 경기 결과를 알려주는 기사를 예로 들었다.

'한국 역도의 간판 장미란 선수가 용상 1, 2차 시기를 모두 성공한 뒤 3차 시기에서 170kg을 시도했으나, 바벨을 들어 올리지 못했고 결국 올림픽 3회 연속 메달이 물거품이 됐으며 장미란 선수는 끝내 눈물을 흘렸다.'

소리 내 읽으면 숨이 막힐 것 같다. 문장의 꼬리가 지나치게 길다. 위의 문장은 이렇게 바꿀 수 있다고 설명한다.

'한국 역도의 간판 장미란 선수가 끝내 눈물을 흘렸다. 용상 1, 2차 시기를 모두 성공한 뒤 3차 시기에서 170kg을 시도했지만 끝내 바벨을 들어 올리지 못했다. 올림픽 3회 연속 메달 획득이 물거품 되는 순간이었다.' 문장은 단순해야 독자에게 분명한 메시지를 내보낼 수 있다는 설명이었다. 한솔이의 설명만으로는 잘 구분이 안 될 것 같아 두 문장을 복사하여 나누어 주었다. 복사한 것을 비교하여 읽어보니 무슨 말인지 확실하게 이해가 되었다.

셋째, 첫 문장이 글을 이끌어가는 힘을 발휘한다. 첫 문장이 주는 느낌은 글의 첫인상에 해당한다. '1977년 11월 27일 파나마에서 WBA 슈퍼밴텀급 초대 타이틀 결정전이 열렸다.' 이 기사는 첫 문장에서 글의 핵심을 알려주지 않는다. 글이 핵심을 파악하려면 몇 문장을 읽어야 한다. 또 글의 앞부분이 어딘가 밋밋하다. 'WBA 슈퍼밴텀급 초대 타이틀은 누구에게 돌아갔을까?', '오늘 경기는 한국 스포츠 사상 최고의 명승부입니다.', '1977년 11월 홍수환의 펀치가 국민의 가슴을 울렸다.'가 훨씬 더 새로운 느낌을 받는 문장이 됨을 알 수 있다.

그러면 우리의 글은 어떨까? 지난번 각자 쓴 독서기행문 첫 줄을 돌아가면서 읽어봤다. 아침 몇 시에 일어나서 누구와 무엇을 타고 어디로 모여 출발했다는 형식이 대부분이었다. 너무 흔한 첫 문장이다. 무엇을 쓰면 좋을까? 특별한 상황이 있는 경우를 제외하고 굳이 일반적인 이야기는 쓰지 말도록 하자. 독서 기행을 떠난다든지 아니면 첫 목적지로 바로 들어가든지 글의 첫 문장을 속도감 있게 찾아보자고 했다.

　　넷째 강의는 맞춤법에 대한 것이다. '오늘 점심은 내가 살께.'는 잘못 쓴 문장이다. '살께'가 아니고 '살게'가 맞다. 이렇듯 쉬운 것을 틀리는 경우가 많다. '며칠, 몇일, 몇 날' 중 어느 것이 맞을까? '몇일'이 아니고 '며칠'이 맞다. '몇 날'도 맞다. 그러니까 며칠과 몇 날은 맞지만 '몇일'은 틀린 말이다. 글을 쓰고 나서는 반드시 맞춤법을 꼼꼼하게 살펴보는 태도가 필요하다.

　　책의 후반부는 잘 이해가 되지 않는다며 한솔의 특강은 여기서 끝이 났다. 아이들은 한솔에게 질문을 던졌다. '이 책을 읽으면서 어떤 점을 배우게 되었니?' 또 '너의 글쓰기에서는 특히 어떤 점이 부족하다고 생각하니?' 등 슬쩍 한솔의 마음을 떠보는 질문을 했다. 마지막으로 각자 쓴 독서기행문 중에서 그래도 잘 썼다고 생각되는 문단을 하나씩 골라서 낭독했다.

　　선생님이 글쓰기의 방법을 조목조목 나열하며 설명했다면 그냥 스쳐 들었을지도 모른다. 그러나 친구의 설명은 주의가 집중되고 더 잘 이해된다. 말투나 어조나 표정이 그들에게 더 친숙한 것이다. 그렇다. '가르치는 건 선생님이고, 배우는 건 아이들'이라는 것은 잘못된 생각이다. 아이들은 충분히 스스로 배울 수 있고 서로 가르쳐줄 수 있다. 우리 한솔 교수님의 글쓰기 강의 두 시간이 참 빠르게 지났다.

창밖에는 벚꽃 눈이 내리고요

아이들이 갑자기 눈이 동그래지며 선생님 머리 위를 바라본다. 선생님 머리에 무엇이 붙었나, 벌이 날아왔나, 모두 멍한 표정이다. 왜 그러는지 알 수 없다. "왜 그래?" 하고 퉁명스럽게 물어봤다.

"선생님, 저거 좀 봐요."

"뭘?"

"밖을 좀 보세요."

몸을 돌려 창밖을 내다보니 바람에 꽃잎이 눈처럼 날리고 있다. 지금 선생님 뒤쪽 창밖으로 날리는 꽃눈에 아이들은 그만 정신을 놓고 있었던 것이다. 그것도 모르고 아이들을 은근히 못마땅하게 여기고 있었으니 미안한 마음이 들었다. 베란다로 나가서 벚꽃 떨어지는 모습을 실컷 보게 했다. 아이들은 창문을 열고 떨어지는 벚꽃을 손으로 잡으려 한다. 벚꽃을 바라보는 아이들의 표정이 밝다. 아름다운 시간이다. 효원이는 이렇게 글을 남겼다.

오늘 학교에서도 벚꽃에 덮인 차를 봤다. 그 차도 아주 예뻤다. 창밖을 보니 벚꽃 잎이 흩날리고 있었다. 정말 예쁜 장면이었다. 선생님께서는 우리가 밖을 보는 걸 알아차리셨는지 베란다로 나가서 보라고 하셨다. 남자아이들이 밑을 내려다보며 "야! 좋다!"

하고 소리를 질렀다. 나는 밖의 모습이 너무 궁금했다. 드디어 우리 차례! 나는 나가자마자 아래부터 내려다봤다. 눈이 쌓인 줄 알았다. 벚꽃이었다. 눈이 흩날리는 모습보다 더 예뻤다. 나는 밖으로 나가서 직접 보고 싶었다. 너무 예쁜 장면이다.

떠든 사람: 참새

아이들이 떠들썩하다.

"민규가 참새 새끼 잡았어요."

"참새 새끼를 잡다니?"

"저기 민규가 잡아 오고 있어요."

드디어 민규가 등장한다. 두 손으로 살며시 새를 잡고 있다. 손가락 사이로 검은 색깔이 보인다. 짹짹 새소리가 빠져나온다. 오는 길에 공원 나무 밑에 떨어져 있는 새끼 참새를 주워 온 것이다.

"가만 있자. 밖으로 날려 보내야 하지 않겠니?"

"선생님, 아니에요. 제가 새를 키워본 적이 있고 해서 집에 가져다 키워보려고요."

민규가 당차게 말한다. 마침 곤충 채집통이 있어 그 안에 새를 넣게 했다. 그물망으로 되어 있어 새가 잠시 있는 데에는 불편함이 없다. 선반에 새장을 올려놓으려 하자 민규가 새는 어두운 곳을 좋아한다며 책상 밑으로 내려놓는다. 경험에서 나온 대안이다.

책상 밑에서 새가 짹짹거린다. 책상 밑에 새장을 놓고 공부하기엔 불편하여 베란다로 옮겨다 놓았다. 그래도 새가 짹짹거린다. 진규가 '새소리에 마음이 해맑아진다'며 씩 웃는다. 정말 새

소리가 방 안을 맑게 해주는 것 같다. 아이들은 방 안의 맑은 분위기를 이렇게 표현했다.

> 시골에 온 느낌이다.(민규) 울창한 숲속에 와 있다.(민준) 새의 고향이다.(하진) 병아리 소리를 듣는 것 같다.(서영) 숲속에서 노래한다.(효진) 시골과 그리움이다.(은광) 민규 따라온 새소리.(소현)

모두가 시인이 된 듯하다. 그렇다. 새소리가 모두의 마음을 맑게 해주었다. 민규는 그날 집에 가서 이렇게 일기를 남겼다.

> 오늘 봉암 가는 길에 버려진 참새 한 마리를 봤다. 새끼 새여서 날지 못하고, 그곳에는 고양이가 많아 생명이 위태로운 상황이었다. 그래서 내가 새를 봉암으로 가져갔다. 봉암 선생님이 선뜻 새장을 내주셨다. 우리는 30분 동안 참새를 관찰했다.
> 봉암이 끝나고 피아노 차가 왔다. 그래서 나는 그 새를 집에 갖다 두고 피아노를 다녀왔다. 아빠가 말씀하셨다.
> "이 새는 자연에서 살아야 하니까 풀어줘."
> 그래서 나는 줄넘기 차를 타러 가는 김에 그 새를 놔주려고 했다. 엘리베이터 문이 닫히는 순간 새가 온 힘을 다해 탈출했다. 동물은 무생물이 아니라 생명을 가지고 있다. 동물은 내다 버리는 물건이 아니다. 동물이 밖에 버려져 있으면 안전한 곳에 옮겨줘야 한다.

지금도 불 냄새가 난다

나흘간의 설 연휴가 끝났다. 이번 설에는 어떤 특별한 일이 있었을까? 세뱃돈, 큰 할아버지 댁, 점핑 엔젤스, 외가 동생들, 게임, 닭의 탈출 작전, 만화방, 박물관, 처음 복사 서던 날, 고령 투어, 막내 삼촌 등 재미있는 이야기들이 줄지어 나온다.

2학년 윤서는 특이하게 할아버지 댁에 가서 불 땐 일을 즐겁게 이야기한다. 아직도 자기 잠바에서 불 냄새가 난다면서 잠바의 냄새를 킁킁 맡아가며 친구들에게 이야기를 소개한다.

"자, 너희들 이야기 들어보니 참 재미있구나. 꺼낸 이야기가 모두 다르니까 더 재미있는데. 그러면 방금 너희들이 이야기한 것을 그대로 글로 쓰면 좋을 것 같아. 어때?"

아이들은 자기가 한 이야기를 그대로 써보라고 하니 자신 있다는 듯 대답을 크게 했다. 특히 윤서는 종이를 받자마자 연필을 꼭 잡고서는 힘주어 써 내려간다. 한 번쯤은 옆의 친구와 장난도 할 법한데 입을 꼭 다물고 힘차게 써내려 간다. 시간이 다 되어 그만 쓰자고 해도 "잠깐만요." 하면서 마무리를 짓는다. 앞 장을 꽉 채우고도 뒷장으로 훌쩍 넘어가게 많이 썼다며 자랑까지 한다.

오늘 설날이라서 할머니와 할아버지가 계신 제천에 갔다. 월래는 사골국을 아궁이로 데워야 되는대 추워서 할머니가 해 놓았다. 그런데 할아버지가 그냥 불을 피게 해 주셨다. 왜냐면 내가 불을 피우는 걸 좋아하게 때문이다.

불은 안정적으로 있는데 심심하니까 나뭇가지로 콕콕 찌르고 있었다. 그런대 갑자기 불이 막 꺼지려고 해서 박스종이로 부채질을 인는 힘것 했다. 다행이 불은 살렸는대 갑자기 바람이 확 불었다. 불이 꺼질까봐 온몸의 기운을 담아 부채질을 했다. 정말 간 떨어질 뻔 했다. 다시 불장난을 하고 있었는데 아빠가 고구마를 구워보라고 갔다 주셨다. 아궁이 안에 넣고 1분후에 꺼내서 익었는지 보니까 하나도 안 익었다. 그래서 엄청나게 잘 타는 곳에 1시간 동안 넣으니까 탔다. 그레서 빨리 식혀서 안을 봤더니만 익었는지 모르겠다. 그래서 먹어봤다. 그래도 모르겟서서 한 번 더 먹어 봤더니 안이 익어서 엄마에게 바로 갔다 주었 드렸더니 이번엔 감자를 구라고 하셨다. 그래서 또 잘 타는 곳에 넣고 1시간을 기다렸더니 잘 익커졌다. 그런대 분명히 5개를 가져다 구웠는데 4게만 가져다가 주었다. 1게는 너무 오래 익어서 타버렸다. 그런데 누나가 좋아 하면서 4 개 중에 3개를 다 먹어 치웠다. 아바는 1개를 먹었다. 나는 빨리 불을 피우고 싶어서 그냥 뛰쳐나갔는데 마당하고 계단이 얼어서 넘어졌다. 솥 위에다가 물을 넣고 불을 피웠는데 반이나 쫄아서 살아졌다. 하도 불을 피워서 잠바에 불 냄세가 났다. 날씨가 추웠는데 불 덕분에 따뜻했다.

다 쓴 글을 소리 내서 읽어보게 했다. 틀린 글씨도 많이 보이고 서툰 문장이 있는데도 윤서가 직접 소리 내어 읽을 때는 막

힘도 없고 어색함도 없다. 신나는 자기의 이야기를 썼기 때문에 읽어나가는 데는 아무런 거침이 없이 술술 읽힌다. 고쳐나가며 바꾸어 읽는다. 읽으면서 저절로 퇴고가 된다.

　아! 그래서 잠바에 불 냄새가 난다고 하였구나. 며칠이 지난 오늘 글 쓰는 시간에도 잠바에 냄새가 난다고 코로 맡아본다. 이미 사골국은 할머니가 다 끓여 놓아서 이제는 불 땔 필요가 없다. 그런데 불 때기 좋아하는 손자를 위해 할아버지는 일부러 솥에 물을 붓고 불을 때게 마련해 주셨다. 할아버지의 따뜻한 손자 사랑이 느껴진다. 바람에 불이 꺼질까 봐 있는 힘을 다해 부채질하는 개구쟁이의 모습도 떠오른다. 활활 타는 불에 통째로 없어진 작은 감자 알갱이의 추억은 오래고 남아 있을 것 같다. 얼마나 불을 땠으면 솥의 물이 반이나 줄었을까?

　'월레'가 아니고 '원래'가 맞으며 '그레서'가 아니고 '그래서'가 맞는다는 틀린 글자 고치기가 무슨 의미가 있을까? 막힘없이 내려가는 달림 길에 이런 주문은 오히려 걸림돌에 불과하다. 깨끗한 동심에 덧칠은 생략하기로 했다.

　글쓰기는 글 짓는 기술이 아니다. 생활의 느낌이 곧 글이다. 살아있는 생활은 감동 있는 글을 그대로 선물한다. 할아버지와 할머니는 윤서에게 좋은 글을 쓰게 만들어주신 훌륭한 글짓기 선생님이시다.

새 학년 첫날 이야기

글쓰기는 누구에게나 어려운 일이다. 그러면서도 누구에게나 꼭 필요한 일이다. 누구든 살아가면서 이런저런 상황으로 글을 쓸 필요가 생긴다. 아무리 좋은 연구 결과를 갖고 있어도 이것을 잘 다듬어 밖으로 표현하는 글이 없으면 빛을 받지 못한다. 하버드대학에서도 가장 중요하게 생각하는 것이 글쓰기라 하지 않는가?

글을 잘 쓰려면 어떻게 하여야 할까? 이에 대한 해답을 논하는 책은 수도 없이 많다. 읽어보면 모두 그럴듯하다. 그래서 글쓰기로 가는 길을 그대로 밟으면 잘된 글을 쓸 수 있을 것 같은데 그렇게 쉽지 않다. 그래서 막상 글을 쓰고 글쓰기를 지도하려면 막막하고 힘이 든다.

특히 아이들에게는 어떤 팁이 없을까 늘 고민하게 된다. 그런데 분명한 건 아이들은 쓰고 싶은 것이 있으면 곧잘 쓸 수 있다는 사실이다. 쓸 게 없는 것을 억지로 쓰게 하면 밋밋하고 엉성한 글이 나온다. 그러니까 쓸 만한 거리가 있을 때 쓰게 하면 좋은 글이 나온다는 이야기다.

새 학기 첫날은 어떨까? 새 교실, 새 선생님, 새 친구들이 떠오르는 긴장한 하루가 분명할 터. 그렇다면 이날을 글쓰기의 대상으로 하면 쓸거리가 많지 않을까?

"오늘은 새 학년 첫날인데 학교에서 하루가 어땠니?"

첫날 중에 특히 어떤 일이 생각나는지 이야기 해본다. 새 담임선생님에 관한 이야기가 많다. 일 년 동안 가르쳐주실 선생님을 맞이하는 아이들의 마음이 얼마나 두근거릴까? 무서울까? 순할까? 숙제는 얼마나 낼까? 우리를 잘 이해할까? 선생님 이야기 말고 또 특별한 이야기 없을까? 초점을 돌려 다른 사례를 찾아보게 한다.

선생님 말고 다른 이야기가 하나 새로 나오면 아이들의 관점이 바뀌며 뛰어넘게 된다. 글감을 다양화하는 것이 필요하다. 그래야 쓰고자 하는 것에 대한 초점이 명확해지고 뚜렷한 글이 나오게 된다. 그래서 쓰기 전에 이야기를 통한 글감 찾기가 글쓰기의 첫걸음이 된다.

3학년 우진이는 새 학년 첫날 교과서 나르느라고 너무 힘들었던 이야기를 꺼냈다. 새 책 받아 오는 것도 힘든데 먼저 학년이 사용하던 책도 치우느라 엄청 힘이 들었다고 한다.

3학년 첫 주가 시작되었다. 자료실에 갔다. 교과서를 옮겨야 하기 때문이다. 교과서가 18권이나 되었다. 깜짝 놀랐다. 국어, 수학, 사회, 음악, 도덕, 영어 그것 말고도 진짜 많았다. 18권을 다 드니 정말 무거웠다. 3학년 교실에 가려면 계단을 올라가야 한다. 18권을 들고 계단을 올라가니 너무 힘들었다. 간신히 올라갔다. 그런데 이제 4학년이 된 누나 형들이 썼던 교과서도 옮겨야 한다고 했다. 아까도 엄청 힘들었는데 이제 더 힘들어질 것 같았다. 그 교과서는 강당까지 날라야 한다. 그리고 다시 교실까지 가자 완전 체력이 방전됐다. 이제 나를 교과서가 없자 '참 다행이다'라고 생각했다. 배가 고파 빨리 밥을 먹고 싶다.

4학년 예서는 짝꿍에 관한 이야기를 글로 썼다. 옆에 앉을 짝꿍은 어떻게 보면 선생님보다 더 비중이 높은 관심사가 될 수도 있다. 그런데 예서의 글은 우연치고는 너무도 동화 속 이야기 같다.

4학년 첫날 4반 교실로 갔다. 애들이 아무 데나 앉아 있어서 나도 그렇게 했다. 아이들이 모두 오자 선생님이 이름표 스티커를 붙이고 자기 자리에 앉으라고 하셨다. 그런데 내 짝꿍은 우리 집 아래층에 사는 애여서 조금 당황했다. 나는 위층에 사는데 동생이랑 위에서 많이 뛰어논다. 천장이 많이 울려 시끄러웠을 것인데도 그 애는 나보고 아무 말도 하지 않는다. 또 교회에서도 같이 서로 만나도 아무 말을 하지 않는다. 이런 아이와 짝꿍이 된 게 무척 신기했다. 그리고 아래층에 이사 오기 전에 어떤 아줌마가 살았는데 그 아줌마도 우리가 뛰어서 시끄러웠는지 이사를 했다. 곧 좋은 일이 생긴다. 할아버지, 할머니가 이사를 가신다. 갑자기 왜 이사 가는지는 잘 모르겠지만 그곳은 뛸 수 있어서 좋다.

5학년 윤서는 아주 작은 것에서 글감을 찾았다. 학년이 바뀐 것도 모르고 습관대로 전에 학년 교실로 들어가는 실수를 글로 썼다. 새 학년 첫날 흔히 있을 법한 일이다.

나는 학교에서 아주 큰 놀림거리가 될 뻔했다. 점심 때였다. 나는 예전과 다름없이 밥을 먹고 급식소를 나와 나도 모르게 4학년 때 교실로 가고 있었다. 그때만 해도 아무 생각이 없었다. '빨리 반에 가서 양치하고 집에 가야지'하는 생각으로 쿵쾅거리면서 4-2반 교실로 갔다. 왜 이렇게 반이 조용하지? 하면서 문고리를 잡아당겨 문을 열었다. '얘들아 집에…' 나는 순간 아! 여기가 우리 반이 아니구나 하면서 빠르게 눈치를 살피면서 문을 닫고 나왔다. 휘파람을 불면서 다시 5-2반 교실로 아무 일 없었다는 듯 걸어갔다. 마침 그 때 4-2반에는 아무도 없었고 보는 사람도 없었기 때문에 다행히 웃음거리가 되지는 않았다.

그렇다. 글감을 잘만 고르면 아이들은 얼마든지 좋은 글을 쓸 수 있다.

청소년 도서관은 어디에?

「월간 예성」은 충주 지방의 기본 소식을 알리는 신문이다. 충주시청에서 발행하며 가정마다 매월 무료로 배달된다. 오늘은 3학년이 「월간 예성」 6월호에서 재미있게 읽은 기사를 하나씩 이야기한다.

충주시민, 지난해 많이 걷고 음주·흡연 줄어

저녁때 운동하다 보면 길거리에서 담배를 피우는 사람을 만나면 담배 냄새로 아주 기분이 안 좋다. 흡연자가 줄게 되어 기분이 좋다.(은기)

보랏빛 진주의 유혹, 거부하지 마세요

재미있는 제목이지 않니? 블루베리는 타임스지가 선정한 '오래 살려면 섭취해야 할 세계 10대 슈퍼푸드' 중 하나라고 해. 신이 내린 최고의 선물이래. 이 블루베리를 무농약 친환경으로 재배하고 있는 귀농 부부의 이야기야. 집에서 엄마가 블루베리를 주면 떫고 시큼해서 안 먹는데 블루베리가 이렇게 좋다고 하니 앞으로는 이 블루베리를 잘 먹어야겠어. (진영)

생태공원 곤평 늪

이 곤평 늪에서 자연 관찰 학습 프로그램에 누나가 참여하였고 나도 함께 가서 개구리를 해부 실험한 적이 있다. (경일)

작은 폐교가 아름다운 꽃밭

폐교가 꽃밭으로 변한 기사가 눈에 띄었다. 특히 이곳에서 공공근로를 하는 아저씨 한 분이 정성스럽게 돌보아 꽃밭을 가꾸었다는 이야기가 매우 인상적이었다. (지현)

충주시 시 승격 60주년

우리 충주시가 시로 승격한 지 60주년이 되었다. 충주라는 명칭은 고려 때 중원경에서 충주로 변경되면서 지금까지 사용되고 있다는 사실을 새롭게 알게 되었다. (승훈)

아이들이 관심을 두고 있는 기사 내용도 다양하고 내용을 설명하는 방식도 서로 다르다. 우리가 사는 충주에 관한 이야기라 더욱 실감 나게 들려온다. 이번에는 아래 기사를 함께 읽고 생각해 보기로 했다.

충주시가 아이들의 창의적인 문화 공간으로 활용할 어린이 청소년 도서관을 용산동에 건립한다. 시는 문체부에서 주관한 어린이 청소년 도서관 전국 공모사업에 지난 5월 최종 선정돼 국비 10억 원을 확보했다. 이번 공모사업에서는 전국 지자체 중 충주, 남원, 달서구 등 3곳이 선정되었다. 시는 총사업비 37억 6천만 원(국비

10억, 시비 27억)을 투입해 대지 730㎡, 건축 총넓이 1,000㎡(지하 1층, 지상 2층) 규모로 추진한다. 도서관은 어린이 테마 도서관, 전시실, 청소년 자료실 등을 갖추게 되며, 친환경적인 제로 에너지 건축물로 지어진다. 시는 올해 12월 착공해 2017년 12월 인력 보강과 함께 개관할 예정이다.

기사를 읽고 아이들은 용산동이 어디냐고 묻는다. 용산동은 너희들이 사는 영진아파트도 용산동이고, 너희들 학교를 지나 영진 마트 쪽으로 조금 올라가면 방방 타는 놀이터도 용산동이라고 알려주었다. 아이들은 그럼 도서관을 어디에 짓는다는 건지 더욱 궁금하다고 한다. 구체적으로 용산동 어디쯤인지 알고 싶다는 것이다.

"그러네. 도서관 자리가 어디쯤인지 궁금하다. 그렇지?"

"인터넷 검색해 봐요."

"시청 홈페이지 들어가 봐요."

"전화해 봐요."

"전화? 어디로?"

「예성신문」을 살펴보니 신문 첫 장에 신문 발행 전화번호가 있다. 승훈이가 진영이 휴대폰으로 빠르게 번호를 누르더니 통화 버튼은 누르지 않고 머뭇거린다. 전화번호까지 눌러놓고는 갑자기 멈춘 것이다. 뭐라고 말을 해야 할지, 이런 전화를 해도 되는 건지 망설여지는 모양이다.

"어서 통화 눌러."라고 해도 씩씩 웃고만 있다. 옆에 있던 은기가 휴대폰을 얼른 빼앗아 통화 버튼을 힘 있게 눌렀다.

"용산동에 청소년 도서관을 짓는다는데 용산동 어디쯤인가요?"

목소리에 긴장감이 뚜렷하다. 그러더니 갑자기 휴대폰을 진영에게 넘겨주었다. 진영이가 전화를 받아 자기 이름과 전화번호를 알려주고는 통화가 끝났다. 잠시 후 전화벨이 다시 울렸다.

"예, 감리교회 앞 주차장이라고요? 잘 알겠습니다. 고맙습니다."

담당자가 도서관 지을 위치를 확인하여 다시 알려온 것이다. 아이들은 그제야 "아아! 어딘지 알겠다. 감리교회 앞 주차장? 우리 학교에서 아주 가깝네" 하며 반가워한다. 학교 도서관에 없는 책은 거기로 가면 되겠다, 시립도서관이 멀어 애를 먹었는데 가까워져서 좋다, 빨리 지었으면 좋겠다, 내년 12월 개관한다고 하니 아직도 1년은 더 남았다…. 이야기가 줄을 잇는다.

간단한 기사이지만 4, 5, 6학년은 3학년보다는 더 깊게 읽어보도록 몇 가지 질문을 추가했다.

□ 이 신문 기사의 제목을 붙인다면?
□ 이 도서관을 우리 교실 크기와 비교하여 보면?
□ 이 신문 기사를 읽고 더 알아보고 싶은 점은?
□ 이 신문 기사를 읽고 어떤 생각이 떠오르나?

아이들은 신문 기사 제목을 다양하게 만들었다.

충주에도 대규모 도서관 건설 예정 / 어린이 창의 문화 공간건립

/ 용산동 어린이 청소년 도서관건립 확정 / 청소년을 위한 친환경 도서관 / 어린이 청소년 도서관 건축 / 충주시 용산동에 아이들이 창의력을 키우기 위한 도서관 지어

기사를 읽고 난 뒤의 느낌도 다양하다. 우리 고장이 선정되어 기쁘다, 충주가 발전하고 있다, 37억이나 투자하여 만들 정도로 청소년에게 관심이 많은 것 같다 등. 고장에 대한 자부심을 넘어 자신들이 관심을 두는 것으로 생각의 폭이 넓어져간다. 도서관을 어떤 모양으로 설계하여 짓는지, 또 친환경적인 건축이란 것이 어떤 것인지 궁금하다. 5학년 유빈이는 이 기사를 읽고 난 다음 이런 글을 썼다.

충주에 청소년 도서관이 생긴다니 기쁘다. 오직 청소년 즉 우리에게 맞춘 도서관이라니 빨리 완성이 되어 가 보고 싶다. 총사업비가 37억 6천만 원으로 많이 든 만큼 이에 맞는 건물로 완성이 되었으면 좋겠다. 지하 1층, 지상 2층 총 3층으로 짓는다니 용산동에 이렇게 큰 땅이 있나? 궁금하기도 하다.
어린이를 위한 테마 도서관, 전시실, 청소년 자료실 등을 갖춘다니 책만 있는 시립도서관보다 더 재미있을 것 같다. 그리고 자연을 위해 친환경적인 제로 에너지건축물로 짓는다니 정말 자연도 생각하며 짓는 건축물은 상을 주어야 할 것 같다. 멋진 건물이 되길 기대한다.

희망 도서 바로 가져가요

　　이달의 「월간 예성」에서 전국체육대회(충주), 충주 쌀 수상, 대림아파트 수상, 노래자랑 등의 내용을 관심 있게 읽었다. 음식물 쓰레기 처리장이 이미 준공되어 겨울방학 때 견학하러 가자고 한다. 그리고 '희망 도서 바로 대출제'라는 기사가 특히 눈에 띄었다. 대출제라는 것이 어떻게 하는 것인지 궁금해졌다.

　　충주 시립도서관은 시민들이 보다 빠르게 읽고 싶은 책을 읽을 수 있도록 지역 서점에서 책을 바로 빌려 볼 수 있는 '희망 도서 바로 대출제'를 시행한다.
　　희망 도서 바로 대출제는 읽고 싶은 도서가 도서관에 없을 경우 도서관 홈페이지(http://lib.chungju.kr)에 희망 도서와 서점을 지정해 신청하면 바로 서점에서 원하는 책을 빌려볼 수 있는 제도이다.
　　서비스 이용은 시립도서관 도서 회원증을 소지한 시민이면 누구나 가능하며 개인별로 한 달에 5권까지 신청할 수 있다. 이용 가능한 서점은 문학사, 문화당, 북적북적, 이학사, 책 마을, 책이 있는 글터 등 모두 6곳이다. 대출 기간은 2주이며 다 읽은 책은 도서관으로 반납한다.

　　"희망 도서 바로 대출제가 어떤 거야?"

아이들에게서 곧바로 대답이 나온다.

"읽고 싶은 도서가 도서관에 없을 때 도서관 홈페이지에 희망 도서와 서점을 지정해 신청하면 바로 서점에서 원하는 책을 빌려 볼 수 있는 제도입니다."

정확하게 맞는 대답이다. 기사 내용에 '희망 도서 바로 대출제'의 뜻이 그렇게 나와 있기 때문이다. 여기서 그 내용이 뜻하는 바를 정확히 알고 발표한 건지 알 수가 없다. 그래서 물어봤다.

"올해의 책으로 『할아버지의 코트』가 선정되었대. 그래서 충주시립도서관으로 이 책을 빌리러 갔거든. 그런데 이 책이 없는 거야. 그럼 어떻게 하면 이 책을 바로 빌릴 수 있을까?"

『할아버지의 코트』라는 책을 예로 들어 도서관에 책이 없을 때 '희망 도서 바로 대출제'로 어떻게 절차를 밟아야 할지 구체적으로 이야기하게 했다. 기사 내용을 이해했다면 당연히 그 절차를 자기 말로 쉽게 풀어서 이야기할 수 있을 것이다. 그런데 아이들은 도서관에 없는 『할아버지의 코트』를 바로 대출하는 절차를 설명하지 못한다. 다시 말해 희망 도서 대출제를 정확히 알고 있지 못한 것이다.

"만약 『할아버지의 코트』를 희망 도서 바로 대출제로 서점에서 가져왔다면 그 책 대금은 누가 내는 것이며, 반납은 어디에 하는 걸까? 서점으로 반납해야 한다면 책이 구겨지거나 찢어지면 그걸 서점에서는 어떻게 하지?"

도서관으로 반납하고, 대금은 도서관이 서점으로 지불한다는 설명이 나오게 되면 기사의 내용을 제대로 이해한다고 볼 수 있다. 도서관에 아예 없는 책을 이용자가 서점에서 구해다가 읽고, 도서관에 반납하면 그 책은 자동으로 도서관 책이 되는 것이다.

　　이런 희망 도서 바로 대출제의 좋은 점은 무엇일까? 이용자는 원하는 도서를 바로 구해서 읽을 수 있고, 도서관은 희망 도서를 별도로 구입, 비치하려는 노력 없이도 자동으로 좋은 도서가 마련되는 이점이 있는 것이다. 아이들은 그제야 '일석이조—石二鳥'란다. 충주 도서관에 가서 새로 나온 책 두서너 권을 찾아보고 없으면 희망 도서 바로 대출제를 직접 체험해보자고 했다.

　　끝으로 각자 기자가 되어 이 내용을 직접 써보도록 한다. 기사를 보지 않고 '희망 도서 바로 대출제'라는 제목으로 기사를 써보는 것이다. 원문대로 외워서 쓰는 것이 아니고 기사의 흐름을 잡아 자기 나름대로 써보는 연습이다. 희망 도서 바로 대출제가 무엇인지 알리는 데 필요한 내용만 담겨 있으면 된다. 짤막한 글이라 생각했는데 막상 직접 써보려 하니 여기서 막히고 저기서 멈추게 된다. 이렇게 직접 써본 기사는 다시 원문 기사와 비교하여 고쳐본다. '아하! 여기는 이렇게 쓰면 되는걸….' 하면서 자기의 글을 가다듬게 된다.

전세기 타고 온 따오기

"얘들아, 따오기 철새를 중국에서 전세기로 운송해 온대."

"뭐? 새를 전세기에 태워 온다고?"

"웃긴다. 사람도 아니고 새 한 쌍을 비행기에 태워?"

"뭐야? 왜 그런 거니?"

그제야 승민이가 신문에서 스크랩해 온 기사 내용을 소개한다.

"중국이 한국에 따오기 한 쌍을 기증하기로 했대. 창원에서 람사르 총회가 열리는데 그 기념으로 따오기 한 쌍을 들여오기로 했나 봐. 따오기는 천연기념물이며 전 세계적으로도 멸종 위기의 철새라고 해. 창녕 우포늪까지 무사히 수송하기 위해 중국에서 김해까지 전세기 편을 이용한대. 따오기가 워낙 민감한 새라 특수 무반동차를 이용하며 이동하는 동안 따오기는 특수 제작한 새장에 넣는다고 해. 전세기 수송에는 총 8,000만 원이 들어간대."

승민이는 이 기사를 소개하면서 "따오기는 참 좋겠다. 귀하다고 저렇게까지 데려오다니. 다른 새 같으면 그냥 새장 안에 대충 집어넣어 데려왔을 텐데 말이다."라고 덧붙였다.

아이들도 흥미롭다는 반응이었다. 그런데 이 기사 내용에서 람사르 총회가 뭔지, 그리고 따오기를 들여오는데 이렇게 귀

빈 취급을 하는 이유가 무언지, 또 우포늪은 어떤 곳인지 알 수가 없다. 사실 선생님으로서도 처음 듣는 생소한 말들이라 어떤 보충 설명도 해줄 수가 없었다. 이제부터 우리는 궁금증을 하나씩 풀어가기로 했다.

'람사르 협약은 습지 보호에 관한 협약으로 이란의 람사르에서 1971년에 체결되었다. 우리나라는 1997년에 101번째로 가입하였고, 창녕 우포늪이 람사르 습지에 등재되었다. 2008년도에 우리나라 창원에서 람사르 총회가 열리고 이때 창녕 우포늪은 총회의 주요 공개 습지로 떠오르게 된다. 따오기는 한반도에는 동요의 노랫말에 오를 정도로 많이 찾아왔었으나, 현재 전 세계적으로 멸종 위기에 있다. 동아시아 가운데 중국에서만 야생 상태로 서식하는 새가 되었으며, 대한민국에서는 천연기념물 제198호로 지정하여 보호하고 있다.'

이 정도의 큰 덩어리로 어림하면서 좀 더 깊이 있게 알아보기로 했다. 창원 람사르 총회, 습지의 뜻과 중요성, 습지의 종류, 우리나라 습지, 우포늪의 특징 등을 조사했다. 우리나라에서 현재 람사르 총회가 개최되고 있으므로 매스컴에서는 습지에 관한 특집 기사가 넘치게 있다. 습지 공부가 어느 정도 진행되면서 우포늪을 직접 견학하자는 아이들의 의견이었다. 기사 내용을 소개하고 그에 따라 공부를 했으니 현장으로 가보고 싶은 생각이 자연스레 든다.

그래서 엄마들이 모두 참석한 자리에서 그동안의 학습 과정을 설명하고, 현장 탐방에 대한 의견을 물었다. 모두 동의한다. 람사르 총회 기간의 일요일은 너무 혼잡할 걸 예상하여 총회가 지난 일요일에 가기로 했다.

람사르 총회 기간이라 습지에 대한 열기가 뜨겁다. 신문에 연재되는 우리나라 중요 습지에 대한 기사를 복사하여 활용하고 방송 특집도 시청했다. KBS 1TV에서는 수요일 환경스페셜에서 인간과 습지에 대해 3회 특집 방송을 방영했다. 갯벌을 주제로 한 특집 방송이 정말 재미있었다. 『우포늪』과 『우포늪에는 공룡 똥 구멍이 있다』도 모두 함께 읽었다.

그런데 우포늪 탐방의 계기를 마련한 승민이가 오히려 할머니 칠순 잔치로 이번 탐방을 갈 수 없게 되었다. 승민이의 고민은 컸다. 그 안타까움을 승민이는 이렇게 글로 남겼다.

재미있을 것 같아서 소개한 따오기에 대한 신문 스크랩 공부로 우포늪까지 가게 됐다. 하지만 나는 가지 못한다. 할머니 칠순 잔치 때문이다. 평소에는 자주 안 하던 고민을 하니까 머리가 지끈지끈 아팠다. 며칠 동안 고민을 하다 결국은 외할머니 칠순 잔치에 가는 것으로 결정했다.

우리는 새벽 6시 출발하여 9시 넘어 우포늪에 도착했다. 예약한 덕분에 생태관에서 곧바로 우포늪의 영상자료를 봤다. 그리고 학예 연구사의 안내를 받으며 사진, 모형, 게시 자료 등을 살펴봤다. 미리 학습한 터라 쉽게 이해할 수 있었다. 이어서 우포늪을 탐방했다. 람사르 총회로 널리 알려져서인지 사람들이 북적거렸다.

늦가을이라 수생식물들은 살펴보기가 어려웠지만 새들의

무리를 보며 즐거워했다. 전망대에서 우포늪의 모습을 넓게 살펴볼 수 있었다. 우포늪은 원시시대의 모습을 그대로 간직한 습지로 새로운 자연의 한 모습을 만난 것 같았다. 우포늪은 워낙 커서 일부분만 탐방하는 데도 서너 시간은 걸린다. 그래서 수생식물이 한창인 4~5월에 다시 찾아보면 좋겠다고 생각했다.

다음으로 화왕산에 갔다. 널찍한 등산길이었으나 왕복 3시간 거리는 아이들에게 쉬운 코스는 아니었다. 가을 억새 군락지가 아름다웠다. 억새 산등성이를 걷는 아이들의 표정이 즐겁다. 허준 촬영 세트장도 재미를 더해주었다. 따오기 신문 기사로 출발한 이야기가 우포늪, 화왕산 현장 탐방으로 이어졌다.

중국에서 특별 수송 작전으로 데려온 우포늪 따오기의 산란 소식을 승민이가 다시 전했다. 작년 따오기를 맨 처음 소개한 것도 승민이었다. 해가 바뀌어 4월이니 6개월 만이다. 따오기는 작년부터 5학년 아이들에게 화제의 주인공이었다. 데려오는 과정도 이색적이었지만, 과연 그렇게 많은 경비를 써가며 들여와야 하느냐를 두고 열띤 토론도 벌였다. 따오기 부부는 알을 낳을 수 없을 것이라고 주장하는 학자 의견을 소개한 기사도 읽었다. 그래서인지 몇 달이 지났지만 우포늪 따오기가 알을 낳았다는 소식에 아이들도 모두 귀를 기울였다.

한 달 후 승민이가 따오기 소식을 또 가져왔다.

"얘들아, 얼마 전에 따오기 알 낳은 이야기 한 적 있지? 그런데 말이야, 오늘은 그 알에서 새끼 따오기가 탄생한 소식이야."

지난번 산란에 이어 오늘은 따오기 부화 기사를 준비해 온 것이다. 그런데 성한이도, 병준이도 윤하도 똑같이 따오기 기사를 가져왔다. 작년 10월에 등장한 따오기 이야기가 8개월째 이어지고 있다. 따오기는 이제 5학년 모두의 공동 프로젝트가 된 셈이다.

올해의 아름다운 간판

연말에 발행된 「예성신문」에 올해의 아름다운 간판 이야기가 실려 있다. 아이들이 최우수작으로 뽑힌 사진을 살펴보더니, "나 이 간판 봤어. 차를 타고 가다 보면 길에서 보여." 한다. 알고 있는 간판이 사진에 나와 있고 더구나 최우수로 선정되었다니 더욱더 반갑다.

올해의 아름다운 간판 공모전에서 연수동 소재 '고추장 송어'가 최우수작으로 선정됐다. 충주시 옥외 광고물 심의위원회는 지난 11월 출품작을 심사한 결과 '고추장 송어'를 최우수작으로 선정했으며 '빚은두부요리집 마실'을 우수작으로, 연수동 '청풍명월'을 장려로 선정했다고 밝혔다.

아름다운 간판 공모전은 광고주 및 광고물 제작업자들의 간판에 대한 인식변화를 끌어내고 옥외 광고물의 수준 향상과 쾌적한 도시환경을 조성하고자 충주시가 2005년부터 매년 개최하고 있다.

"고추장 송어 간판은 어떤 점이 잘 되었다고 생각하니?"

"글씨가 재미있어요. 글씨의 획에 움직이는 송어 모양이 들어가 있어요. 글씨 밑에 진짜 송어 그림도 있네요."

글씨체나 간판의 구조 등이 흔하게 보는 형태가 아니다.

차를 타고 지나도 눈에 확 들어오는 간판이다.

"선생님. 우리 이 간판을 그려봐요."

갑자기 한 아이가 간판 사진을 그려보자고 한다. 간판 사진에 마음이 끌리는 모양이다. 아이들은 공책에 '고추장 송어' 간판을 그대로 그리면서 즐거워한다. '송어' 글씨체가 아이들이 흉내 내기에 딱 알맞은 형태이다. 세밀하게 공들여 그리지 않고 장난삼아 그리면 오히려 더 비슷하게 '고추장 송어' 간판이 만들어진다.

"선생님, 그런데 '빚은두부요리집 마실'은 어디에 있어요?"

기사를 다시 읽어봐도 위치를 알 수 없다. 그래서 이 간판은 어디에 있는지 다음 시간까지 함께 알아 오기로 했다. 그리고 이 기사에서 더 알아보고 싶은 것은 없을까?

"공모전은 무슨 뜻이야?"

"심사기준은 뭐지?"

"옥외광고는 뭐냐?"

질문이 이어진다.

"그리고 이런 아름다운 간판상은 왜 주는 거야?"

"야, 그거는 여기 있잖아. 아름다운 간판 공모전은 간판에 대한 인식변화를 끌어내고 옥외 광고물의 수준 향상과 쾌적한 도시환경을 조성한다고."

아름다운 간판 선정의 목적을 글 속에서 찾아 그대로 읽으며 큰소리친다.

"올해 간판 말고 작년에는 또 어떤 게 뽑혔는지 궁금해요."

그러자 한 아이가 이를 받아서 "2005년부터 지금까지를 다 알아보는 게 더 좋겠다."라고 덧붙인다. 이 공모전이 2005년부터 시작되었다는 기사 내용을 바탕으로 폭을 넓혀 이야기한 것이다. 기사 내용을 꼼꼼하게 읽었다고 할 수 있다.

"이제 뭘 더 공부할 게 없을까?"

"최우수상 간판은 자주 보아서 알겠는데 우수상과 장려상 간판은 어떻게 만들었을까요?"

"그러네. 정말 다른 간판은 어찌 제작했는지 궁금하다. 그렇지?"

한 아이가 나는 그 집 안에도 들어가 볼 거라고 한다.

"야. 간판이 밖에 있는데 안에는 왜 들어가냐?"

큰소리치니까 아이들이 까르르 웃는다.

"아니다. 난 우리 엄마 아빠하고 같이 가서 직접 송어를 먹어본단 말이야."

한 수 더 떠서 내가 한 말을 알아차리지 못하는 너희가 오히려 틀렸다는 반격이다. 그래서 세 가지 간판의 특징을 조사하여 오기로 했다.

며칠이 지났다. 사진으로 찍어 비교하고 그림으로도 그리고, 간판들의 장단점을 비교 분석해 온 아이도 있다. 신문에 난 등위가 마음에 들지 않는다며 자기가 심사한 순위를 바꾸어 말하기도 한다. 그런데 시내에 있는 두 간판 '고추장 송어'와 '청풍명월'은 누구나 조사를 잘해 왔다. 그러나 면 지역에 있는 '빚은두부요리집 마실'은 겨우 세 명만 조사해 왔다. 그중에는 부모님과 함께 직접 찾아가 두부 맛도 보고 간판도 살피고 왔단다. 그런데 간판은 그다지 마음에 안 든다고 한다.

나도 '빚은두부요리집 마실' 간판이 어떤 모양인지 궁금했다. 어느 날 자동차로 30분 정도 걸리는 노은면 소재지를 찾아갔다. 새로 지은 건물에 간판은 아주 작은 글씨였다. 안으로 들어가니 깔끔하게 인테리어 되어 있다. 흔한 메뉴 안내판도 없이 간결하다. 오히려 단순한 것을 추구하는 것 같다. 그래서인지 옥외 간판도 아주 작게 만들어 잘 보이지 않을 정도였다. 크고 화려하지 않아 오히려 손님의 관심을 더 끌지도 모른다. 이제 나도 아이들에게 보충 설명을 해줄 수 있겠다. 숙제를 하나 해결한 가벼운 마음이었다.

돌아오는 길에 '아침 편지'의 고도원이 설립한 옹달샘 카페에 들렀다. 가깝게 있으면서도 언제 한번 가봐야지 생각만 하던 곳이다. 카페의 생강차가 따뜻하다. 간판 이야기가 풍성한 하루를 만들어주었다.

특허 사과 바구니 보러 가요

성훈이가 신문 스크랩해 온 '바구니 특허' 이야기를 들었다. 특허 받은 바구니가 뭔지 궁금해진다.

"괴산군 불정면에서 사과 농사를 짓는 이상기 씨가 바구니를 새롭게 개발해 특허를 받았다고 해. 바닥에 테두리를 강철로 둥글게 만든 뒤 천을 달고 천 끝에 조이는 끈을 만들었다고 해. 나도 예전에 특허를 내고 싶었어. 하지만 생각대로 되지 않아서 그만 포기를 했지만, 다시 생각해봐야겠어."

아이들은 듣고 나더니 "바구니를 어떻게 만들었다는 건지 다시 좀 설명해줘" 한다. 특허까지 받았다는 바구니의 모양이 어떻게 생긴 건지 짐작이 잘 가지 않는다는 말이다.

"그래, 성훈이가 다시 설명해줄까?"

"기사를 읽어봐도 어떻게 만들었다는 건 나도 잘 알 수가 없어."

성훈이의 답이다. 소개해놓고서 나도 잘 모르겠다고 하니까 친구들이 웃는다. 어떻게 만든 바구니기에 이해가 안 될까? 기사 원문을 읽어보고 다 같이 바구니의 생김새를 알아보도록 했다. 그런데 꼼꼼하게 읽어봐도 어떻게 만들었다는 건지 나도 이해가 잘되지 않았다.

기존 플라스틱 바구니 밑바닥을 없애고 바구니 바닥 테두리를 강철로 둥글게 만들고 강철 테두리에 자루 모양으로 천을 단다. 천 끝에 조임끈을 만들어서 끈을 풀어 작업 상자에 담는다. 이렇게 하면 작업이 편리하다.

이 기사에서 자루 끝에 조임 끈을 만들어 끈을 풀어 상자에 담는다는 부분이 잘 이해가 되지 않았다. 그래서 공책에 이 신문 기사 설명대로 바구니 모양을 그림으로 그려봤다. 바구니, 자루, 조임 끈, 과일상자가 각각 어떻게 상상되는가? 아이들은 설명글을 반복해 읽어가면서 글에 맞는 그림을 열심히 그려본다. 그런데 특허 바구니의 얼개는 어느 정도 접근이 되는 것 같은데 끈을 풀어 상자에 넣는 과정이 상상이 되지 않는다.

인터넷으로 검색해 보아도 사과나무에 작업 바구니를 걸어놓은 사진뿐이다. 플라스틱 바구니를 나무에 걸고리로 매단 것까지는 충분히 알게 되었지만 여전히 조임 끈 부분의 기능을 알 수 없었다.

이제는 직접 전화로 확인해보는 수밖에 없다. 괴산군 불정면 사무소로 이상기 씨의 전화번호를 물어봤다. 매스컴을 많이 타고 있어서 그런지 면 직원도 전화번호를 바로 알고 있는 듯한 느낌이다.

"뭐 하려고 그러는데요?"

"아, 다름이 아니고 특허 받은 바구니에 대해서 궁금한 것이 있어서 그래요."

"네…"

우리는 직접 이상기 씨에게 전화로 궁금한 것을 물어보기로 했다.

"누가 전화로 물어볼까?"

서너 명이 손을 든다. 기사를 제공한 성훈에게 질문하는 기회를 주기로 했다. 아이들이 모두 핸드폰을 받아드는 성훈에게로 시선이 집중되었다. 뭐라고 물어볼는지 모두 긴장한다.

"여보세요? 바구니 특허 받은 아저씨 맞으시죠?" 첫마디가 그럴듯하다. "신문 기사를 읽고 궁금한 게 있어서 그래요." 웬 아이의 목소리에 상대편도 의아스러울 것이 틀림없다.

"아아, 바구니 크기의 자루를 아래에 붙인다고요?" 성훈이를 둘러싸고 아이들은 성훈이의 입놀림을 보면서 무슨 이야기인지 감을 잡으려 한다. "그러면 조임 끈의 위치는 어디인가요?" 성훈이는 침착하게 전화 인터뷰를 이어간다. "예, 자루 밑쪽에 줄임 끈을 달았다고요." 줄임 끈의 위치가 확인된 모양이다.

"아, 여기는 봉암이라는 곳이에요. 인천이 아니고 충주에요." 뭐 하는 녀석이 이렇게 꼬치꼬치 질문하는지 너 어디냐고 묻는 것 같다. "잘 알았습니다. 감사합니다." 내용도 내용이려니와 성훈이의 즉석 전화 인터뷰가 조마조마했다. 미리 원고를 만든 것도 아닌데 그럴듯한 질문이다.

"와! 이성훈 기자! 제법이다."

다시 성훈이가 전화 내용을 재구성하여 칠판에 그려가면서 설명해 주었다. 바구니 밑바닥을 떼어내고 거기에 자루를 대어 만들었다는 것까지는 쉽게 알게 되었다. 그런데 자루 밑을 조임 끈으로 만들었다는 게 뭘 말하는 건지는 여전히 미해결이다.

다시 성훈에게 물었다.

"조임 끈을 어떻게 만들었대?"

"배낭 윗부분을 오므릴 때 끈을 잡아당기면 되는 것과 같대."

아! 그러니까 조임 끈으로 오므렸다가 풀면 사과가 밑으로 쏟아진다는 이야기로구나! 어느 정도 윤곽은 잡혔지만 조임 끈을 어떻게 조이고 푸는 건지는 아직도 확실하지 않다. 안 되겠다. 이제는 아저씨네 집으로 찾아가서 알아보는 수밖에 없다.

"며칠 전 아이들이 전화를 걸었었는데요. 사과 바구니가 새롭고 신기해서 직접 가서 구경 좀 하려고요."

"아, 예. 뭐 대단한 것도 아닌데…"

"아닙니다. 아이들이 관심이 많거든요. 공부하는 과정이니까 시간 좀 내주세요."

이상기 씨와 날짜와 시간 약속을 잡았다. 드디어 우리는 사과 바구니 아저씨를 만나러 출발했다. 괴산으로 가는 큰 고개를 넘어 내려가다 보니 저만치 과수원이 보이며 그 앞에 한 사람이 나와 서 있다. 마을 앞에 차를 대고 나가니 아저씨는 우리를 반갑게 맞아주었다. 신문 기사에서 본 얼굴이라 금방 친해지는 분위기였다.

과수원을 하면서 인력난과 사과 상처를 방지하기 위해 고심하다가 이 바구니를 생각하게 되었다고 한다. 사과 농사를 지을 때 일손이 매우 많이 필요한데 농촌에는 젊은이들이 도시로 거의 빠져나가고 나이 먹은 사람들이 남게 되어 더욱 힘이 든다고 한다. 이러다 보니 인력이 덜 들고 사과를 상하지 않게 따는 방법이 없을까 궁리를 하다 바구니 아이디어를 낸 것이다.

아저씨는 창고 한쪽으로 가더니 그 특허 바구니를 하나 들고 나왔다. 아저씨는 바구니를 들고 사과밭으로 자리를 옮겨 바구니 사용법을 알려준다.

"이 바구니를 사과 상자에 대고 이렇게 벗기면 사과 무게에 의해서 밑으로 사과가 스르르 쏟아지게 되는 거야."

바구니 테두리에 매단 고리를 벗겨내니 조여 있던 바구니 밑의 자루 모양 천이 확 벌어진다. 이제야 특허 바구니의 조임 끈 기능이 뭔지 속 시원히 알게 되었다. 집 짓는 공사장에서 질통에 모래를 담아지고 올라가 쏟을 때 손잡이를 놓으면 질통의 밑바닥이 열리며 모래가 주르륵 쏟아지는 원리와 같은 것이다. 아저씨는 자기 딸의 가방을 보고 조임 끈의 아이디어를 얻었다고 한다.

"이것을 만드는 데 얼마나 걸렸나요?"

그동안 많은 시행착오를 거쳐 4년 만에 완성했다고 한다. '이 바구니는 가게에서 파는 보통 바구니인가요? 처음에 강철을 바구니 밑에 어떻게 붙였나요? 이 바구니로 몇 개 따면 한 상자가 되나요?' 아이들은 궁금한 것들을 저마다 물어본다.

아저씨는 생활하면서 무엇이든지 자세히 살펴보는 것이 중요하다는 것을 강조했다. 꼼꼼하게 살펴보면 아이디어는 얼마든지 나올 수 있다고 했다. 서로 관련 없어 보이는 것을 강제로 결합하는 것이 창의성이라는 이론과 상통하는 이야기다. 가방에서 조임 끈을 생각한 것도 이것과 저것을 연결하는 관찰력에서 나온 아이디어라고 할 수 있다.

바쁜 중에도 우리에게 두 시간 이상을 친절하게 내어준 아저씨에게 고맙기도 하고 한편 미안하기도 했다. 다시 매현 고개를 넘어와 우리는 단월 강가의 이름난 손짜장을 맛있게 먹었다.

글쓰기 책에 빠지다

매년 만든 봉암문집

책 표지에 '글쓰기'라는 말이 들어가 있으면 지나치지 않고 살펴보게 된다. 퇴직 후에 만들어진 하나의 습관이다. 그렇다고 내가 글쓰기에 소질이 있다거나 글쓰기를 좋아하는 것은 결코 아니다. 그럴 만한 필요성이 생겼기 때문이다.

봉암교육연구실을 운영하면서 연말이 되면 한 해의 어린이 활동을 중심으로 문집을 만들었다. 어린이들의 글쓰기 작품은 물론, 지도하는 선생님의 글도 당연히 들어갈 수밖에 없다. 여기서 문제에 부딪히게 된다. 나는 건조한 보고서 형식의 글을 어쩌다 써본 적이 있을 뿐, 수필이나 감성적인 글을 다루어본 경험이 별로 없기 때문이다. 어린이들의 활동은 분명히 특별하고 감동적인데도 이를 제대로 표현하지 못해 평면적인 서술에 그치고 만다. 학부모가 읽을 것을 생각하면 그저 답답할 뿐이다. 어쩔 수 없이 글쓰기 관련 도서에 눈을 돌리게 되었다.

하버드는 신입생에게 철저하게 글쓰기 교육을 하는 것으로 정평이 나 있다. 글쓰기는 교육과정의 전 영역에 녹아 들어가

는 시스템이다. 그래서 어떤 이는 글쓰기가 하버드 대학 교육의 전부인 것처럼 느껴질 정도라고 말한다. 그런 점에서 바버라 베이그의 『하버드 글쓰기 강의』는 제목에서부터 호기심을 갖게 한다.

이 책은 글쓰기에 대한 실용적이며 실천적인 글쓰기 안내서이다. 글쓰기 교육에서 '내용을 어떻게 말할 것인가?'에 초점을 맞추기 전에 '무엇을 말한 것인가?'를 도외시하는 경우가 많다. 즉 어휘를 잘 활용하는 능력 못지않게 말할 거리를 찾아내어 발전시키는 능력이 더 중요하다는 점을 강조하고 있다. 흥미로운 내용이 없다면 아무리 기술적으로 완벽하게 다듬어진 글이라도 무의미하게 느껴지기 때문이다.

안심이 된다. 우리 어린이들과의 생활 속에는 이런 글 쓸거리가 얼마든지 존재하기 때문이다. 이러한 글쓰기를 위한 내용을 찾아내는 능력은 누구에게나 있다. 그러므로 굳이 특별한 능력이 따로 필요한 것은 아니구나 하는 위로를 받게 된다. 관찰하는 힘을 먼저 길러야 한다. 마음속으로도 관찰하고 밖으로도 눈을 돌려 관찰하는 법을 배운다. 예사롭게 사물을 보지 않고 새롭게 보는 눈을 가져야 한다.

고갈된 상상력을 회복시키기 위한 구체적 방법 제시도 이채롭다. 또 다 쓴 자신의 글을 큰 소리로 읽는 것은 글쓰기의 필수적인 훈련 방법이라고 말하고 있다. 그리고 검토하는 과정에서 하나의 안경으로 한 가지 대상만 보고 다시 다른 안경을 쓰고 다른 눈으로 초고를 검토하는 것이 좋다는 충고도 그럴듯하다. 그리고 자신이 쓴 글은 글과 얼마 동안 간격을 둔 다음 다시 들여다보는 것이 명확한 판단과 표현에 도움이 된다. 워크숍에서 글쓰기 실습 하듯이 구성하여 실질적 훈련이 되도록 안내하고 있다.

트리시 홀의 『뉴욕타임스 편집장의 글을 잘 쓰는 법』은 또 어떤 내용일까? '자신의 글을 써보기로 마음먹은 사람들에게'라 는 부제가 마음에 들었다. '당신의 삶에서 경험했던 자세하고도 사소한 이야기들이 글에 감동뿐만 아니라 설득력까지 더해줄 수 있다'며 그 예로 앤젤리나 졸리를 든다. 졸리는 유방암을 일으키 는 유전자가 있다는 것을 확인한 후 유방 절제술을 받았다는 이 야기를 원고로 작성하여 세상에 내놓았다. 그녀의 글은 수백만 뷰를 달성했고 많은 여성에게 깊은 영향을 주었다.

저자는 글쓰기에 유용한 조언으로 '쉽고 간결하게, 구체 적으로' 쓰기를 강조하고 있다. 문장이 간단하면 열심히 노력하 지 않은 것처럼 보일까봐 걱정하는데 사실 간소한 문장을 만들 어내는 것은 어려운 일이다. 아이디어가 명확해야만 가능한 일이 다. 복잡한 문장은 곧 필자가 설명을 제대로 할 만큼 이해하지 못 했다는 방증이기도 하다. 사정없이 가지치기해야 한다. 글의 가 장 좋은 전개 순서는 직접 만난 누군가에게 이야기를 들려줄 때 처럼 풀어나가는 것이라 한다. 전문용어, 너무 뻔한 이야기는 피 하라고 충고한다. 적절한 예시와 길지 않은 문장들이 쉽게 이해 되고 공감이 가는 내용이다.

김애란의 『바깥은 여름』이 충주시의 대표 소설로 선정된 적이 있다. 시에서는 작가와의 만남 시간도 마련했다. 그때 나는 작가는 물론 책 이름도 처음 들어는 처지였지만 어떻든 도움이 될 것 같아 봉암 어린이, 학부모와 함께 참여했다. 작품을 중심으로 강연이 전개되고 질의응답도 있었다. 읽지도 않은 책을 중심으로 이야기를 듣고 있자니 작가에게 미안한 생각이 들었다. 유망한 작가와 인기 있는 소설이란 것만 알고 나온 셈이다. 한나는 엄마와 같이 이미 이 책을 읽었다고 한다. 선생 체면이 말이 아니다.

다음 날 책을 빌렸다. 스스로 압력을 받아 읽게 된 책이지만 이내 가속이 붙어 재미있게 읽었다. 이야기가 머뭇거리지 않고 시원스럽게 진전되며 휘몰아가기도 한다. 특히 놀라운 것은 이야기의 장면 장면이 바로 그림으로 떠오른다는 점이다. 그것도 생동감 있는 입체 그림이다. 표현력이 그만큼 살아 있다는 말이다. 내용도 내용이려니와 그의 매력적인 글솜씨에 더 빠져들었다.

바로 이어 그의 『두근두근 내 인생』을 읽었다. 소설에 별로 관심 없던 내가 소설을 찾아 읽다니 스스로 생각해도 신기한 일이다. 소설은 조로증이라는 희귀한 소재를 다룬다. 이야기는 반전에 반전을 거듭한다. 풋풋한 사랑과 따뜻한 삶의 이야기들이 많은 생각을 하게 한다. 담백한 표현이 돋보인다. 몇 장을 써야 겨우 그려낼 이야기도 몇 줄로 뚝딱 해결하는 글솜씨가 신비스럽다. 심리학자나 비평가도 아니면서도 문장 표현력의 신비를 캐고 싶은 건 순전히 나의 개인적 호기심 때문이다.

그의 산문집 『잊기 좋은 이름』은 이런 나의 호기심을 채워주기에 충분했다. 모두가 실제의 이야기들이라 꾸밈이 없고 유머와 눈물, 재치가 넘친다. 그가 이제껏 경험한 거주 공간 중 그에게 가장 큰 영향을 준 곳은 '맛나당'이라 했다. 맛나당은 어머니가 20년 넘게 손칼국수를 판 가게 이름이다. 그곳에서 그의 정서가 만들어졌다고 한다. 수많은 손님이 몰고 온 이야기와 별별 상황들이 끝없이 전개되는 무대였으리라. 이곳을 통과한 작가의 정서가 손끝을 통해 소설로 녹아들었을 것이다. 그도 "문화시설 하나 없는 시골 풍경은 훗날 내 소설의 밑거름이 됐다."라고 했다. 글쓴이를 둘러싼 환경이 작품에 투영되는 것은 자연스러운 과정인 듯하다.

『불편한 편의점』으로 수많은 사람에게 감동과 재미를 안겨준 김호연의 글쓰기 비법은 또 무엇인가? 사건의 전개 방식과 캐릭터의 입체적 표현 등 능숙한 그의 표현능력은 어떻게 형성된 것인가? 그는 미국의 편집자 리사 크론의 말을 인용한다.

잘 쓰는 법을 배우는 것은 이야기 쓰는 법을 배우는 법과 동의어가 아니다. 잘 쓰는 것은 둘째 문제이다. 독자가 다음에 무슨 일이 일어날지 궁금해하지 않는다면 잘 썼다는 게 무슨 의미가 있겠는가?[*]

---

[*]『매일 쓰고 다시 쓰고 끝까지 씁니다』, 김호연, 행성B, 2020, 57~58쪽.

이는 소설의 핵심이 전진하는 이야기라는 사실을 일깨워 준다. 모든 글에 똑같이 필요한 사항일 것이다.

김호연이 가난한 일상 속에서도 글쓰기를 포기하지 않고 끈질기게 썼다는 것을 짐작할 수 있는 대목이 있다. '마침내 돈이 떨어지면 헌책방 거리에 가서 책을 팔았다. 주로 소설이었다. 이야기를 팔아 이야기를 사들였다.' 참으로 처절한 상황이다. 그래도 글쓰기는 멈추지 않았다. 하루 한 끼를 겨우 해결하면서도 그의 글쓰기는 계속되었다. 책 제목처럼 『매일 쓰고 다시 쓰고 끝까지 씁니다』가 그의 글쓰기 비법이 아닌가 싶다.

『서울대 인문학 글쓰기 강의』는 책 제목 그대로 저자 이상원 교수가 서울대 학생들에게 글쓰기를 가르치는 과정을 정리한 책이다. 이 글쓰기 강좌는 수강 신청과 동시에 마감이 되는 인기 강좌라고 한다. 글쓰기라고 하면 대개는 힘들어하고 외면하는 것이 보통인데, 학생들이 이렇듯 몰려드는 이유는 무엇일까. 그런데 막상 그 강의 진행 방법은 너무도 단순한 듯 보여 오히려 놀라게 된다.

25명 클래스에 학생들이 한 학기 동안 쓰는 글은 딱 세 편이다. 한 쪽 이상의 '나를 소개하는 글', 세 쪽 이상의 '감상 에세이', 다섯 쪽 이상의 '주제 에세이'다. 글쓰기 전에 글 계획을 발표하고 질의응답을 거치는 중에 무엇에 대하여 어떻게 쓸 것인지 확실하게 방향을 잡게 된다. 따라서 초점 없는 어지러운 글을 미리 막을 수 있다. 글의 형식과 내용은 자유이며 쓴 글은 정해진 날짜까지 온라인 강의실에 올려 모두에게 공개한다. 이렇게 올라온

25편의 글을 수업 시간마다 3~5편씩 나누어 읽는다. 어떤 글을 함께 보게 될 지는 한 주쯤 전에 미리 공지하며 학생들은 미리 이 글들을 읽고 이에 비평 답글을 달아야 한다. 이런 과정이 세 번 반복되므로 답글을 달아야 하는 글은 모두 72편이다. 그러니까 준비과정은 수업 전에 미리 이루어진 셈이다. 소위 '거꾸로 수업'의 좋은 사례로 보아도 좋을 듯하다.

수업 시간 75분은 글쓴이들과 만나는 시간이다. 자기 글에 붙은 동료들의 비평 답글에 제시된 질문에 답변한다. 답글에 제시된 의견에 동의하지 않는 경우 왜 그런지도 설명한다. 자연히 활발한 이야기가 이어질 수밖에 없을 것이다. 이러한 다 함께 읽기와 답글 달기를 계속하는 이유는 이렇다. 다른 사람의 글에 답글을 달아야 하므로 집중하여 글을 읽고 객관적으로 분석하게 된다. 동료들의 글을 읽고 잘된 부분에 감탄하고 아쉬운 부분을 찾아내며 보완 방향을 고민하는 것이 결국 글쓰기 공부이기 때문이다.

이렇게 이야기를 나눈 다음 자기 글을 수정하여 온라인 강의실에 다시 올린다. 실질적 퇴고 과정이다. 수정본에 대한 답글은 지정 독자만이 달게 하여 부담을 줄인다. 다면적 글쓰기 놀이판이 형성된 것이다. 또한 저자는 자신의 글쓰기 강의를 '강의가 없는 강의'라고 하며 '우리의 글쓰기 강의에는 강의 즉, 선생이 일방적으로 설명하고 시간이 단 1분도 들어가지 않는다'고 고

백하고 있다. 대신 학생들이 서로 질문하고 의견을 나누는 데 모든 시간을 할애한다. 이는 글쓰기가 아니라도 모든 교실 수업에서 따라야 할 자율·협동·탐구 학습을 구체화한 좋은 본보기라고 할 수 있다. 교수의 일방적 강의가 아니라 학생들의 자발적 활동으로 모든 과정이 수행되므로 활발하고 실질적인 효과를 기대하게 된다. 글쓰기 그 자체의 효과적 달성은 물론이지만, 삶의 여러 면을 풍부하게 이야기하면서 자신을 돌아보는 아름다운 글쓰기 시간이 상상된다.

저자는 다시 『나를 일으키는 글쓰기』를 내놓았다. 읽는 책이 아니라 쓰는 책이다. 글감을 제시하고 글감에 맞춰 생각을 써보는 워크북 형태이다.

5장

새로운 생각을 가꾸다

번쩍 생각이 났어요

'두부 한 모가 있다. 어떻게 하면 세 번 잘라서 여덟 조각의 두부가 나오게 할 수 있을까?'

아이들은 금방 해결할 수 있다는 듯이 공책에 사각형을 그려서 이리저리 선을 그어가며 답을 찾아내려고 한다. 안 되면 사각형을 다시 그려서 답을 찾아본다. 사각형 그려 보기를 반복한다. 네 번 자르면 여덟 조각이 쉽게 나올 수 있지만 세 번이라니 좀처럼 답을 찾을 수 없다.

정민이는 베란다에 혼자 앉아서 문제를 풀고 있다. 그런데 공책에 그려보거나 뭘 딱히 골똘히 생각하는 표정은 아니다. 여기저기 둘러보며 손가락으로 연필만 돌리며 관심 없다는 듯 앉아 있다. 가까이 다가가 한마디 했다.

"정민아, 뭐 하고 있니?"

"…"

반응 없이 시큰둥하다. 선생님이 주의를 환기하였는데도 여전히 멍 때리는 태도였다. 그렇게 한참 시간이 지났다. 그러더니 갑자기 정민이가 벌떡 일어나며 소리를 지른다.

"야! 생각났다!"

"방법이 생각났니?"

정민이는 "네?" 하며 자신 있게 대답한다. 손으로 자르는 흉내를 내며 이렇게 위에서 두 번 자르고, 또 옆으로 자르면 여덟 개가 나온다며 자신 있게 설명한다. 그런 생각을 하게 된 실마리가 궁금하다.

"정민아, 어떻게 해서 그런 생각이 나게 되었니?"

"아아! 그건 말이에요. 이 통에 쌓기나무토막이 많이 있잖아요. 나무토막을 쳐다보고 있는데 갑자기 생각이 떠올랐어요."

정민이 옆에는 쌓기나무토막이 가득한 상자가 있었다.

"아! 그렇구나. 나무토막을 보고 해결 방법을 찾았구나. 난 그것도 모르고 정민이가 딴짓하는 줄 알았거든. 정말 어려운 것을 잘 풀었네. 어려운 퀴즈를 해결했으니 잠깐 밖에 나가 쉬었다 들어올래?"

다른 아이들에게 해결 방법이 새어나가지 않게 하려고 정민에게 자유 시간을 주었다. 정민이가 나름대로 문제해결에 집중하고 있는 것도 모르고, 오히려 빈둥대고 있는 것으로 보였다. 선생님의 은근한 압력에 정민이는 어떤 느낌이 들었을까? 겉으로 보이는 모습으로 아이를 가늠한 큰 실수였다. 두리번거리다 통에 있는 나무조각에서 해결의 실마리를 찾아낸 정민이의 태도야말로 머리를 쥐어짜는 어떤 모습보다도 더 진지한 태도가 분명하다.

"선생님, 어려워요. 힌트 주세요."

다른 아이들이 구원을 요청한다. 그런데 막상 힌트를 주려고 해도 마땅한 방법이 없다. 두부는 평면이 아니라 입체라는 생각을 하지 못하여 방법이 막히는 듯하다. 그래서 아이들에게도 나무토막을 나누어 주고 힌트를 얻어보라고 했다. 그래도 달라지는 것은 없었다.

'진짜 두부를 갖다주면 혹시 해결 방안이 떠오를까?'

가까운 슈퍼로 가서 두부 한 모를 사 왔다. 아이들이 둥글게 앉아 쟁반에 놓은 두부를 살펴보면서 방법을 찾아본다. 석준이는 금방 알겠다며 자기 자리로 돌아갔다. 두부를 가운데 놓고 손가락으로 자르는 시늉을 한다. 이제야 두부를 칼로 자른다는 구체적 행위가 머릿속에 들어온 것이다. 평면 사각형이나 나무토막에서는 세 번 자른다는 의미와 연결이 되지 않았다. 실제 두부를 쳐다보자 생각이 났다며 하나씩 둘씩 자기 자리로 돌아갔다.

이제 아이들이 찾아낸 방식대로 두부를 직접 칼로 잘라봤다. 칼로 두부 옆면을 둘로 자르고 다시 윗면을 십자로, 또는 엑스자로 자르면 세 번 잘라서 여덟 조각이 나온다. 아이들은 자기가 생각한 대로 두부를 자르는 장면을 재미있게 바라본다. 여기서 십자나 엑스자로 먼저 자르고 옆면을 자르려면 두부가 흩어져 훨씬 복잡하다는 사실도 알게 되었다.

이렇게 해서 오늘의 퀴즈가 해결되었다. 쟁반 위에 여덟 조각으로 잘린 두부가 가지런히 쌓여 있다. 누군가 말했다. "먹고 싶다." 두부도 차갑고 날씨도 추운데 서로 먹겠다고 한다. 정수기의 뜨거운 물을 받아 두부 조각을 데웠다. 포크로 두부 조각을 하나씩 입에 넣고 맛있게 먹는다.

컵을 부숴버려요

"이 컵의 둘레와 높이는 어느 쪽이 더 길까? 컵의 높이일까, 아니면 컵의 둘레일까?"

종이컵을 가리키면서 물어본다. 아이들 대답은 금방 튀어나온다.

"둘레가 길어요."

"아닌데, 높이가 더 길어요."

"왜 그렇게 생각하지?"

한 아이가 "이거 볼래요?" 하며 컵을 들어올리면서 손가락을 벌려 컵 둘레를 재어보고 그 손가락으로 다시 컵 높이에 대본다. 어설프게 손가락으로 겨냥해 놓고도 확신에 찬 주장이다.

"그러면 어느 쪽이 더 긴지 확실하게 알아볼까?"

아이들은 다짜고짜로 자를 꺼내 온다. 컵의 높이를 먼저 자로 재어 기록한 다음, 둥근 컵의 둘레에도 긴 막대 자로 재 보려고 한다. 마음대로 잴 수가 없다. 고개를 갸웃거린다. 컵 둘레 따라 자를 돌리다가 컵을 떨어뜨리고 다시 주워서 재 보다가 이번에는 자를 떨어트리기도 한다. 어눌한 행동을 반복한다. 그러더니 컵 둘레에 눈금 1cm씩 표를 해나가면서 도막도막 이어간다. 마지막으로 모두 몇 도막인지 세어서 길이를 기록하여 컵의 높이 잰 것과 비교한다.

소민이는 컵을 종이에 엎어 놓고 원을 그린다. 이것을 모양대로 오리면 동그란 원이 나온다. 컵을 세워놓고 자로 둘레를 재는 것보다는 평면 원의 둘레를 자로 재는 것이 훨씬 편리하단다.

강현이는 공책에 컵을 엎어 놓고 컵의 둘레대로 공책에 대고 그린다. 그다음에는 그려진 원에 다시 접점이 되는 4각형을 그려 놓고서 정사각형의 둘레를 계산한다. 여기서 코너의 대각선 4개의 길이를 빼면 컵의 둘레 길이가 나온다. 작업 과정의 설명을 들어보면 차원이 높은 접근이다.

준석이는 갑자기 무슨 생각이 떠올랐는지 컵을 '부숴버리면 되겠다'고 한다. 무슨 말인지 알 수가 없다. "부숴버리는 게 뭔데?" 하고 물어보니 컵을 납작하게 만든다는 표현이다. 종이컵을 하나 갖다주었다. 종이컵의 윗부분을 눌러서 납작하게 만들어 자로 재어 본다. 눌러서 납작하게 만든 컵의 길이가 직선으로 10cm이니까 컵의 실제 둘레 길이는 이것의 두 배인 20cm이다. 그리고 높이는 쉽게 자로 잴 수 있다.

띠종이를 달라고 한다. 띠종이를 둘레대로 말아서 이를 다시 펼쳐 자로 재어 본다. 그런 다음 높이만큼 띠종이를 잘라내어 자로 재어서 둘레의 길이와 비교한다. 아이들의 생각이 조금씩 달라져간다. 즉, 자로 재야 한다는 생각에서 띠종이로 재어 보니 더욱 편리하다는 생각으로 바뀌고 있다.

이를 유심히 지켜보던 자인이가 뭔가 새로운 생각이 떠올랐다는 표정이다. 즉, 굳이 그렇게 두 번씩 띠종이를 자를 필요가 없다는 것이다. 컵의 둘레를 처음 재었던 띠종이를 그대로 컵의 높이에 대어 보면 어느 쪽이 더 긴지 바로 알 수 있다는 주장이다.

더욱 간편해진 방법이 나왔다.

우진이와 채영이는 색다른 방법을 찾아냈다. 즉 종이컵의 밑면을 오려내고 세로로 자르면 펼쳐진 부채꼴 모양이 나온다. 이것의 둘레와 높이를 자로 쉽게 잴 수 있다. 지금까지와는 전혀 다른 접근이다. 컵을 반으로 눌러서 알아보는 것에서 아예 컵을 해체해서 펼친 모양으로 만든 것이다.

컵을 반으로 접어서 알아보고, 컵을 부채꼴로 펼쳐서 길이를 비교하는 걸 보던 아이들의 머리에 또 다른 섬광이 스쳐갔다. 이번에는 컵의 윗부분 둘레를 얇게 오려내니 긴 종이끈이 생긴다. 이 종이 끈을 컵의 높이에 대본다. 자로 재보지 않아도 어느 쪽이 더 긴지 금방 구별이 되었다. 오늘의 하이라이트다.

자로 재지 않고도 비교할 수 있는 방법이 잇달아 등장한다. 점점 쉬운 방법을 찾아내며 경연을 하는 것 같다. 생각의 허물을 벗어가는 신선한 장면이다.

더 쉬운 방법 있어요

종이를 정확히 반으로 자른다. 두 개로 나누어진 종이를 돌돌 말아 컵처럼 만드는데 하나는 세로로 길게 말고, 다른 하나는 가로로 짧게 만다. 그런 다음 종이 끝에 테이프를 붙여준다.

"양쪽에 콩이 똑같게 들어갈까요?"

둘로 똑같이 나눈 종이를 아이들에게 보여주며 물어본다.

"지금 종이를 똑같이 나누었지? 이 종이로 하나는 이렇게 길쭉하게 만들고, 다른 하나는 이렇게 통통하게 만들 거야. 그러면 이 두 원기둥 중 어느 쪽에 콩이 더 많이 들어갈까?"

아직 입체원기둥을 만들기 전에, 어느 쪽에 콩이 더 많이 들어갈지 어림해보게 한다. 똑같은 크기의 종이로 만들었으므로 당연히 똑같은 양의 콩이 들어간다고 예상한다. 그다음은 완성된 두 개의 원기둥을 앞에 놓고 어느 쪽에 콩이 많이 들어갈지 다시 짐작해보게 한다. 준비한 콩을 내어 놓으니 더욱 실감이 난다.

"똑같이 들어가요."

"통통한 것에 콩이 더 많이 들어가요."

"아니야. 길쭉한 것에 더 많이 들어가요."

그렇게 생각하는 이유는 무엇일까?

"똑같은 크기의 종이로 만들었으니 콩도 똑같은 양이 들어가요."

"아니야. 키가 큰 것이 더 많이 들어가."

"아니지. 통통하니까 더 많이 들어가지."

그러면 실제로 콩을 담아 보고 어느 쪽에 많이 들어가는지 직접 알아보기로 한다. 지금까지는 개인별로 작업을 하였지만, 이제부터는 두 명씩 짝을 지어 공동 작업을 한다. 실제로 콩을 부어가면서 하는 활동이라 둘이서 협동해야 편리하게 할 수 있기 때문이다.

콩을 플라스틱 그릇에 담아 모둠별로 나누어 준다. 활동 과정 중에 모둠의 아이디어가 노출되지 않도록 세 곳으로 장소를 나누어서 활동한다. 활동에 필요한 물건이 있으면 선생님께 요청한다. 단 귓속말이나 쪽지로 요청해야 한다.

아이들은 길쭉한 원기둥과 통통한 원기둥에 콩을 담기 시작한다. 이때부터 여기저기서 큰 소리가 터져 나온다. 그릇에 있는 콩을 원기둥에 담다가 콩을 흘린 것이다. 다시 주워 담는데 작은 콩 알갱이가 손에 잘 잡히질 않는다. 간신히 주워 담다가 원기둥이 넘어지면서 이번에는 몽땅 쏟기도 한다. 그러면 서로 잘못했다고 소리도 지른다. 그러면 모둠원 한 명이 원기둥을 붙잡고 다른 한 명은 콩을 담는다. 손으로 담는 게 불편하다는 것을 알고 숟가락으로 퍼 넣기도 하고, 종이를 깔때기처럼 말아서 퍼 담기도 하고, 다른 종이컵을 가져다가 한꺼번에 푹 떠서 담기도 한다.

'우리는 저울이 필요하다. 종이컵이 필요하다. 깔때기가 있어야. 유리컵이 있으면 좋겠다. 숟가락도 필요하다.'

활동하면서 필요한 도구의 지원 요청이 이어진다. 물론 귓속말이나 쪽지로 알려온다. 새로 찾은 방법이 탄로 나지 않게 하려고 비밀 유지에 신경을 곤두세운다. 그도 그럴 것이 다른 모둠이 어떤 기구를 쓰는지를 알게 되면 금방 눈치채니 문도 잠그고 책으로 가리기도 하면서 부지런히 또 다른 방법을 찾느라 고심한다.

　　모둠별로 어떤 방법들을 찾아냈을까? 맨 먼저 콩의 개수를 세어서 어느 쪽이 더 많은지 알 수 있다고 발표한다. 어느 모둠이나 공통으로 다 해본 방법이다. 그런데 콩의 개수를 세는 방법은 조금씩 다르다. 낱개로 한 알씩 세어보기도 하고, 다섯 개나 열 개 단위로 묶어서 세기도 하고 양쪽의 콩을 길게 줄로 이어놓고 어느 쪽 줄이 더 긴가를 비교하기도 한다. 여기서 조금 더 발전하여 원기둥에 담긴 콩을 흰 종이에 각각 쏟아서 콩을 평평하게 깔아놓고 보면, 어느 쪽이 더 넓게 퍼져 있는지를 직관적으로 비교할 수 있단다.

　　저울을 이용하는 방법이 나왔다. 저울에 올려놓는 방법도 생각이 필요하다. 원기둥을 저울에 올려놓고 콩을 채우기가 매우 불편하다. 그래서 책상 위에서 원기둥에 채운 콩을 접시에 담아서 그 접시를 저울에 올리면 훨씬 편리하게 무게를 잴 수 있다고 한다. 이때 반대 의견이 나온다. 콩의 무게를 재는데 접시 무게까지 잴 필요가 있을까? 고개를 갸우뚱한다. 그러더니 다른 아이가 자기의 생각을 이야기한다. 그건 똑같은 접시에 담아서 달아보는 것이므로 비교하는 데는 상관이 없다고 한다.

　　간접 비교 형태의 방법도 있다. 두 개의 원기둥에 담은 콩을 다시 똑같은 종이컵에 각각 쏟아본다. 그러면 어느 쪽 콩이 더 많은지 쉽게 알 수 있다. 여기에서 좀 더 발전된 방법이 등장한다.

이번에는 종이컵 대신 같은 크기의 투명한 유리컵을 활용한다. 즉, 두 원기둥에 콩을 똑같은 유리컵에 각각 부어본다. 그러면 투명 유리컵이므로 어느 쪽 콩이 더 많은지를 눈으로도 금방 비교할 수 있다.

이번에는 더욱더 간단한 방법이 나타난다. 통통한 원기둥에 가득 담은 콩을 다시 길쭉한 원기둥에 쏟아본다. 이때 콩이 넘치거나 모자라는 것에 따라 어느 쪽 콩이 많은지 판단할 수 있다. 두 가지 원기둥에 각각 콩을 담지 않고도 알 수 있는 간편한 방법이다. 점점 쉬운 방법이 비집고 나온다.

그러자 더 새로운 방법이 있다고 한다. 길쭉한 것에 콩을 가득 담는다. 그리고 통통한 원기둥을 그 위에 조심스럽게 덧씌운다. 망원경 모양이 된다. 이제 길쭉한 원기둥을 살며시 들어내면 콩이 통통한 곳으로 저절로 옮겨진다. 이렇게 편리한 방법을 알고 나니 마술을 보는 것 같다.

어느 쪽에 콩이 많이 들어갈까? 이렇게도 해보고 저렇게 해본 방법들을 발표하고 들어보면서 우리가 해본 방법의 불편한 점은 무엇이고 저쪽에서 새롭게 나온 아이디어는 무엇인지 파악할 수 있게 된다.

이렇게 어느 쪽에 콩이 많이 들어갈까 알아보는 공부가 끝이 났다. 이제는 콩으로 그림을 그려보자. 콩으로 방바닥이나 책상에 모자이크 그림을 그리는 활동이다. 콩을 마음대로 이동하면서 얼마든지 자기의 생각을 표현할 수 있다. 지우개가 필요 없다. 손으로 쓱쓱 밀면서 더하고 빼며 마음대로 자기가 그리고 싶은 것을 표현할 수 있다. 아무런 자국을 남기지 않고 얼마든지 이리

저리 바꿀 수 있어 거리낄 것이 없다. TV에 나오는 모래 그림보다
더 재미있다.

다 내 덕인 줄 알아라

네 개의 선분으로 둘러싸인 사각형을 그려보기로 한다. 될 수 있으면 새로운 모양으로 사각형을 여러 가지로 그리는 것이 좋다. 상진이의 공책에 괴상한 사각형을 하나 그려주었다. 아이들은 어떻게 하는 것인지 알겠다며 공책에 열심히 사각형을 그리기 시작한다. 한나가 윗변은 길고 아랫변은 짧은 사각형을 그렸다. 화분 모양이라고 할 수 있다.

"선생님, 이거 봐요."

한나가 방금 그린 사각형에다 손잡이를 그려 넣고 무늬를 넣어 예쁜 가방 모양으로 변신시켜 놓았다.

"와, 멋지다. 사각형이 예쁜 가방으로 깜짝 바뀌었네!"

다른 아이들이 뭔가 하고 바라보며 궁금해한다. 한나의 공책을 아이들에게 보여주었다. 그러자 아이들도 자기가 그린 사각형을 다른 그림으로 변신시키기 시작한다. 상진이는 선생님이 그려준 사각형에 유리창을 그리고 바퀴를 달아 멋진 자동차로 탄생시키며 즐거워한다.

"야, 상진이는 자동차를 만들었네!"

아이들은 자기도 만들었다며 각자 공책을 펴 보인다. 치마, 쥐, 국기, 로봇, 화분, 컵 등 여러 가지 모양을 자랑한다. 아이들은 신나는 표정이다. 내가 그린 간단한 사각형에서 새로운 모양이 태어난다는 기쁨이 대단하다. 한 가지 완성되면 다른 사각형을 또 그려서 여기에 새로운 상상의 그림을 만들어 낸다. 도형의 일부를 제시하고 이것이 들어가는 독창적인 그림을 그리는 작업은 창의성 교육프로그램에서 흔하게 볼 수 있는 활동이다. 말하자면 이러한 프로그램이 아이들에게서 저절로 만들어져 나온 것이다.

몇 가지 해보면 싫증이 나겠지 하며 분위기를 살펴봤다. 그런데 단 한 사람도 작업에서 벗어나는 아이가 없다. 사각형을 만들고 그것을 넣어 그림을 그리는 창의 활동을 끝없이 계속하고 있다. 만약 이러한 것을 학습지 형태로 만들어 나누어 주고 같은 활동을 하라고 하면 제시된 범위 안에서 억지로 학습지를 채우고 말 텐데 이렇게 몰입하며 계속하는 모습이 놀랍기만 하다.

교사가 준비한 학습 구상은 어디로 사라지고 전혀 다른 방향으로 수업이 흘러가고 있다.

"이제 그만하고 다른 공부 하면 어떨까?"

"아니요. 더 해요. 더 해요."

하나 같이 반대다. '지금 하는 게 재미있는데 웬말입니까' 하는 투다. 어쩔 수 없네. 그래, 그러면 계속하려무나.

진영이는 자기가 그린 모양에 색칠을 한다. 사각형 모양에 치마 무늬를 곱게 색칠했다.

"진영아, 이거 네가 입는 치마니?"

"아녜요. 전 치마 안 입어요."

"왜?"

"치마 입으면 불편해요. 막 움직이지도 못하고 나빠요."

"그럼 이 치마는 누구 거지?"

"내 동생 거요."

자기는 치마를 안 입지만 동생의 치마는 예쁘게 만들어 주고 싶은가보다. 진영이는 『수학식당』 1권 말고도 2권, 3권을 다 사서 읽었다며 자랑한다. 한 권만 도서 목록으로 제시했는데 2권과 3권을 더 읽었다면 그만큼 재미가 있었다는 이야기가 된다.

"얘들아, 진영이 봐라. 이렇게 세 권을 다 읽었단다."

"어디 봐?"

"와! 재미있겠다. 나도 더 사달라고 해야지."

잠시 독서 활동의 지평이 넓어지는 순간이다.

다시 사각형 마술이 계속된다. 많게는 스물다섯 가지를 만들었고 적게는 열두 가지를 그렸다. 그러는 사이 공부 시간이 끝나간다.

"그럼 이제 그만하고 자기가 만든 것 중에서 하나만 골라서 색칠해 볼까?"

아이들은 자기가 그린 많은 그림 중에 하나를 골라서 예쁘게 색칠한다. 완성한 그림을 한 사람씩 보여준다. 생각하지 못한 그림들을 보고 감탄한다. 이렇게 공부 시간이 끝났다. 한나가 한마디 한다.

"너희들, 내 덕인 줄 알아라. 나 때문에 오늘은 공부 안 하고 재미있게 놀지 않았니?"

아이들은 깔깔대고 웃는다. 하고 싶은 걸 실컷 했으니 놀기만 한 것이다. 그러나 놀기만 했어도 진짜 공부가 되어 오히려 선생님이 고맙다. 오늘도 아이들이 선생님이다.

나무 막대기 깎는 아이들

기다란 막대기를 아이들에게 보여주었다. 휘지 않고 매끈한 나뭇가지의 껍질을 벗겨내서 제법 깔끔한 느낌을 주는 막대기다.

"이거 선생님이 깎은 거다."

"와! 정말이에요?"

"참 멋있다!"

2학년 아이들의 말과 행동은 아기들 표정 그대로다.

"그런데 너희들도 이런 막대기 깎아보고 싶지 않니?"

"네, 네!" 하며 바로 호응한다.

막상 산에서 준비해 온 나뭇가지를 보여주며 우리도 이걸 깎아보자고 하였더니 울상이다.

"못 해요."

"무서워요."

"엄마가 칼 쓰지 말래요."

모두 뒤로 물러선다. 옹이도 있고 그다지 곧지도 않은 나뭇가지를 깎는다는 건 우리가 할 수 있는 일이 아니라는 표정들이다. '그래, 이 녀석들 봐라.' 나뭇가지를 하나 들고 커터 칼로 껍질을 조금씩 벗겨나갔다. 회색 껍질이 벗겨지며 하얀 속살이 조금씩 나타나는 것이 신기한 듯 바라본다. 일부러 시간을 끌며 아주 조금씩 살살 벗겨나가니 아이들이 더더욱 숨죽여 쳐다본다. 시간이 지날수록 '재밌겠다, 나도 깎아보고 싶다'는 눈빛으로 바뀌어간다. 이때다 싶어 칼날을 약간만 빼서 엄지손가락으로 칼등을 살살 밀어가며 조금씩 껍질을 벗기는 요령을 알려 주었다. 그런 다음 아이들에게 칼과 나뭇가지를 나누어 주며 깎아보자고 했다.

칼로 연필도 깎아보지 않은 아이들이 제대로 나무를 깎을 리가 없다. 엉거주춤 그대로다. 칼날을 거꾸로 대고 나무를 깎으려는 아이를 보는 순간은 아찔하다. 다시 칼 사용하는 방법을 보여 주었다. 이렇게 시작하여 어쩌다 나무껍질이 조금씩 벗겨지면 재미있어한다. 아직 힘이 없고 요령이 없으니 헛손질도 많다. 그러다가 나름대로 방법을 터득하여 저마다의 방식으로 칼질을 한다. 굵지 않고 길지 않아 이리저리 씨름하다 보면 어느새 껍질이 많이 벗겨져 있다. 신문 받침을 나누어 주었으나 껍질이 사방으로 튀어 나가 방안은 온통 나무껍질로 난장판이다. 그래도 한 시간이 끝나갈 무렵엔 웬만큼 작업이 완성된다. 아이들은 껍질 벗긴 나뭇가지를 들어 보이고 내가 깎았다며 휘두르기도 한다.

깎은 나뭇가지를 집에 가져갔더니 부모님들의 반응은 서로 달랐던 모양이다. 할머니가 정말 네가 깎았느냐고 몇 번이고 물어보시더란다. 정말이라고 해도 선생님이 깎아주지 않았느냐고 또 물어보신다. 이제 이런 위험한 짓은 절대 하면 안 된다고 주의를 받기도 했단다.

"우리 엄마는 내가 말 안 들으면 이 막대기로 때려준다고 해서 감춰놓고 왔어."

나도 그렇다며 아이들이 맞장구를 친다. 그러면서 아이들은 언제 또 막대기를 깎느냐고 묻는다. 아이들의 주문에 못 이겨 2주 후에 다시 나뭇가지를 나누어 주었다. 이번에는 먼저보다 더 굵고 긴 막대를 준비했다.

　　나뭇가지 여러 개를 방바닥에 늘어놓고 마음에 드는 것을 골라서 깎게 했다. 아이들이 나무를 선택하는 기준은 모두 달랐다. 될 수 있으면 짧은 막대를 찾는가 하면, 반대로 아주 긴 막대를 고르기도 한다. 곧은 막대보다 오히려 구불구불하고 못생긴 막대를 골라 들고 이리저리 살피며 좋아한다. 아이들이 나무 깎기에 다시 몰입한다.

꿀빵 장갑

공부가 끝나고 잠시 떠들썩하던 아이들이 우루루 방을 빠져나갔다. 조금 있다가 한솔이가 헐레벌떡 뛰어 올라왔다.

"선생님. 이거요."

"이게 뭔데?"

"통영 빵이요."

한솔이가 비닐봉지를 건네며 그 속에 든 얇은 비닐조각을 보여준다. 그 비닐 조각이 무엇에 쓰는 건지는 알 수가 없었다.

"오늘은 친구들이 다 갔으니 내일 이 빵을 나누어 먹도록 할까?"

"예."

한솔이가 다시 빠르게 계단을 내려갔다. 추석 연휴에 통영으로 가족 여행을 갔다가 그곳에서 통영 빵을 사 온 모양이다. 한솔이가 보여주었던 비닐 조각이 무엇인지 궁금해서 다시 꺼내 봤다. 그제야 '아! 그렇구나!' 하고 깨달았다. 한솔이가 왜 리플릿에 붙어 있는 비닐조각을 굳이 꺼내서 보여주고는 후닥닥 뛰어나갔는지를 짐작할 수 있었다. 엄지와 집게손가락을 집어넣을 수 있게 만든 일회용 비닐 집게였다. 이것으로 기름진 꿀빵 하나를 집어 보니 손가락에 기름이 전혀 묻지 않았다.

'아, 정말 굿 아이디어구나!'

한솔이는 통영에서 이 빵을 사 먹다가 비닐 집게 아이디어가 신기해서 일부러 빵을 사 온 것 같다. 조금 전에 한솔이가 그걸 설명하려고 비닐을 꺼내 보였던 건데, 나는 눈치채지 못하고 그냥 지나쳐버린 것이다.

다음날, 한솔이가 가져온 비닐 집게를 아이들에게 하나씩 나누어 주었다. 아이들은 웬 비닐 조각이지 하며 고개를 갸웃댄다.

"얘들아, 이게 뭐 같으니?"

물론 한솔이는 입을 다물고 모르는 척한다. 비닐 조각을 이리저리 살펴보며 그 용도를 짐작하여 이야기한다. 그런데 빵 먹을 때 사용하는 집게라는 이야기는 나오지 않았다. 이때 빵을 나누어 주었다.

"한솔이가 통영 놀러 갔다 사 온 꿀빵이다. 맛있게 먹어라."

그제야 아이들은 이 비닐 집게가 뭔지를 바로 알아차린다. 엄지와 집게에 비닐을 꿰고 빵을 맛있게 집어 먹는다. 손에 꿀이 조금도 묻지 않는다. 영진이는 일기에 이렇게 남겨놓았다.

학교가 끝나고 봉암에 갔다. 갑자기 선생님께서 무슨 대일밴드 같은 것을 나누어 주셨다. 이상한 점은 한솔이에게는 주지 않았다. 오늘은 공부를 안 해서 좋겠다는 마음도 생겼다. 이것은 무엇에 쓰이는 물건일까? 선생님의 질문이다. 알 수가 없다. 갈라진 얇은 비닐 조각이 무엇에 쓰일지 생각이 떠오르지 않았다. 우리가 멍하게 있으니 선생님께서 힌트를 주었다.

"이것은 손에 사용하는 것이다."라고 하셨다. 그래서 손에다 모든 것을 다 해봤다. 그러다 갑자기 좋은 생각이 났다. 비닐장갑과 닮은 점이 많다는 것을 말이다. 장갑처럼 손가락을 넣는 부분이 있었다. 그래서 "혹시 이거 손가락에 넣어서 양념 묻은 것을 먹을 때 끼는 거 아니야!"라고 말했다. 그때 선생님께서 아주 맛있는 꿀빵을 나누어 주셨다. 비닐을 손에 끼워서 꿀빵을 먹어보니 손에 꿀이 묻지 않았다. 정말 맛있었다. 이렇게 쓰이는 곳은 해결되었다. 그런데 선생님은 또 문제를 주셨다. 꿀빵을 먹을 때 쓰는 이 비닐의 이름을 지어주자는 것이다. 나는 '꿀빵 장갑'이라고 했다.

사전 케이스를 벗길까, 말까?

아이들이 수시로 활용하게 사전을 종류별로 여러 권을 갖춰 놓았다. 그러다 보니 공간이 부족하고 케이스에서 사전을 빼고 다시 넣을 때마다 번거롭다. 그래서 아예 케이스가 없으면 오히려 사용이 편리할 것 같아 케이스 10여 개를 모두 빼내서 폐휴지로 버리려고 묶어 놓았다.

"선생님, 왜 이렇게 껍데기를 묶어 놓았어요?"

"책꽂이 공간도 좁고 너희들도 케이스에 넣었다 뺐다 하느라 불편한 것 같아 버리려고 그래. 너희들 생각은 어떠니?"

아이들의 생각은 서로 갈렸다.

"케이스가 있으면 사전을 사용하기 불편하고 또 책꽂이 공간이 좁아 정리할 때도 힘들어. 그리고 사전을 잘못하다가 떨어트리면 다칠 염려도 있어. 그래서 버리는 게 좋을 것 같아."

"케이스를 빼놓는다고 공간이 얼마나 더 넓어질까? 만약 케이스를 제거하면 사전이 일그러지고 더 망가질 수 있어. 원래 케이스가 없던 사전들은 표지가 다 떨어져 나가고 안에 있는 내용도 찢겨 나갔잖아."

케이스를 버리지 말고 그대로 사용하자는 의견이 더 많고 타당하다는 분위기였다. 케이스를 버리려던 생각을 접어야 했다. 하진이는 여기서 더 나아가 새로운 제안을 했다. 케이스에 사전을 넣고 빼기가 불편하다면, 케이스 한 면을 아예 잘라서 케이스 자체를 여닫게 만든다는 것이다. 하진의 말대로 케이스 한 면의 양쪽을 칼로 잘라 봤다. 사전을 넣고 빼기가 너무 쉽다. 모두 탄성이다. 그리고 케이스에 찍찍이를 붙여 고정하면 더욱 편리할 것 같다고 또 아이디어를 내놓았다.

　　하진이는 케이스를 하나 집으로 가져가더니 찍찍이를 붙이는 작업을 완성하고 그 사진을 보내왔다. 다음 날 하진이가 만들어 온 아이디어 케이스를 보고 아이들이 말한다.

　　"야, 특허 내라."

창의 놀이 한마당

건국대학교 충주캠퍼스에서 창의 마당이 열렸다. 이 대학 교수인 윤찬 아빠가 마련한 프로그램이다. 두세 명씩 한 팀으로 하고 팀 이름을 만들었다. '느낌표, 미존, 536, 또돌이, 뽀롱이, 민아, 개발 걸 팀' 등 재미있는 이름이 만들어졌다. 팀 편성이 끝나고 네 개의 과제를 받았다.

- 종이 오래 띄우기
- 달걀을 떨어뜨려도 깨지지 않게 구조물 만들기
- 신문지를 사용해서 바벨탑 쌓기
- 빨대 세우기

간단하면서도 많은 생각과 협동이 요구되는 주제들이었다. 2학년 어린 동생들의 톡톡 튀는 참여는 물론, 진지하게 고민하는 6학년 형 누나에 이르기까지 뜨거운 분위기다.

종이 오래 띄우기는 A4 용지와 클립, 가위, 테이프를 나누어 주고 공중에 더 오래 떠 있는 작품을 만드는 활동이다. 비행기를 만들어 날려보면 금방 떨어진다. 낙하산, 부메랑, 프로펠러, 바람개비, 공, 원기둥 등 서로 생각을 모아 만든 것을 띄워본다. 팀별로 띄울 때마다 모두 함께 손뼉 치며 좋아한다.

하지만 공중에 떠 있는 시간은 1초도 안 되었다. 4학년 서연이와 서정이가 만든 것이 3초를 넘겨 1등이다. 작은 직사각형의 종잇조각이었다. 다른 팀들은 오랫동안 생각하고 집중하여 이것저것을 만들었지만 1초도 넘지 못하는데, 겨우 사각형 종잇조각이 비행시간 3초를 넘었다. 엉뚱한 생각이 히트한 것이다.

달걀을 떨어뜨려도 깨지지 않게 하는 프로젝트에 아이들의 흥미가 고조된다. 날달걀을 떨어뜨려도 깨지지 않게 한다? 말만 들어도 아슬아슬하다. 종이 10장, 빨대 30개, 나무젓가락 15개, 칼, 가위, 테이프, 실이 준비물이다. 테이프로 감고 종이로 싸고 빨대를 이용하고 나무젓가락으로 구성물을 만들고 온갖 창의력이 동원된다.

준석, 우상, 태훈이 팀은 달걀이 깨지지 않게 하려고 안간힘을 쓰는 모습이 뚜렷하다. 종이에 고무줄을 촘촘히 붙여 달걀에 둘러서 충격 완화작용을 할 수 있게 만든다. 그리고 종이 7장 정도에 빨대를 붙여 2차 완화작용을 할 수 있게끔 한다. 지금까지 만든 것을 달걀에 둘러준다. 여기에다 남은 종이를 달걀에 원통 모양으로 계속 두르고 테이프로 붙여서 완성했다. 그러고 나서 다시 충격을 더 줄여 주기 위해 나무젓가락 8개를 붙였다. 겹겹이 둘러서 깨지지 않게 하려는 작전이 치밀하다.

소진과 규미 팀은 '낙하산'이 떠올랐다. 우선 규미는 달걀이 무사할 수 있는 달걀 집을 만들었다. 종이로 싸고 빨대로 삼각형 모양의 집을 만들고 달걀 집에 공간을 비운 낙하산을 만들었다. 소진이는 달걀이 땅으로 떨어지는 순간 깨지는 것을 막기 위한 나무젓가락으로 삼각형을 만든 후 고무줄을 숫자 1처럼 이어

붙였다. 규미의 달걀 집과 낙하산 그리고 소진이의 충격 방지 장치가 합쳐지니 제법 그럴싸한 장치가 되었다.

윤찬, 성훈, 동현이 팀은 처음부터 낙하산이었다. 빠르게 커다란 낙하산을 만들었다. 실험할 기회는 단 한 번이다. 그것이 깨지면 이제 연습은 할 수 없다. 낙하산이 너무 커서 셋이 한꺼번에 들었다. 달걀은 깨지지 않았다. 안정적으로 사뿐히 내려앉았다.

2미터 높이에서 떨어뜨리는 1차 예선에서 달걀이 깨지지 않아야 2차 본선으로 올라간다. 모두 둘러서서 숨죽이며 예선을 지켜봤다. 책상 위에 올라가서 떨어뜨리는 아이들의 손은 어느새 바르르 떨리고, 밑에서 지켜보는 팀원들은 손을 가슴에 모으고 있다. 바닥에 무사히 안착할 때마다 함성이 터졌다. 모두 정성껏 만들고 아이디어를 넣어서 예선은 거의 통과했다.

이번에는 건물 2층에서 떨어뜨리는 본선이다. 2미터 높이는 한눈에 들어왔지만 2층에서 내려다보니 까마득한 높이다. 아래를 보기 겁이 난다고 눈을 꼭 감고 떨어뜨린다. 우리 팀이 달걀을 떨어뜨리는 순간에는 아래 팀원들도 손으로 눈을 가린다. 모두 긴장하는 순간이다.

첫 번째 팀 낙하! 콘크리트 바닥에 떨어진 작품의 결과가 궁금하다. 낙하시킨 아이는 지체없이 일 층으로 빠르게 내려간다. 결과가 어떻게 되었을까? 이번에는 냉정하다. 떨어질 때 깨졌는지 알 수 없을 때는 여지없이 칼로 해체한다. 달걀을 꺼내서 깨졌는지를 세밀하게 살펴보고 성공 여부를 판단한다. 조금만 실금이 갔어도 탈락! 엄격한 심사 과정이다. 합격과 실패의 신호가 나올 때마다 실망과 환희가 교차한다.

세 번째 과제는 신문지 열 장으로 바벨탑 쌓기이다. 풀도 없고 끈도 없다. 오로지 신문만으로 탑을 높게 쌓아야 한다. 둘둘 말아 높이 이어보지만 세워놓으면 쓰러진다. 고민이다. 삼각 받침으로 출발하기도 하고 똬리 받침이 등장하기도 한다. 급한 나머지 신문지를 마구 구겨서 받침을 만들기도 한다. 신문지를 갈기갈기 찢어 바닥에 쌓아 놓고 그 속에 신문 막대를 세워보기도 한다. 꼬아 올리기, 찢어 묶기, 모닥불, 캠프파이어, 고깔모자, 돌탑 등 여러 형태의 모양이 생겨났다. 상아와 혜민이는 먼저 고깔모자를 만들고 가운데 구멍을 낸 후 신문지를 돌돌 말아 끼워 점점 가늘게 올라가게 하여 181센티미터로 제일 높은 탑을 쌓았다.

마지막으로 빨대 50개를 가지고 높이 세우는 과제다. 스카치테이프나 접착제 등을 쓰지 않고 세워야 한다. 나름대로 방법으로 빨대를 세웠으나 어느 정도 올라가면 이리 쓰러지고, 저리 쓰러진다. 2인 1조가 되어 머리를 맞대고 저절로 진지해진다. 30분쯤 시간이 지나자 빨대를 세우는 방법이 다양해진다. 쓰러진 빨대를 고정하는 방법을 찾는다. 여러 빨대를 묶어 밑받침을 튼튼하게 고정하여 세우는 팀, 돛단배처럼 여러 빨대를 묶어서 세우는 팀 등 새로운 아이디어들이 쏟아진다.

가장 높이 세운 팀은 4학년 강현, 태훈, 종훈 팀이었다. 어른 키보다 큰 185센티미터의 기록이다. 처음에는 열십자로 세웠으나 힘이 없어서 여섯 가닥으로 발을 만들었다. 발을 길게 이어놓으니 훨씬 튼튼해졌다. 이것을 더욱 안정되게 하려고 발과 발을 다시 연결하는 아이디어를 내놓았다. 밑바닥이 안정감 있게 서자 빨대를 계속 이어 올린다. 세 가닥으로 이어가다가 두 가닥으로 줄이고 마지막에는 한 가닥만 잇는다. 중간마다 빨대를 구부려 실로 동여매었다. 밑바탕을 탄탄하게 구축하고 빨대의 취약 부분을 제거하거나 위로 올라갈수록 가늘게 한 것이 성공 요인이었다.

집 구경

우리가 사는 집의 모양은 다양하게 변하고 있다. 거주 공간이 그 형태와 구조가 서로 다르다는 것을 느끼게 하는 것만으로도 아이들이 일정한 틀을 벗어나는 방안이 될 수 있을 것 같았다. 그래서 5학년 여섯 명과 함께 시내에 있는 집을 몇 군데 구경하기로 했다.

맨 처음 찾아간 곳은 언덕 위에 있는 집이다. 지인의 집이라 미리 연락해 두었다. 잔디 마당과 나무가 어우러진 아름다운 집이다. 울타리가 없고 사방이 탁 트여 있다. 방으로 들어가서 2층으로 올라가 내려다보니 더욱 시원하다. 함께 간 슬기 아빠는 건축 설계 일을 하고 있어 건축에 대한 여러 가지 내용을 아이들에게 가르쳐주었다. 집 앞에 있는 빈터를 가리키며 만약 너희들은 여기에 집을 짓는다면 어떻게 짓고 싶은가를 물어보기도 했다. 실제 건축 시험에도 이런 실기 테스트가 출제된다고 한다.

다음은 슬기 아빠가 맡아 건축하고 있는 공사 현장으로 갔다. 왜 이렇게 설계하여 짓고 있는가를 자세하게 설명해 주었다. 부분 부분마다 설계자의 어떤 생각이 들어 있는지를 들으며 완공된 모습을 상상했다.

다음으로 찾아간 곳은 좁은 공간을 효과적으로 이용하여 건축한 집이었다. 세모꼴의 모서리 땅에 이렇게 아름다운 집을 지을 수 있다니 놀라웠다. 자녀들을 위해 아빠가 직접 설계한 집이라고 한다. 다락방, 공부방, 놀이방 등이 재미있게 배치되어 있다. 2년 전에 어느 건축 월간지에도 소개된 적이 있었다고 한다. 생각에 따라서 얼마든지 새로운 형태의 집을 지을 수 있다는 것을 알 수 있었다.

아이들이 가장 관심을 보인 것은 좁은 땅에 지은 땅콩집이었다. '색깔이 예쁘다' '집이 귀엽다' '여기 살고 싶다'며 두루 살펴본다. 집은 붙어 있고 마당은 나누어 쓰는 구조가 앙증맞다. 차고에서 작은 나무계단을 타고 마당으로 들어가는 구조도 새로웠다.

건물 이름이 특이한 '어린 왕자의 별'은 충주시 '아름다운 건물 대상'을 받은 건물이다. 어린이집이나 공공건물을 떠올리는 이름이지만 개인 주택이었다. 아이들의 호기심을 자극하기에 충분했다. 개인 주택이라 안으로 들어갈 수는 없어 아쉬웠다. 밖에서 보아도 동화 나라에 나오는 그림 같은 집이다.

금곡마을은 산 밑에 새로 조성된 전원 마을이다. 입구 도로는 좁지만 일단 마을에 들어가면 여기저기 널찍하게 길이 잘 조성되어 있다. 전원 마을로 집의 형태가 모두 다르다. 비슷한 집이 없다. 집마다 서로 달라 건축 잡지를 보는 것 같다. 우리가 집 구경하기에 안성맞춤인 마을이다. 잔디마당이나 정원수가 아름답고 쾌적하다. 한 바퀴 돌아 내려오면서 내가 살고 싶은 집을 골라 그 집 앞에 서서 사진을 찍었다.

건물을 이렇게도 지을 수 있구나

건축가들이 뽑은 '한국 대표 건축물 베스트 & 워스트' 기사를 5학년 윤찬이가 소개했다. 한강 선유도공원, 공간 사옥, 쌈지길, 파주출판도시, 웰콤 시티가 좋은 건축으로 뽑혔다. 아이들도 호기심을 보인다. '어떤 건물이기에 좋은 건축으로 선정되었을까?' 우리는 인터넷 자료를 보면서 이들 건물에 대한 특징을 조사했다. 건축물마다 그 건축만의 독특한 철학과 구조를 갖추고 있었다. 설명과 이미지로 건축물을 살펴보면서 '직접 가서 보면 어떨까?' 하고 생각하게 되었다. 우리는 이미 개인 주택과 공공건물을 돌아본 경험이 있어서 이번에는 전국적으로 이름난 건축을 돌아보는 시간을 갖기로 한 것이다.

제일 먼저 들른 곳은 서울 한강의 '선유도공원'이다. 서울 한강의 선유도공원은 과거 정수장 시설을 철거하지 않고 재활용하여 만든 생태공원이다. 오기 전에 충주의 정수장을 미리 견학했다. 정수장의 개념을 머리에 그려놓고 이곳 선유도공원을 새로운 시각으로 바라보기 위해서였다. 헌 건물은 무조건 철거하고 새로 짓는다는 일반적인 생각과는 달리, 시멘트 기둥이나 수로, 헌 지붕을 그대로 이용하여 조성한 공원이다. 미로 같은 길이 재미있다. 어느 길로 들어가도 좋고 어느 길로 나와도 좋다. 수생식물을 심어놓은 커다란 콘크리트 화분을 밑에서도 볼 수 있고, 더 높은 위치에서도 볼 수 있다. 시멘트 기둥에 덩굴 식물을 올려 식물 기둥을 만든다. 곳곳에 쉬어 갈 수 있는 공간이 있다. 시간이 많다면 그냥 온종일 편하게 놀고 싶은 공원이다. 정수장이 이렇게 멋진 공원으로 변신한 것이 놀랍다.

파주 헤이리 마을은 예술인들이 모여 조성한 문화 마을이다. 이곳 또한 예술인들의 독특한 개성을 뽐내는 건축물의 종합 전시장 같다. 근현대사 박물관은 아이들에게도 관심을 끄는 구성이었다. 옛날 교실과 시장 풍경은 엊그제 우리 어른들의 생활 환경 그대로였다. 효진이가 이를 감지했다는 듯 "선생님은 옛날 추억에 감회가 새로우시겠군요." 하며 지나간다.

그렇다. 감회가 새롭다. 옛날 지폐를 보니 어릴 때 세배를 하고 나면 아버지가 주시던 그 지폐가 떠오른다. 15원짜리 시내버스표와 기차표 또한 지난날을 떠올리게 한다.

다음에는 인형박물관과 토이 박물관 중에서 어느 곳으로 갈까 물어봤다. 대부분 아이들이 토이 박물관을 선호했다. 5, 6학년은 자유 견학을 희망했다. 밖으로 나와 금산갤러리(백순실 미술관)를 찾았다. 건물 벽으로 나무줄기가 뚫고 나와 있는 사진이 특이하였고 궁금했다. 거대한 상수리나무의 줄기가 둘러쌓은 벽 구멍으로 나와 있다. 나무를 그대로 두고 그 주위로 집을 지은 것이다. 헤이리 마을은 이렇게 특별한 건축물이 가득하다. 이동 오픈 카로 중요 지역을 이동하면 훨씬 전체의 모습을 파악하기 쉽겠다는 아쉬움이 있었다.

파주출판도시는 말 그대로 우리나라의 이름 있는 출판사가 모두 모여 있는 계획도시다. 출판사마다 별난 주제를 갖고 설계한 건축물들이 하나의 도시를 이루고 있다. 마치 건축물 박람회를 연상케 한다. 지혜의 숲에서 8미터 높이의 거대한 서가에 꽉 꽂힌 책들에 감동한다. 이 서가를 돌면서 마치 책의 성지에 온 것 같은 엄숙함을 느낀다. 책의 숲속으로 들어온 느낌이다. 많은 사람이 책 읽는 모습이 아름답다. 진성이와 영훈이도 어느새 책을 가져다 탐독하고 있다. 책을 판매하는 서점도 있다. 그중에는 헌책방도 있다. 가격이 아주 싸 아이들은 한두 권씩 모두 사 들고 나온다. 밖으로 나와 걸어가면서도 책을 읽는 아이들도 있다. 차가 출발하려 인원을 확인하니 여러 명이 없다. 엄마들이 되돌아 가 아이들을 찾아왔다. 책을 읽다가 일행을 놓친 것이다. 우리는 박수로 지각생들을 환영했다.

　　서울로 와서 우리가 찾아간 곳은 창덕궁 옆에 있는 '공간 사옥'이다. 건축가들이 꼭 한 번은 찾는다는 '건축의 교과서'라고 한다. 개인 소유의 건물인데 너무 많은 사람이 찾아와서 토·일요일만 예약제로 공개하는데 서현 엄마가 사정하여 허락을 받아냈다. 초등학생 방문은 우리가 처음이라면서 친절하고 자세하게 안내해주었다. 여러 개의 층이 서로 개방된 구조가 독특하다. 위에 층에서 아래층의 사무실이 모두 내려다보이게 설계되어 있다. 장난감 같은 층계가 즐겁다. 담쟁이가 뒤덮인 검은 벽이 시간을 말해준다. '사람을 생각하는 건축'이란다.

　　유리를 소재로 지은 옐로 스톤(서울 서교동의 상가)의 겉모양은 로봇인지, 우주선인지 분간하기 어려운 모습이다. 어떻게 유리로 저런 모양을 만들어 낼까? 아직 완공되지 않아 들어가 볼 수는 없었다.

마지막으로 들러본 곳은 강남구 대치동의 복합문화공간 크링이다. 원을 테마로 하여 지은 건물이다. 안으로 들어서며 모두 함성을 지른다. 흰색과 시원한 공간, 모든 것이 원으로 이루어져 있다. 파도를 생각나게 하는 긴 의자, 다랑논 같은 계단식 스탠드와 원형 화장실 등 창의적인 문화 공간이다. 그래서인지 내려오는 차 안에서도 크링이 아이들에게 화제였다. 소민이는 크링의 휴게실에서 음료 한 컵 마시지 못한 게 아쉽다고 했다. 이야기를 듣던 기사 아저씨도 크링에 있는 화장실을 가보지 못한 것이 아쉽단다.

　　아직은 전문적으로 건축을 바라볼 수 있는 단계는 아니지만 '건물을 이렇게 여러 가지 모양으로 지을 수도 있구나!'라고 어렴풋이나마 느낄 수 있었을 것이다. 이러한 경험이 아이들에게 사물을 다양하게 바라보는 시각을 키우는 계기가 되었으면 좋겠다.

내가 갖고 싶은 컵

　　각자 자기가 갖고 싶은 컵의 모양을 공책에 그려보도록 했다. 열매 컵, 나뭇잎 컵, 돌 컵, 손 컵 등 재료가 특별한 컵도 있고, 기능을 복합한 것도 있다. 모양을 새롭게 만든 것도 있다. 컵을 그린 공책을 보여주며 각자가 생각한 컵을 설명했다. 친구들의 설명을 들으면서 새로운 생각의 옹달샘이 만들어진다.

　　"너희들 아마 이런 컵은 못 봤을걸."

　　감춰 둔 컵을 보여주자 아이들은 얼굴을 찌푸린다.

　　"아니 저게 뭐야, 저게 컵이라고? 똥 모양이잖아요."

　　컵 밑에서 뚜껑까지의 전체 모양이 소복한 똥 모양으로 생긴 컵이다. 아이들이 술렁인다. 말이나 되느냐는 듯 코를 막고 야단들이다. 똥을 소복하게 쌓은 모양의 컵을 보고 상을 찡그리며 책상을 두드리며 웃는다. 뚜껑을 열어 보니 속은 깨끗한 도자기다. 수도꼭지로 가져다 물을 받아 와서 마셨더니, 아이들 눈이 더 동그래진다.

　　"그런데 얘들아, 이 똥 컵이 대박을 터뜨렸거든! 이 컵이 처음 시장에 나왔을 때 날개 돋친 듯이 팔려나갔대."

　　아이들은 못 믿겠다는 분위기다.

　　"그런데 놀라지 말아라. 이런 모양으로 사탕도 만들었거든. 역시 불티나게 팔렸대."

"뭐라고요? 똥 사탕을 먹는다고요?"

아이들은 또 책상을 두드리며 더 크게 웃어댄다.

"정말이야. 똥 사탕이라니까! 똥 컵, 똥 사탕이 인기를 끌었다니까! 그런데 이 똥 컵보다 더 멋진 컵을 보여주려고 해."

"똥 컵보다 더 멋진 컵이 있어요?"

"힌트 하나! 지금 선생님 주머니에 있단다."

"주머니에?"

선생님 옷 주머니를 아무리 살펴봐도 컵이 들어 있을 만한 자리가 보이지 않는다.

"어디 있는지 잘 모르겠지? 그럼 내가 보여줄게."

아이들은 궁금한 표정으로 선생님을 바라본다. 윗주머니에서 컵을 꺼냈다. 둥근 컵은 아니고 네모 모양의 종이를 보고는 "아하, 저거! 목욕탕에도 있고 휴게소에도 있는 거."라며 시큰둥한 얼굴이다. 수도꼭지를 틀어 네모 모양의 종이에 물을 받았다. 물이 담기며 네모 종이가 볼록하게 불어난다. 이 컵이 똥 컵보다도 훨씬 더 신기한 컵일 수도 있다. 컵 하면 모두 둥근 컵을 떠올리지만, 이렇게 납작한 컵도 있다는 게 얼마나 놀라운가.

이번에는 인터넷에서 재미있는 컵 사진을 보여주었다. 일그러진 컵, 컵 세 개가 겹쳐진 모양의 컵, 과자 넣는 공간이 있는 컵, 받침 붙은 컵, 일회용 차 봉지를 넣어 놓는 공간이 있는 컵, 열에 따라 on과 off가 나타나는 컵 등 기발한 컵 등 아이들은 새로운 컵 사진이 나올 때마다 눈이 동그래진다.

사진을 보고 마음에 들었던 컵을 하나씩 공책에 그려보게 했다. 한 개를 그려 놓고는 더 그려도 되느냐고 묻는다. 흥미 있는 컵이 그만큼 많았다는 이야기이다. 아이들은 재미있다며 좋아하는 컵을 공책에 열심히 그려나갔다.

그날 저녁이다. 휴대폰이 울린다.

"선생님, 서정인데요. 아까 봉암에서 봤던 컵 사진 어디서 다시 보면 돼요?"

"블로그 주소가 엄청 복잡한데?"

"괜찮아요. 불러주세요."

"영어 문자도 많은데?"

"잠깐 기다리세요."

엄마나 언니를 바꾸려는 줄 알았는데 "네, 부르세요." 한다. 맹랑하다고 생각되어 웃음도 나오고, 다시 자료를 보겠다는 마음이 기특하기도 했다.

다음 날, 서정이가 공책을 불쑥 내민다. 공책에는 여러 가지 컵 모양이 가지런하게 그려져 있다. 컵 모양을 그린 솜씨도 3학년치고는 섬세하다. '선생님보다 더 잘 그렸습니다.'라고 공책에 칭찬해줬다.

"그런데 어제 왜 전화할 생각을 했을까?"

"낮에 봉암에서 본 컵을 더 그려보고 싶은데 잘 생각이 나지 않아서 전화하고 싶었어요. 그런데 엄마가 선생님 지금 주무실 때라고 전화하지 못하게 했거든요. 그래서 엄마 몰래 전화했어요."

"그래, 서정이 똑똑하다. 그런데도 선생님께 전화해서 궁금증을 풀었으니 말이야. 화면을 보면서 다시 잘 그렸겠구나!"

"예, 보면서 그림도 그리고 또 엄마 아빠 언니한테도 설명해주었어요. 그리고 똥 컵도 이야기했더니 막 웃었어요."

그러니까 서정이는 자신의 과제도 해결하면서 자기가 학습한 내용을 가족에게 뽐내며 가르쳐주는 창의성 선생님 노릇을 한 셈이다. 이다음에도 '똥 컵'과 '납작 종이컵'이 아이들에게 상징적 의미로 남아 엉뚱한 생각의 싹이 되었으면 좋겠다.

반짝이는 아이디어, 어디서 왔을까?

3학년 서현이가 서울 코엑스에서 열리고 있는 '대한민국 학생발명전시회'에 간다고 한다. 다음 날, 전시회에 다녀온 서현이의 이야기를 듣기로 했다. 서현이는 흥미 있게 봤던 작품을 친구들에게 소개했다. 아이들은 궁금한 것은 질문도 하며 이야기를 나눴다.

가위 손잡이를 넣기 편하도록 개선한 필통이 대통령상 수상작이라고 한다. 가위 손잡이 부분이 필통에 들어가지 않아 불편하니까 '가위 손잡이가 접히는 가위'를 만든 것이다. 보관할 때는 손잡이 일부분을 접어 필통에 휴대할 수 있고, 사용할 때는 빼서 가위질을 할 수 있게 만든 것이다. 간단한 아이디어로 불편을 해소한 발명품이었다.

서울에서 디자인 올림픽이 열린다 해서 이번에는 아이들과 다 같이 관람을 갔다. 차를 타고 가면서 아이들에게 '내가 만들고 싶은 의자'를 물어봤다. 20년 전, 전 세계를 감동시킨 88올림픽 개최 장소에 디자인이 들어오다니 그 자체로 의미심장하고 새로운 기분이 들었다. 안내원의 설명을 들으며 디자인 전시회와 공모전 작품 그리고 대학생들의 졸업 작품전을 봤다. 여기저기서 기발한 발상이 돋보인다. 다시 한번 디자인은 '창의성이 핵심'임을 깨닫게 된다.

디자인 올림픽을 다녀온 다음 관람한 것을 되돌아보는 시간을 가졌다. 전시품 중에서 가장 좋았다고 생각하는 '의자' 디자인 한 가지와 그밖에 기억에 남는 우수 디자인 작품을 설명하는 시간을 가졌다. 작품 이름도 그럴듯하게 붙이고 설명문도 홍보팀을 흉내낸다. 그림으로 표현하는 것도 쉬운 일이 아니지만 이를 글로 설명하는 것은 더욱더 어려운 일이다.

- 바나나 의자는 반원 모양에 조금 파인 의자이다. 거기 앉으면 재미있다. (병욱)
- 이 의자 별명은 널뛰기 의자이다. 널뛰기처럼 올라갔다 내려오기 때문이다. (성훈)
- 이 의자는 유모차와 비슷하다. 그러니까 끄는 의자가 된다. (동현)
- 실로폰 의자는 두 명이 양쪽 끝에 한 명씩 앉으면 시소처럼 흔들려서 지루하거나 심심하지 않다. 그리고 여러 색깔이 있어서 보는 눈도 즐겁다. (민지)
- 이 부메랑 의자는 5명이 앉는 의자이다. 이것을 처음 봤을 때 먹고 싶었다. 이 의자는 마음을 따뜻하게 해준다. (서정)
- 원래는 바구니가 달려 물건을 싣고 다니는 데 사용한다. 그런데 바구니 대신 의자를 달아 앉을 수 있게 했다. 뒷바퀴가 달린 의자가 된 것이다. (준석)
- 책상과 의자가 붙어 있는 리을 자 모양이다. 2인용이라서 두 명이 함께 앉을 수 있다. 또 물건을 넣을 수 있는 구멍이 있어서 신문지나 잡지도 넣을 수 있다. (소민)

- 대나무로 만든 것이다. 베개처럼 벨 수도 있고 전구 사용도 가능하다. 모양은 두루마리처럼 되어 있다. (태훈)
- 튜브 국자는 플라스틱 공기주머니가 달려서 가라앉지도 않고 수평을 이루어 국자가 국에 빠질 염려가 없다. (수한)

박성철의 『세상을 바꾼 생각 천재들』은 24가지 아이디어가 탄생한 과정을 재미있게 소개한 책이다. 이 책을 읽고 아이들은 어떤 것이 재미있었을까? 그중에서 한 가지씩 선택하여 발표하기로 했다. 이 아이디어는 누가 발명하였나, 어떻게 처음 관심을 두게 되었나, 어떤 방법으로 해결하게 되었나, 이 사람에게서 배울 점은 무엇인가를 알 수 있게 설명했다. 설명을 쉽게 할 수 있도록 실물도 준비했다. 포테이토칩, 주름 빨대, 안전면도기, 샴푸, 일회용 반창고, 신용카드 등이 소개되었다.

- 감자튀김이 두껍다고 손님에게 창피당한 요리사가 최대한 얇게 썰어서 다시 만든 요리가 나중에 포테이토칩이 되었다.
- 누워서 먹을 수 있게 주름 빨대로 만들었다. 생활에 불편한 것을 보면 고치려고 한다. 주름진 고무호스에서 아이디어가 떠올랐다.
- 안전면도기는 이발사가 빗을 대고 머리카락을 자르는 것을 보고 아이디어를 얻었다.
- 콜라병은 여자 친구의 주름치마에서 아이디어를 얻었다.
- 양털 세척제를 조금 바꾸어 샴푸를 만들었다.
- 자주 손을 베는 아내를 위해 편리한 일회용 반창고를 만들었다.
- 지갑을 가져오지 않아 식대를 내지 못하는 난처한 사장. 현금 없

이도 계산할 수 있는 방법을 찾다가 생겨난 것이 신용카드다.

그러고 보면 타고난 머리가 좋아서 멋진 생각이 술술 나온 것은 하나도 없다. 불편한 점을 해결하려는 절실함이 중요하다. 그다음은 생각을 게을리하지 않아야 한다. 그러다 보면 해결의 실마리를 찾게 된다. 참으로 우연한 것에서 힌트를 얻게 되는 경우도 있다.

목과 어깨 사이에 손전등을 끼고 어렵게 야간 단속을 하는 교통순경의 모습을 보고 어떻게 하면 저런 불편을 해결할 수 있을까 생각하게 되었다. 이렇게 시작된 고민으로 반디 라이트 펜이 탄생 되었다. 반디 라이트 펜은 불이 없는 어두운 곳에서도 글씨를 쓸 수 있게 펜 끝에 불이 들어오는 아이디어 물건이다.

아이들에게 반디 라이트 펜을 보여주었다. 반디 라이트 펜의 윗부분을 돌리니 볼펜 끝에 불이 반짝 켜진다. 밤하늘의 반딧불 같다. 아이들은 와! 하며 환호한다. 돌아가면서 반디 라이트 펜을 켰다 끄기를 반복했다. 방 안의 형광등을 꺼보자고 한다. 갑자기 방이 어두워졌다. 종이를 나누어 주고 반디 라이트 펜으로 글씨를 써봤다. 어두운 가운데 반디 라이트 펜 끝이 더욱더 환하다. 불빛이 달린 펜으로 써보는 글씨가 재미있다.

방 안이 어두워지자 이제 무서운 이야기 한 가지씩 해보자고 한다. 어두운 방 안 분위기를 살리고 싶은 마음이다. 꾸며낸 공포 이야기가 나올 때마다 아이들은 소리 지르며 책상을 두드리기도 한다. 반디 라이트 펜이 가져다준 엉뚱한 시간이었다.

아무거나 주워 와

폐교를 임대하여 여러 미술 영역을 체험 위주로 가르치는 시설에서 만들기 활동을 하기로 했다. 아이들이 긴 책상에 자리 잡았다. 오늘 학습 영역은 자연물을 이용한 만들기다. 지도교사는 먼저 무엇을 만들고 싶은가를 주제로 아이들과 잠깐 이야기를 나눈다. 그런 다음 밖으로 나가 아무거나 좋으니 나뭇가지를 비롯하여 자기가 필요한 재료를 구해 오라고 한다.

아이들은 함께 다니며 나뭇가지를 줍는다. 누군가 필요하다고 하니 은행나무의 굽은 가지도 가위로 함께 자른다. 준호는 처음부터 죽도를 만든다며 어디서 주웠는지 긴 대나무를 자랑스럽게 들고 다닌다. 무엇을 어떻게 만들 것이며 어떤 재료가 필요한지는 뚜렷하지 않다. 나뭇가지를 구해 다시 자리로 돌아와 작업은 시작되었다.

"얘들아, 여기 있는 것으로 뭘 먼저 만들어볼까?"

"잠자리, 풍뎅이, 사슴벌레, 나비."

잠자리를 만들어보자며 선생님이 먼저 조금씩 만들어간다. 아이들도 만지작거리며 흉내를 내기 시작하기만 쉽게 진전이 되지 않는 듯하다. 지도 선생님이 만드는 과정을 보며 그대로 따라 해본다. 어색하지만 잠자리 모양이 조금씩 나타난다. 어른이 만드는 것을 보고 따라 하는 것은 창의적 자기표현이 아니라 노작 실습에 불과하다. 오늘 수업이 그렇게 흘러가는 게 아닌가 다소 불안한 생각이 들기 시작했다. 그런데, 잠시 후 이런 걱정이 사라졌다.

지도 선생님은 무언가 조용히 이리저리 만들어 아이들에게 보여준다. 꽁지 달린 곤충 한 마리가 그럴듯하게 탄생했다. 아이들의 눈이 반짝 빛나며 신기한 표정을 짓는다. 대나무 빗자루에서 잘라낸 가느다란 가지로 꽁지를 만들어 붙인 것이다. 빗자루 끝부분을 잘라서 붙였을 뿐인데 그럴듯한 꽁지가 된 것을 보고 아이들은 '생각보다 쉽구나' 하는 표정이다.

이제 저마다 자기가 만들고 싶은 것을 만들어보려는 분위기로 바뀐다. 아이들의 작업이 새로 시작된 것이다. 처음 만든 잠자리보다는 훨씬 크고 날렵한 독수리와 나비 등이 탄생한다. 다른 아이들이 만든 것을 보며 또 다른 아이디어를 자기 작품에 더하기도 한다.

지도교사는 아이들의 활동 중에 별다른 말이나 참견이 없다. 아이들을 도와줄 뿐이다. 전기 접착이 잘 안 되는 아이를 도와주거나 이따금 나오는 아이들의 질문에 편안하게 답해준다. 새 책상에 접착제가 여기저기 떨어져 얼룩지는데도 신경 쓰지 않는다.

보통 아이들을 지도하다 보면 잘 가르쳐주고 싶은 마음에 교사의 언어가 많아진다. 수업에서 교사보다는 아이들이 더 활발해야 효과적이라는 것을 알면서도 교사의 말이 지배적으로 많은 것이 보통이다. 그런데 이 선생님은 유난히 말이 없다. 아주 작은 소리로 이따금 안내할 뿐이다.

언제 밖으로 나갔다 왔는지 한 아이가 시든 열매를 들고 와서는 이것저것을 붙이더니 그럴듯한 벌레 한 마리가 또 탄생했다. 아이들이 탄성을 지른다. 또 다른 점화로 불은 더욱 타오른다. 이제는 아이들도 밖으로 자주 드나드는 모습이 눈에 뜨인다. 새로운 재료를 구하여 더 나은 작품을 만들려는 적극적인 참여의 모습이다. 제자리에 가만히 앉아 준비된 재료에 만족하지 않고 생각이 나면 새로운 재료를 찾으려 밖으로 나간다. 아이들의 작품이 다양해지며 여러 가지 아이디어가 튀어나오는 것은 당연한 일이다.

선생님이 목련 나뭇가지를 몇 개 가져다가 작업 책상 위에 슬그머니 밀어놓는다. 목련의 겨울눈이 독수리의 부리가 되는가 하면, 이미 만들어 놓은 나비의 받침대로 쓰이기도 한다. 꾸불꾸불한 나뭇가지 부분이 톱 사슴벌레의 큰 턱이 된다. 이제 처음 준비한 곧고 반듯한 나뭇가지는 소용이 없어지고 못생긴 나뭇가지가 더 인기를 끈다. 재료를 보는 안목이 달라진다. 아이들은 자기 작업에 열중이다. 장수풍뎅이가 나오고 솟대가 세워진다.

그런데 이것은 또 무슨 마술인가? 지도교사가 밖으로 나가더니 울타리 밑에서 주워 왔는지 시커멓게 변한 해바라기 쪼가리를 책상 위에 올려놓고 한참을 침묵한다. 아이들은 이상하다는 듯 시선을 모은다. "이것으로는 뭘 만들면 좋을까?" 선생님의 물음에 아이들의 생각이 분수처럼 터진다. 아이들의 생각을 받아 썩은 해바라기 조각이 고슴도치가 된다. 아이들은 이 아름다운 마술에 도취된다.

'아아, 그렇구나! 생각하기에 따라 어떤 재료도 얼마든지

다양하게 쓸 수 있구나.'

아이들의 움직임에 자신감이 가득하다. 멍하니 앉아 있는 아이는 찾아볼 수 없다. 곤충과 꼭 닮지 않아도 좋다. 하나를 완성하여 다른 책상에 갖다 놓고는 곧바로 또 다른 작품을 시작한다. 재료는 얼마든지 있다. 나무 밑에도 있고, 나뭇가지에도 있고, 시들어진 강아지풀에도 있다. 내 생각에 따라 그 재료들은 새로운 변신의 소재가 될 수 있다.

두 시간 반이 빨리 지나갔다. 아이들의 작품이 진열된 책상 쪽으로 자리를 옮긴다. 수업에서 나온 작품을 한눈에 볼 수 있는 즉석 전시회가 열렸다. 말하지 않아도 서로의 작품을 통해 새로운 생각을 호흡하고 자기의 작품을 다시 본다. 개성을 체감하고 공감하는 시간이다.

아름다운 수업이다. 한 편의 잔잔한 실내악 연주를 감상한 기분이다. 좋은 수업을 보면 행복하다. 무엇이 오늘의 수업을 이토록 감동적으로 만든 걸까? 무엇보다도 선생님이 전개하는 미술 수업의 철학이 투명하고 분명했다. 기법을 가르치려 하지 않는다. 결과물에 비중을 두지 않는다. 통제하여 이끌려 하지 않는다. 아이들이 가진 생각 그 자체를 스스로 표현해보려는 모습을 있는 그대로 바라보려고 한다.

재료를 주위 자연물에서 찾게 한다. 나뭇가지, 풀, 열매 등 평소에 지나치기 쉬운 소재들이 훌륭한 재료가 된다. 아이들은 어떤 표현 대상물에 알맞은 방법을 고정적으로 찾지 않을 것이다. 새의 부리를 나무로 깎지 않아도 된다. 목련 겨울눈을 그럴듯하게 부리로 써먹을 줄도 안 것이다. 산과 들에서 만나는 자연물들을 새로운 시각으로 볼 줄 아는 심미안이 싹 튼 것이다.

이렇게 만들자, 저렇게 만들자 하며 앞에서 억지로 이끌지 않는다. 잠자리, 새, 벌레, 고슴도치를 적절한 시기에 슬쩍슬쩍 만들어 투입해서 아이들의 생각과 시각이 아이들도 모르는 사이에 이리저리 바뀌게 한다. 적절한 간격을 두고 자연스럽게 제시하는 교사의 작품은 아이들 머릿속에 폭풍을 일으킨다. 만약 한꺼번에 여러 가지 시범작품을 보여주고 이런 걸 만들어보라고 안내했다면 이런 멋진 활동은 나오지 않았을 것이다.

별난 입사 시험

예술의전당에서 실시한 별난 입사 시험 문제를 소개한 기사를 아이들과 함께 살펴봤다.

- 다음 단어들이 모두 들어가는 글짓기를 해보십시오.

  참새, 나, 수박, 어머니, 오르간, 동전
- 다음 기호를 이용해 단어를 만들 수 있는 데까지 만들어보십시오.

  ㅅ ㅇ ㅈ ㅍ ㄹ ㅏ ㅡ ㅣ ㅜ ㅓ ㅗ
- 예술 전당의 강점과 약점을 세 개씩만 적어주십시오.
- 다음 사항에 대한 의견을 100자 이내로 기술해주십시오.

  대중은 예술가의 작품을 함부로 평가해선 안 된다.

  국가는 예술가의 생계를 보장해야 한다.

  모든 작품은 반드시 보존해야 한다.
- '예술의전당'이라는 글자를 5종류 이상의 다른 필체로 써보십시오.

"이 시험 문제를 보고 어떤 생각이 들까?"

"무슨 시험 문제가 이래요. 웃겨요. 뭘 써야 할지 모르겠어요. 정답이 무엇이에요? 어떻게 점수를 매겨요?"

이 중에서 우리도 할 수 있는 문제를 찾아봤다. 글쓰기, 단어 만들기, 글자 써보기는 우리도 흉내 낼 수 있을 것 같다.

"그럼, 우리도 예술의전당에 입사할 수 있는지 시험을 보도록 할까?"

아이들이 서로 방해받지 않는 위치를 잡아 세 가지 문제를 풀도록 했다. 아이들은 기호를 이용한 단어 만들기에 매우 관심을 보였다. 허공을 응시하거나 손으로 머리를 감싸기도 하고 눈을 감기도 한다. 단어를 만들어 보려는 집중도가 매우 높아지는 분위기였다. 쓰고 지우기를 반복한 흔적이 뚜렷하다.

'사랑, 사자, 피자, 퍼즐, 포로, 지렁이, 송아지, 지팡이, 사파리, 파리, 오징어, 으스스, 자서전, 러시아, 스승, 서울, 앞, 피살, 수조, 풀잎…'

20개에서 40개 정도의 단어를 조합했다. 주로 명사 형태이고 3음절 이하의 낱말 형태였다. 글짓기는 녹록하지 않은 모양이다. 자연스러운 장면 설정이 쉽지 않았다. 단어를 억지로 끼워 넣으려 한 느낌이 많았고, 특히 오르간이 무엇인지를 몰라 많은 어려움이 있어 보였다. 어떻든 내가 어떤 장면을 설정하느냐가 중요한 흐름의 중심이 된다. 한 아이가 이렇게 글을 완성했다.

나는 아침 8시에 일어났다. 여름 방학이라 늦게 일어날 수 있었다. 창문 밖으로 참새들이 짹짹거린 탓에 평소보다는 좀 빨리 일어나 버렸다. 거실로 나오니 아침이 차려져 있었다. 수박도 있었다. 내가 수박에 입을 대자 어머니께서 오르간을 연주하셨다. 난 어머니의 오르간 소리를 좋아한다. 오늘은 더욱 아름답게 들렸다. 수

박을 먹고 방과 후 활동을 하려고 준비하고 있었다. 그때 어머니께서 500원짜리 동전 두 개를 주셨다. 오랫동안 용돈을 받지 못했다. 반가운 돈이었다.

"얘들아, 그런데 이런 면접시험 문제도 있단다."

- 북극에서 아이스크림을 판다면 어떻게 팔 것인가?
- 한라산을 서울로 옮기는데, 시간이 얼마나 걸릴까?
- 이 방에 농구공을 채운다면 몇 개나 들어갈까?
- 맨홀(하수구) 뚜껑은 왜 사각형이 아니고 원형인 모형일까?
- 서울에 바퀴벌레가 몇 마리 있을까?

"선생님도 정답 알아요?"
자기들이 어렵거나 황당하면 선생님은 아느냐고 되묻는다.
"글쎄다. 나도 잘 모르겠는걸"
선생님도 모르는 걸 어떻게 답을 쓰겠느냐고 한다. 대학면접에는 이런 질문도 있다.

- 고등학교 학창 시절은 어떻게 지냈나요?
- 자기 자신을 한 가지 단어로 표현해보고, 그 단어를 왜 선택했는지 이유를 이야기해보세요.
- 반드시 합격해야 하는 이유가 있다면 무엇인가요?
- 십 년 후에 나의 목표를 설명해본다면?

아이들은 입사 시험 문제, 면접 시험 문제, 대학 면접 질문 등을 보면서 어떤 생각을 할까?

이혜정 교수는 서울대에서 학점 4.0 이상의 최고 학점을 받는 학생들은 다른 서울대 학생들보다 무엇인가 특별한 공부 비법이 있을 것이라는 호기심으로 연구를 시작했다. 우리나라에서 가장 우수한 학생이 모인 서울대에서 또 A＋를 받는다면 도대체 그 학생들에겐 어떤 비법이 있을까? 흥미로운 연구였다. 그런데 결과는 놀라웠다. 최우등생들의 비법은 단순했다. 맨 앞 좌석에 앉아서 교수의 강의를 빠짐없이 속기하는 것이다. 심지어 교수의 농담이나 헛기침까지 말이다.

필기한 것을 정리 요약하고 완벽하게 암기한다. 답안지에 교수 강의 내용을 그대로 쏟아 놓는다. 그런 답안은 언제나 A＋이다. 비판적이며 창의적인 답은 아예 생각지도 않는다. 그러니 수업 시간에 토론, 질문 등 상호 작용은 요구되지 않는다. 이렇게 공부한 학생들이 사회에 진출하여 어떻게 진취적이고 창의적이며 도전적인 활동을 할 수 있겠는가?

이러한 현실을 안타까워하며 새로운 바람이 일고 있다. 서울대에서도 남다른 강의를 해온 교수들이 2016년 창의성 교육을 위한 모임을 결성했다. 이 모임에서 발행한 『창의 혁명』에는 새롭게 접근하는 교수 사례를 제시하고 있다. 창의성 교육의 중요성을 인식하고 어떻게 해야 학생들의 창의성을 향상시킬 수 있을까 고민하는 현장을 볼 수 있다. 새로운 생각과 도전이 절대적으로 필요한 미래를 위한 발걸음이다.

연꽃 연못 아래 법당

아름다운 건축물은 봉암 아이들에게 흥미로운 이야깃거리다. 특히 연말에 발표되는 건축상 수상작이 단골로 화제에 오른다. 어린이들에게 창의적인 생각의 힘을 느끼게 해주려고 시작한 건축물 탐방이 어느새 내게도 취미가 되었다. 2020~2021년 서울특별시 건축 수상작 중에서 여섯 곳을 골라 작은딸 진아네와 같이 이틀간 돌아본 적이 있다. 북촌 마을의 가회동성당은 특히 기억에 남는다. 한옥과 양옥이 복합된 따뜻한 성당이다. 『가회동성당 이야기』(송차선 지음, 일상과이상, 2020)에 담긴 뒷이야기는 그 기억을 더욱 풍성하게 해주었다.

여행지에서도 이름난 건축물을 찾아보곤 한다. 부산을 여행할 때 '웨이브온커피'(기장군)를 찾아간 적이 있는데 지금도 그 멋진 뷰가 떠오른다. 방아깨비 둘이 겹쳐 있는 모양으로 바닷가 솔숲 바위 언덕에 자리 잡은 이 카페에서 마치 머나먼 해외의 휴양지에 있는 듯한 신선한 기분을 느꼈다.

제주도에서 가볼 만한 건축물을 검색하면 으레 본태박물관과 섭지코지의 유민미술관, 글라스하우스(복합문화공간)가 소개된다. 건축계의 노벨상이라 불리는 프리츠커상을 받은 세계적인 건축가 안도 다다오가 설계했다는 정보는 자동으로 따라붙는다. 안도 다다오는 건축을 독학하였다니 그 또한 신기하다. 이럴

게 몇 줄짜리 정보만 가지고 먼저 본태박물관을 찾아가 보았다. 투박한 시멘트 재료와 기하학적 구성이 단조롭다는 생각이 들었다. 그런데 어느 날, 나무들이 감싸고 있는 파란 호수 위에 기하학적 조형물이 길게 떠 있는 건축물을 사진으로 보게 되었다. 강원도 원주의 '뮤지엄산'이었다. 이 건축물도 안도 다다오가 설계했단다. 가까운 곳이라 미루지 않고 가족과 함께 바로 찾아간 것이 4월이었다. 차는 골프장 주변을 둘러 구불구불한 산길을 올라갔다. 산꼭대기에 오르니 은은한 돌담에 'MUSEUM SAN'이라는 이름이 나타났다. 바둑판 모양 보도블록 사이로 잔디가 돋아난 주차장마저 정겨웠다.

입구를 지나니 정원이 시원스레 펼쳐진다. 귀여운 패랭이가 가득하다. 하얀 자작나무들에서 윤기가 흐른다. 자작나무 껍질로 만든 초가 화촉처럼 불을 밝혀준다. 이어서 직선의 타일 길로 잔잔한 물 위를 지난다. 물과 하늘을 바라보며 느릿느릿 자연의 품속으로 걸어 들어가면 속세를 아득히 벗어난 느낌마저 든다. 높은 산에서 물 위로 난 길을 걷다니, 환상적이다.

강렬한 붉은 빛 조형물 아치를 지나면 드디어 뮤지엄 안으로 들어가게 된다. 노출 콘크리트가 안도 다다오 건축물의 특징이지만 옅은 색깔의 돌조각을 모자이크처럼 벽면에 붙여 부드럽게 조화를 이룬다. 종이의 역사와 의미에 대한 작품들이 전시된 종이 박물관 안에 이것저것 볼 것이 많다. 역사가 전공인 사위도 관심 있게 들여다보는 것 같았다. 종이가 발명되기 전에 종이역할을 했던 파피루스라는 식물도 온실에서 볼 수 있었다. 20세기 한국 예술가들의 작품을 감상할 수 있는 미술관의 공간 구성도 흥미롭다. 이 문으로 들어갔는데 나와 보면 엉뚱한 곳에 와 있고, 분명히 2층으로 올라갔는데 다시 1층이었다. 갤러리를 잇는 사각, 삼각, 원형의 공간이 하나의 공예품이 되고, 담과 처마 사이의 작은 창에서 들어오는 햇빛이 멋진 조명이 된다. 큰 창으로 보이는 바깥 경치는 또 다른 스크린이다. 아래로 멀리 산과 산이 하늘과 함께 새로운 그림을 연출한다.

건물의 전체 길이는 700미터로, 돌아보는 데 두서너 시간은 걸린 것 같다. 딸 소원이 임신부의 몸이라 조심스럽다. 우리는 카페테라스로 나갔다. 물 위에 떠 있는 테라스에서는 산과 하늘이 굽어 보인다. 물가의 나무는 물속의 그림자로 두 모습을 보여준다. 마치 다랑이논처럼 겹겹이 찰랑이는 물이 건물을 시원하게 해준다. 돌, 물, 햇빛, 바람, 나무가 모두 어우러져 깊은 감동을 준다.

다시 뮤지엄 산을 찾은 것은 그로부터 5개월이 지난 9월이었다. 큰딸 소원이가 8월 29일 원주 병원에서 다온이를 낳아 산후조리 중이었다. 서울에 사는 작은딸 진아네가 아기를 보러 왔다. 아기 면회 시간은 아주 잠깐이다. 유리창 너머로 아기를 보며 싱글거리다 보면 금세 간호사가 아기를 자리로 데려간다. 번개처럼 짧은 만남이다.

우리는 밖으로 나와 카페로 갔다. 한옥 형태로 짓고 조경도 눈여겨볼 만한 곳이었다. 커피보다 빵 인기가 더 많은 듯하다. 빵과 음료수를 먹는데 한 테이블에 눈길이 갔다. 곱게 차려입은 아이를 중심으로 가족들이 행복해 어쩔 줄 몰라 하고 있었다. 나도 모르게 그쪽으로 다가가 아기가 몇 살인가 물어보았다. 할머니로 보이는 분이 '우리 외손녀는 세 살'이라고 한다. 이제 갓 태어난 우리 다온이도 저렇게 재롱을 부릴 걸 생각하니 너무 기다려진다.

카페를 나와 진아, 용우와 함께 '뮤지엄산'으로 갔다. 꼭 보여주고 싶었는데 마침 잘되었다 싶었다. 둘이 갤러리를 둘러보도록 하고 나는 지난번 왔을 때 남겨두었던 스톤 가든으로 갔다. 신라 고분을 모티브로 하여 만든 것으로 아홉 개의 돌조각 봉분이라 할 수 있다. 곡선으로 이어지는 스톤 마운드는 부드러운 흙을 다져놓은 것 같다. 조각품과 여러 종류의 나무들을 잘 배치하여 스톤 가든의 분위기를 부드럽게 만들어주고 있다. 나는 '뮤지엄산'의 '산'이 글자대로 산山인 줄 알았는데, 사위 용우가 'SAN'은 'Space Art Nature'의 약자라고 정정해주었다.

이번 방문으로 건축가 안도 다다오와 가까워진 것 같았다. 다큐멘터리 〈안도 다다오〉를 찾아보았다. 나아가 그의 책, 『나, 건축가 안도 다다오』를 읽었다. 그의 삶이 궁금해져서 마치 추리소설 읽듯 속도가 빨라졌다.

안도 다다오가 설계한 건축물은 일반적인 생각을 훌쩍 뛰어넘는다. 절벽에 집합 주택을 짓는가 하면 빛에 따라 작품의 인상이 달라지게 하는 미술관을 구성한다. 외딴섬 땅속에 미술관을 세우고, 건물 옥상을 계단 광장으로 만들기도 한다. 정면 벽에 십자형 창을 내 실내에 십자가 모양의 빛을 드리우게 만든 교회도 있다. 타원형의 연꽃 연못 밑으로 법당을 지었다. 법당 위에 물을 채우다니 상상을 초월한다. 이런 창의적 발상은 도대체 어디에서 나온 걸까?

안도 다다오는 외할머니 집에서 자랐다. 공부에는 관심 없고 동네 아이들과 야구, 칼싸움, 딱지놀이에 신나는 골목대장이었다. 학교보다는 벌판이나 냇가를 좋아했다. 할머니는 안도 다다오가 공부를 못해 꼴찌를 맴돌아도 상관하지 않았다. 그가 살던 집 근처에는 철공소, 판유리공장, 바둑돌 제작소 등 뭔가를 제작하는 곳이 많았다. 동네 아이들이 드나들며 놀았는데 안도 다다오가 특히 좋아했던 곳은 목공소였다. 이곳에서 안도 다다오는 나무를 깎아서 이것저것 만들었다. 벌판과 냇가는 그에게 무한한 자연을 느끼게 해주었다. 골목 놀이는 새로운 생각의 분출구였으며, 동네 공작소는 그의 손과 머리를 번뜩이게 하는 창의 교실이었다. 새로운 생각을 마음껏 키우고 펼칠 수 있는 토양 속의 유년 시절이었다. 그래서일까? 안도 다다오는 책에서 이렇게 말하고 있다.

요즘 어린이들의 가장 큰 불행은 일상생활 속에서 제 뜻대로 뭔가를 할 수 있는 여백의 시간과 장소를 갖고 있지 못하다는 것이다. 내가 어릴 때는 시내 여기저기에 공터가 있었다. 학교가 파하면 당연히 방과 후의 자유로운 시간이 있었다. 어른이 정해 준 규칙 따위가 전혀 없는 그 공터에서 아이들은 스스로 궁리해서 노는 재미를 터득하고 스스로 성장했다. 자연과 어울리는 방법을 배우고

위험한 곳에 들어가면 고초를 겪게 된다는 것도 배웠다.[*]

안도 다다오는 중학교 1학년 때 집수리하면서 목수 일을 신명 나게 도왔다. 목공소에서 장난감 만들던 놀이가 집수리 현장에서 큰 놀이로 발전한 것이다. 지붕에 창을 내자 뻥 뚫린 공간으로 하늘이 보였다. 천장으로 바라보는 하늘은 신비한 장관이었다. 전혀 다른 세계로 들어선 느낌이었다. 이것이 후일 그의 건축에 빛과 원을 선물하였을지도 모른다. 집을 수리하면서 집안 풍경이 바뀌어 가는 감동은 이미 안도 다다오에게 건축가의 싹이 트고 있었다. 고등학교 2학년 때 재미 삼아 권투를 시작해 짧은 기간 동안 프로 복서의 경험도 했다. 하지만 스스로 한계를 깨닫고 복서 생활은 접게 된다. 복서 생활에 열정적으로 몰입하면서 그는 자신감, 인내, 투지력, 독립심을 키울 수 있고 이는 억센 건축계에서 살아남는 동력이 되었을 것이다.

고등학교에 다니면서 건축물을 종종 보러 다닌 경험도 있다. 졸업 후에는 아르바이트 형식으로 일을 시작하여 가구부터 실내장식 건축까지 점차 분야를 넓혀갔다. 실제 사회를 배움터로 삼아 건축 독학을 시작하였다. 뭔가 의문이 생겨도 의견을 나눌 사람이 없고 이끌어줄 선배나 교사도 없으니 스스로 해결할 수밖에 없었다. 건축에 관한 책을 찾아 읽기 시작했다.

안도 다다오는 자기 사무소를 개소하기 전 4년간은 돈만 모이면 여행을 떠나 세계를 돌아다녔다. 일본 일주 건축 여행에

[*] 안도 다다오, 『나, 건축가 안도 다다오』, 이규원 옮김, 안그라픽스, 2018. 315쪽.

이어 유럽, 아프리카, 동남아로 본격적인 건축 순례에 나섰다. 그러면서 건축과 풍토, 그리고 인간을 포함한 세계를 눈으로 보고 직접 체험했다.

그의 아이디어 개발은 생활 속의 작은 발견이 단초가 됐다. 길을 가다 공터를 보면, 나라면 저곳을 이렇게 이용할 텐데, 하고 자유로운 스케치를 한다. 때에 따라서는 이것이 현실화하기도 한다. 이러한 사고 습관이 모든 일에 자양분이 되었다.

그러고 보니 '연꽃 연못 밑의 법당'이라는 건축물에 그가 살아온 궤적이 그대로 담겨 있다. 절을 설계하면서 제일 먼저 떠올린 것이 젊은 시절 인도 여행에서 보았던 연꽃 연못이었다고 한다. 그다음은 어느 고찰에서 석양빛을 받아 법당을 분홍빛으로 물들인 환상적 장면이었다. 연꽃 연못과 빛을 떠올리며 생각에 불꽃이 튄 것이다. 대형 지붕으로 권위를 드러내는 건물이 아니라, 연꽃 연못으로 부처와 중생을 한번에 감싸 안는 형상의 법당을 만들어냈다.

타원형의 연꽃 연못 중앙 계단으로 내려가 법당에 들어서 부처님을 만나며 엄숙한 순간을 체험한다. 물리적 공간 속에 정신적 세계가 스며들게 하여 사유의 공간을 만들었다. 안도 다다오의 건축세계는 그의 유년 시절에 이미 싹이 튼 것이다. 자연 속에서 야생마처럼 자랐고 프로 권투에서 투지와 인내를 배웠다. 독학으로 건축을 터득한 그는 스스로 배우는 즐거움을 한껏 누린 사람이다. 『배움의 발견』 속 타라가 그랬던 것처럼.

✻

     뮤지엄산을 다녀온 후 5년이 지났다. 2024년 4월, 서울에 사는 작은딸 진아네 집에 들렀다. 시간이 되기에 가볼 만한 곳을 찾아보려고 메모해둔 것을 열어 보았다. 몇 군데 아름다운 건축물 목록이 있었다. 그중의 하나로 'LG아트센터 서울'이 어떠냐고 하였더니 진아가 금방 검색해보고는 '안도 다다오가 디자인한 것'이라며 반색한다. 오히려 내가 깜짝 놀랐다. 아마 안도 다다오의 건축물이라, 기회가 되면 가보겠다는 생각으로 메모해둔 것 같은데 까맣게 잊고 있었다. 우리는 동시에 한마음이 되어 마곡에 있는 'LG 아트센터 서울'을 찾아갔다. 마곡나루역에서 센터로 오르는 계단 길은 안도 다다오의 다른 건물이 그렇듯이 입구의 길을 사색의 길로 창조했다. 로비에 들어서니 긴장감을 풀게 하는 넉넉함이 있었다. 기울어진 곡면의 벽이 큰 너럭바위처럼 사람들을 품어주고 있다. 앞에 늘어선 기둥의 행렬과 대비를 이룬다. 공연장 입구로 가는 길은 편안한 둘레길 느낌이었다. 객석으로 여유 있게 돌아 들어가는 관객들의 모습이 떠오른다. 여기저기를 살피다 보니 타원형의 거대한 통로 '튜브'가 나온다. 동화 나라의 길을 걷는 듯한 묘한 느낌이었다. 콘크리트를 이렇게 활처럼 휘어 나무를 덧댄 것 같은 그 공법이 놀랍다. 공연장 내부는 볼 수 없었지만 이렇게 돌아보는 것만으로도 예술 작품을 보는 기분이었다. 본태박물관, 유민 미술관, 글라스하우스, 뮤지엄산이 기하학적 도형을 조합한 형태가 주였다면, 'LG아트센터 서울'은 곡면 연출의 향연 같았다. 아마도 문화 복합 공간이라는 이미지를 최대한 담으려는 뜻 같았다. 안도 다다오는 과연 동양의 가우디라 말할 수 있다.

열정과 사랑의 디자인

"선생님, 전화 받으실 수 있나요?"

"네, 괜찮아요."

"아이들한테 권장하신 TV 프로그램을 아이와 함께 봤어요. 정말 재미있었어요. 현진이는 소름이 끼칠 정도라고 해요. 자기도 디자이너가 되고 싶대요."

현진 엄마의 목소리에 감동이 실려 있다.

"아, 그래요. 고맙군요. 나도 내용이 너무 좋아서 두 번이나 시청했어요. 정말 아이들은 물론이고 엄마들도 꼭 봤으면 좋겠어요. 그리고 책이 따로 있나 검색하니 마침 있더라고요. 『나는 3D다』라고 해요. 그래서 나도 오늘 바로 주문했어요. 나중에 아이들에게도 소개하려고 해요."

"오늘 3학년 엄마들 모임에 가면 선생님 이야기를 꼭 전할게요."

"그래요. 고맙습니다."

KBS 1TV〈오늘, 미래를 만나다〉에서 카이스트 배상민 교수가 '디자인이 미래다'라는 주제로 강연한 것이 너무나 인상적이었다. 그래서 봉암 모든 아이에게 시청을 권장하는 안내장을 보냈다.

"다음 프로그램은 아이들의 창의적인 생각을 키우는 데

매우 유익할 것으로 생각됩니다. 특히 3회 '배상민, 디자인이 미래다'는 다시보기로 꼭 시청하도록 도와주시기 바랍니다."

'디자인이 미래다'라는 주제도 신선하며, 화면에 등장하는 배 교수의 모습 또한 예사롭지 않다. 한복 바지와 반팔 조끼 옷을 입고, 곱슬머리에 턱수염이다. 누가 직업을 물어와 디자이너라고 하면 십중팔구 헤어 디자이너냐고 되묻는다고 한다. 카이스트 하면 뿔테안경에 과학이나 수학을 열심히 파고드는 공부벌레 이미지가 떠오르는데 이런 디자인 교수가 카이스트에 있다니 생소하다.

배 교수는 27세에 미국의 유명한 파슨스 디자인 스쿨의 교수가 되었고, 유명 4대 디자인상을 휩쓸며 총 47회 수상이라는 놀라운 기록을 세웠다. 그의 강의 스타일도 매력적이다. 자기가 디자인한 제품을 하나씩 이야기할 때마다 박수가 터져 나온다. 기막힌 제품들이다. 더욱 감동을 주는 것은 다양한 아이디어 생성 과정의 설명이다. 자신이 직접 부닥쳐 만든 경험 이야기니 실감날 수밖에 없다.

어떤 강의 기교나 과잉 액션 하나 없이 담담한 톤으로 이야기하는데도 박진감이 넘쳐난다. 쉽고 명료하며 남고 모자람이 없는 물 흐름 같은 자연스러운 진행이다. 웃음과 감동을 넘어 숙연해지기까지 한다. 창의성의 본질에 가장 쉽고 가장 실질적으로 접근할 수 있는 길을 안내해 준다. 멋진 창의 세계에 흠뻑 빠진 시간이었다.

아이들의 생각과 태도를 흔들어줄 내용이라고 확신했다.

혹시 집에서 시청하지 못한 아이들도 있을 것 같고, 또 반복해도 전혀 지루하지 않을 강의이므로 아이들과 함께 다시 시청하며 이야기를 나누었다.

이 강연에서 소개하는 제품 이름과 특징은 물론, 어떤 계기로 그런 아이디어를 얻게 되었는지를 알아봤다.

– 배상민 교수가 디자인한 제품에는 어떤 것들이 있나?
– 그러한 아이디어는 어떻게 얻게 되었나?
– 창의적인 사람이 되려면 어떻게 해야 한다고 하였나?

아이들은 어떤 디자인이 마음에 들었을까?

"오뚝이 화분이 재밌어요. 물을 안 주면 옆으로 쓰러지고 물주면 다시 일어나요."

"어떻게 이런 아이디어를 생각해 냈다고 해요?"

"방에 있는 화분이 자꾸 시들어 죽었대요. 왜 그럴까 하고 생각해 봤어요. 너무 바빠서 물을 제때 주지 않았나 봐요. 그래서 고민했어요. 물을 안 주면 옆으로 기울어지고 물을 주면 다시 바로 서게 하면 되겠네. 그게 뭐지? 아! 화분을 오뚝이 원리로 만들면 되겠구나! 그렇게 해서 롤리-폴리 화분이 만들어졌대요."

시든 화분에 물을 주니 화분이 스르르 일어나는 TV 화면을 잘 기억하고 있었다.

"난 꽃 모양의 가습기가 예뻐요. 벌집처럼 만든 종이꽃을 물에 꽂아놓기만 하면 된대요."

"전기스탠드가 멋져요. 전등갓을 꽃, 모자, 네모 등 마음대로 모양을 바꿀 수 있어요. 하트 모양으로 만들 때 제일 밝아진 대요. 사랑의 힘이래요."

"아프리카 주민을 위한 디자인이 많아요. 물을 붓기만 하면 5급수가 1급수 물이 되는 정수기도 있고, 모기를 쫓는 소리 스프레이도 있어요. 모기가 싫어하는 초음파를 이용한다니 참 신기해요."

"십자가 모양의 작은 MP3가 그해 애플의 아이팟을 누르고 은상을 받았대요."

아이들은 자기가 본 것을 신나게 발표했다. 현진이 말처럼 소름이 끼칠 만큼 놀라운 디자인들이다.

배 교수는 좋은 아이디어를 얻으려면 메모를 하라고 강조한다. 즉 무엇이든지 지나치지 않고 'what if'를 고민하고 그것을 메모로 남기는 습관은 어떠한 문제도 항상 백발백중의 결과를 도출할 수 있다는 것이다. 그리고 더욱 소중한 것은 명예나 부를 목적으로 하지 않고 나눔의 철학을 바탕으로 디자인하기 때문에 그는 늘 대박을 터뜨린다.

강의를 듣고 나서 그의 책 『나는 3D다』를 찾아낼 수 있었다. 그의 2시간 강의 말고도 더 많은 것을 알 수 있는 반가운 책이었다. 이 책에서 특히 그의 성장 과정이 눈에 띄었다. 예술적 감각이 풍부한 어머니와 강직한 군인 아버지 사이에서 자라나며 양극의 환경을 경험한다. 어머니의 패션 감각은 아들에게 그대로 흘러가 소년의 복장은 늘 친구들에게 주목을 받았다. 그렇게 남들과는 다른 자신을 표출하는 방식에 익숙해졌다. 이러한 유년의 경험은 나중에 패션 디자이너의 꿈으로도 연결된다.

어렸을 때 인왕산은 그의 최고 놀이터였고, 그의 방은 소년 고물상이었다. 길거리에서 보이는 대로 주워 온 물건들은 그의 창작 교실이 되었다. 납땜인두를 놔두어 방이 모두 탄 적도 있다. 고등학교 때 우연히 춤에 빠져 발레리노를 꿈꾸기도 했고, 무미건조한 대학 생활 속에서 사진에 대한 꿈을 키우기도 했다.

자화상으로 엑스레이 사진에 유화물감을 덧칠하는 발상으로 파슨스 디자인 스쿨에 합격한다. 미술학원에 다니지 않아 오히려 개성 있는 자기 내면을 표현할 수 있었다. 우연히 교수의 안내로 산업 디자이너가 된 것도 따지고 보면 그의 어린 시절 고물상 창작 교실이 그 출발점이 아닐까 싶다. 우연이 아니라 그동안의 삶의 궤적이 모인 결정체였다. 그는 여러 곳의 문을 두드렸다. 그때마다 그는 그것에 푹 빠진다. 대충 스쳐 가는 것이 아니라 그것에 미치도록 파묻힌다. 치열함이었다. 열정의 연속이었다.

스물일곱의 나이에 미국 파슨스 최연소 교수가 된 그의 삶은 열정적이다. 자기가 좋아하는 일에 미친듯이 빠진다. 남의 눈을 의식해서 주저하지 않는다. 엉뚱하고 당돌하다. 그는 사람을 사랑하는 아름다운 생각을 지니고 있다. 이러한 열정과 사랑이 그의 디자인을 신비롭게 해주고 있다. 그의 책과 강연은 창의성으로 가는 길을 명쾌하게 안내한다. 미래는 창의가 힘이다.

봉암 책씻이

아이들이 6학년이 되어 봉암 과정을 마치고 중학교로 진학하게 된다. 2학년부터 시작하여 6학년까지 함께 활동했으니 햇수로 5년이란 긴 시간이다. 5년간의 봉암 과정을 마치는 의식을 '봉암 책씻이'라 했다. 책씻이는 책거리와 같은 말이다. 책거리는 예전 서당에서 책 한 권을 떼고 나면 간단한 음식을 마련하여 스승에게는 고마움을 표하고, 동학들에는 자축의 즐거움을 주며 면학을 권장하는 조촐한 행사를 말한다.

아이들이 오후 3시까지 교원 복지회관으로 모인다. 폐교를 개조한 시설로 아름다운 충주댐이 내려다보이는 곳이다. 낮에는 영상자료를 보고 이를 중심으로 이야기를 나눈다. 온갖 역경을 이겨내고 나의 꿈을 이룬 사람들의 이야기, 앞으로 시대가 요구하는 인재상, 창의성의 실제, 삶의 방향을 안내하는 영화 등을 골라서 함께 시청한다.

프로 복서 출신 오페라 테너 조용갑의 '포기하지 않으면 꿈은 이루어진다'라는 강연은 꿈을 이루어가는 과정이 잘 나타나 있다. 영화 〈세 얼간이〉는 진정 원하는 꿈이 무엇인지 점점 깨닫게 되는 청춘들의 이야기를 담은 유쾌한 영화다. 영상자료를 보고 이야기를 나누고 보면 6시가 넘는다. 엄마들이 준비해 온 저녁을 함께 먹는다. 이때쯤 5학년 후배들이 합류한다.

7시부터는 '나의 꿈 나의 다짐 발표' 시간이다. 나의 꿈은 무엇이고, 그 꿈을 갖게 되기까지의 과정은 어떠했으며, 나는 이 꿈을 이루기 위해 앞으로 어떤 노력을 할 것인가를 글로 써서 발표하는 시간이다.

2학년 때는 시골에서 여유롭게 사는 농부가 되고 싶었다. 3학년 때에는 신부님이 되고 싶었다. 봉헌금을 내면 신부님이 다 갖는 줄 알았다. 이 이야기를 듣고 엄마가 허탈 웃음을 지으셨다.

나는 자라면서 할머니가 고장났다고 하는 물건을 고쳐드리고, 궁금한 것은 모두 분해해봤다. 한번은 할머니께서 커서 뭐가 될 거냐고 물으시기에 기계공학자가 될 거라고 했더니 할머니는 카센터 하는 건 줄 알고 막 화를 내셨다. 그런데 요즈음은 대회에 나가 여러 분야에서 상을 타 오는 내가 그저 신기할 따름이라고 말씀하신다.

난 그림을 그릴 때마다 마음이 명상하듯이 편안해지며 내 마음을 그림에 털어놓는 느낌이 든다. 수업 시간에도 선생님 몰래몰래 그린다. 시험을 보고 나서도 남은 시간에 그림을 그리기도 한다. 또 길을 걸어가다가도 내일은 학교에서 무엇을 그릴까 생각해보기도 한다. 미술 시간은 많아도 90분이다. 이건 너무 짧다. 제대로 된 그림을 그리려면 며칠이 걸린다. 나는 이게 불만이다.

시계를 분해하다 결국은 완전히 망가뜨려 쓰레기통으로 직행하게 되었다. 이렇게 무엇을 만들고 뜯어보기를 좋아한다. 나는 엔지니어가 되고 싶다.

내가 초등학교 선생님이 되면 아이들과 게임도 많이 하고 체육도 많이 해줘야지. 칠판에 수학 문제를 내고 맞히면 초콜릿도 줘야지. 이렇게 내가 초등학교 선생님이 되어 아이들과 노는 생각을 하면 저절로 즐거워진다.

진솔한 꿈 이야기에 귀 기울이는 시간이다. 꿈 이야기가 모두의 마음을 따뜻하게 해준다. 이렇게 '나의 꿈 나의 다짐' 이야기가 끝나면, 다음은 초청 강연을 듣는 시간이다. 산척초·중학교와 충주여고를 나와 서울대 약학대학에 재학 중인 학생을 초청하여 경험담을 들었다.

시골에서 더구나 가정형편도 넉넉지 않아 학교 끝나고 집에 돌아오면 별달리 할 것이 없어 늘 책을 읽었다. 중학교 때『아리랑』,『태백산맥』전집을 다 읽었다니 그의 독서량이 어느 정도인지 짐작할 수 있다. 수능 준비를 하면서도 책 읽기는 중단하지 않았다. 특별공부라고는 교육 방송을 시청한 것뿐이었다.

부모님한테 공부하라는 말을 들은 적이 없지만 바로 위 언니(서울대 재학 중)의 공부 모습을 항상 모델로 삼은 것이 어쩌면 가장 큰 힘이었는지 모른다고 한다. 이야기가 끝나고 아이들과 학부모들의 질문 시간이다. 차분하게 답하는 학생의 모습이 그저 부럽기만 하다.

몇 년이 지나 이제는 봉암 선배들을 초청하여 이야기를 들는다. 선배들의 이야기라 더욱 관심이 높다.

다음은 봉암에서 활동을 마치는 아이들에게 '봉암패'를 전해주는 순서이다. 그동안 봉암에서 활동한 내용을 새겼다. 지금까지도 그렇게 했고 앞으로도 그렇게 해주기 바라는 우리들의 다짐이다. 책상에 놓고 볼 수 있게 제일 작은 규격을 골라 제작했다.

> 봉암교육연구실에서 우리는 (김민선, 이재환, 정산하, 채시윤, 천솔비, 피소영, 오지석) 스스로 찾아서 생각하는 공부, 톡톡 튀어나는 창의성을 찾는 생활, 여러 곳을 찾아 체험 탐구하는 활동을 하며 앞으로의 밑글이 되도록 함께 노력하였습니다.
> 이제 그동안의 생활을 바탕으로 沒入·不狂不及(몰입·불광불급)의 열정으로 우리의 길을 열어갈 것입니다.
>
> 책 소식으로 만나는 날을 기다리며
>
> 鳳巖 권정언

이어서 6학년들이 봉암 후배들을 위해 책을 기증하고, 학부모들은 6학년들에게 작은 화분을 하나씩 선물로 주었다. 참석한 5학년들도 6학년 선배들에게 선물을 준비했다. 기념사진을 찍고 나면 10시가 훨씬 넘는다. 아이들과 학부모들이 간단한 다과를 나누고 5학년은 집으로 돌아간다. 6학년은 이곳에서 하룻밤을 자게 된다.

이튿날 아침밥은 아이들이 준비한다. 겨울방학 때 가정에서 밥 짓기, 국 끓이기, 반찬 만들기 요리 실습을 했다. 재료, 요리 방법, 요리 결과를 작성하는 일종의 홈프로젝트이다. 책씻이 행사 전에 아이들이 서로 협의하여 요리를 분담하고 이에 따라 준비물을 각자 가져온다.

　　아이들이 식사 준비하는 모습이 어설프고 시끌시끌하다. 아홉 시가 넘어서야 아이들이 준비한 아침상에 둘러앉는다. 제법 푸짐한 아침상이다. 우리는 준비한 밥상에 둘러앉아 맛있게 아침밥을 먹는다. 식사 후 설거지와 뒷정리를 부산하게 끝내고 밖으로 나온다. 몇 년 동안을 함께한 봉암 활동이 이제 모두 마무리되는 아쉬운 시간이다.

창의성을 살리려면

창의성 계발과 혁신 분야의 세계적인 권위자 켄 로빈슨이 쓴 이 책을 읽게 된 것은 우연이었다. 딸 책상 위에 이 책이 놓여 있는데 짙은 갈색 표지가 눈에 확 들어왔다. 그러나 '학교혁명'이라는 어휘가 왠지 식상했다. 교육 개혁, 교육 혁신, 교육 혁명 등은 그동안 수없이 들어온 말이었고 그때마다 원론적이며 추상적이고 반복적인 주장에 지루함을 느꼈기 때문이다. 늘 그게 그 소리겠지 하며 시선을 돌리려는데 표지 하단부에 있는 글귀가 마음을 붙잡았다.

10년 연속 1위 TED 최고의 명강연.
타고난 아이의 창의력을 학교가 죽인다!

TED에서 10년 연속 1위라면 어떤 강연일까? 주제 또한 자극적이다. '타고난 아이의 창의력을 학교가 죽인다'는 말이 섬뜩하면서도 '그래, 맞다' 하고 암묵적 동의를 하게 된다. 바로 유튜

브에서 TED의 강연을 찾았다. 20분이 안 되는 짧은 강연이었다. 방청석에서 웃음이 그치지 않는다. 쉬운 이야기에 깊은 이야기가 담겨 있다. 흥미롭고 감동적이다.

인간은 본질에서 서로 다르고 다양하다. 호기심에 불을 붙일 수 있다면 아이들은 아무런 도움 없이도 배울 수 있다. 여섯 살 아이가 다른 수업 시간에는 산만한데 그림 수업 시간에는 유독 집중한다.

"너 무엇을 그리고 있니?"

"신을 그리고 있어요."

"신이 어떻게 생겼는지 아무도 모르잖니?"

"곧 알게 될 거예요."

선생님은 신이 어떻게 생겼는지 모른다. 그러나 아이의 상상 속엔 신이 그려져 있다. 틀에 갇힌 선생님이 아이의 상상력을 싹부터 잔인하게 밟고 있다.

아이들은 모르더라도 시도를 한다. 실수할까 봐 두려워하지 않는다. 잘못하거나 실수해도 괜찮다는 마음이 없다면 독창적인 것을 만들 수 없다. 아이는 성인이 되면 대부분 그러한 역량을 잃어버리고 만다. 결과적으로 우리는 교육을 통해 창의력을 계발하기는커녕 있던 창의력도 없애버리고 있는 것이다. 미래를 위해 도움될 것이 없다.

강연에서 보여주었던 구수하고 유머러스한 분위기가 책에서도 느껴졌다. 경직된 주장이나 이론이 아니라 수필을 읽는 기분이었다. 잔잔한 물 위를 돛단배로 가는 기분이다. 이야기하고자 하는 개념이 앙금처럼 차분하게 가라앉는다.

열 개의 장이 연결되면서도 독립적이다. 혁명이라는 커다란 구호보다는 잔잔한 보석 같은 교육 주변 이야기들이다. 가르치는 사람의 옷깃을 여미게 하는 숭고함이 있다. '아이는 타고난 학습자이다' '교사는 일종의 예술가이다' '부모는 아이들을 어떻게 키워야 하나'는 특히 울림을 주는 장이었다.

이 책에서 처음으로 알게 된 '거꾸로 수업'도 궁금해서 공부하게 되었다. 2007년 미국 존 버그만 교사가 수업에 자주 빠지는 예체능 학생을 위한 동영상을 제작하여 수업을 미리 집에서 듣게 하고, 학교에서는 토론 수업을 통해 친구들과 상호 작용하면서 공부하도록 했던 것에서 시작되었다.

국내에도 관련 책이 출판되어 존 버그만과 애론 샘즈의 『진짜 배움으로 가는 길-거꾸로 교실』, 이민경의 『잠자는 아이들을 깨우는 수업의 비밀-거꾸로 교실』을 읽고 거꾸로 수업의 기저를 파악할 수 있었다.

『학교혁명』에는 실제 사례와 관련된 책들이 많이 등장한다. 그래서 이 책을 읽고 나면 소개된 다른 책을 읽지 않을 수 없다. 켄 로빈슨의 다른 저서인 『엘리먼트』, 『누가 창의력을 죽이는가』와 팀 브라운의 『디자인에 집중하라』를 읽었다. 좋은 책의 덩이줄기를 캐는 기분이었다.

『학교혁명』을 열 권 더 구입해 다섯 분 선생님께 두 권씩 나누어 주었다. 한 권은 선생님이 읽고, 또 한 권은 마음에 드는 다른 선생님께 선물하도록 했다. 한 분 선생님이라도 더 읽어주기를 바라는 마음이었다. 지금도 나는 이 책을 선생님 선물용으로 정해두고 있다.

6장

봉암의 시간을 돌아보며

내 인생의 봄날

마을에서 본 산수유꽃과 산등성이에서 본 생강나무꽃은 너무 닮았다. 노랑 꽃에 피는 시기도 비슷하다. 구분하기 어렵다. 나도 처음엔 귀찮으니까 마을에 피는 건 산수유꽃이요, 산에 피는 건 생강나무꽃이라는 정도로 대충 넘어갔다. 그러다가 아이들과 이 두 꽃을 비교하면서 그 미세한 차이를 구분할 수 있게 되었다.

산수유꽃은 폭죽처럼 퍼져 있고, 생강나무꽃은 솜처럼 뭉쳐 있다. 산수유나무 줄기는 회백색이며, 생강나무 줄기는 검은 녹색을 띠고 있다. 생강나무 줄기를 꺾어 코에 대보면 진짜 생강 냄새가 난다. 산수유 꽃눈은 구슬처럼 동그랗고 생강나무 꽃눈은 붓 모양이다. 산수유 잎은 길쭉하고, 생강나무 잎은 한자의 '뫼 산 山' 모양이다. 가을의 열매는 더욱 뚜렷하다. 산수유 열매는 빨간색으로 겨우내 붙어 있어 겨울꽃이 핀 것 같고, 생강나무 열매는 까맣다.

김유정의 「동백꽃」은 남쪽의 붉은 그 꽃이 아니라, 생강나무꽃을 일부 지방에서 그렇게 부른다는 것을 알게 된 것은 훨씬 나중의 일이다. 산수유나무와 생강나무의 꽃을 비교하면서, 아이들과 비슷한 다른 식물들을 찾아보는 재미를 갖게 되었다. 양지꽃과 뱀딸기, 억새와 갈대, 진달래와 철쭉 등 비슷하면서도 서로 다른 특징을 찾아내는 활동은 내게도 즐거운 시간이었다.

어느 따듯한 봄날이었다. 아이들이 밖으로 나가 '봄 찾기' 놀이를 하고 싶단다. 봄 찾기 놀이가 뭘까? 아이들의 속셈은 뻔하다. 나가 놀고 싶다는 이야기다. 밖으로 나간 아이들은 봄소식을 찾아다니며 신나게 뛰어다니며 논다. 두 시간 가까이 놀던 아이들이 봄의 순간을 포착해 왔다.

놀이터에 할머니와 아기가 나와 논다. 아파트 창문이 열려 있다. 옷이 널려 있다. 담 밑에 파를 옮겨 심었다. 응달의 얼음이 녹아 없어졌다. 잔디 사이에 작은 풀꽃이 피어 있다. 목련 꽃눈이 통통해졌다. 바람이 춥지 않고 오히려 시원하다. 나는 잠바를 벗어 나무에 걸어 놓았다.

아이들은 저마다 다른 봄소식을 가져왔다. 아이들의 봄 찾기는 떨리는 선율이었다.

그렇게 일상생활 속에서 교육을 찾는 일은 즐거웠다. 아침 신문을 넘기며 특히 반가울 때가 있다. 어지러운 세상사를 시원하게 풀어내는 칼럼보다도 아이들과 나눌 만한 기사를 발견할 때가 더 좋았다. 기사에 따라 새로운 정보의 성격도 있고, 내용 자체를 음미해야 하는 것도 있고, 따듯한 인정을 함께 나누어야 할 내용도 있다. 아이들과 이야기를 나눌 만한 내용이라 생각되면 스크랩과 함께 인터넷으로 검색하여 자료화했다. 그런 날의 아침은 마음이 넉넉해지며 아이들이 더욱 기다려진다.

마음에 드는 책이 눈에 띄면 넉넉해진다. 거리에 나붙은 현수막 안내와 우편함에 꽂힌 전단지가 고마운 정보가 돼준다. 이렇게 일상에서 교육을 찾아내는 일은 생활 리듬에 활력을 가져다준다. 생활 속에서 찾아낸 활동은 어떤 프로그램보다 신선하고 활발하다. 이렇게 아이들과 함께하면 언제 어느 곳이고 내게는 배움의 현장이 되었다.

아이들과 함께하는 것은 가르침보다 배움이 더 컸다. 이런 배움의 결과들이 모여 그동안 두 권의 책도 낼 수 있었다. 『역사가 숨 쉬는 보물섬 강화도 이야기』, 『얘들아, 백제 여행 떠나 볼래?』이다. 최 선생님과 홍 선생님이 함께 참여했다.

돌이켜보면 봉암은 많은 사람의 도움으로 디자인 되었다. 좋은 교육 정보가 있으면 망설임 없이 제공해주는 학부모님들의 참여가 무엇보다 큰 활력소였다. 봉암 가족에게는 늘 감사한 마음이다. 어렵거나 힘든 기억 하나 없이 이렇게 아쉬움으로만 남는 것은 큰 행복이다.

퇴직 전부터 미리 꼼꼼하게 준비하지 못하고 성글게 출발하여 허둥댔던 시작에 대해 부끄럽고 미안한 마음이다. 좀더 넓고 쾌적한 공간에서 아이들과 마음껏 활동하지 못한 게 너무 아쉽다. 숲속에 배움 공간을 마련하여 아이들과 함께 잠자고 배우고 활동하려던 생각은 이루지 못한 꿈으로 남는다. 배우고 가르치며 매일 희망의 꽃씨가 뿌려지는 공간을 남기고 싶었다.

봉암 19년은 내가 찾은 봄이었다.

남겨진 흔적들

집 주인은 아파트 열쇠를 작은 상자에 귀중품처럼 포장하여 보내왔다. 상자 모서리를 테이프로 꼼꼼하게 붙인 모양이 주인의 섬세함은 물론 따뜻한 마음이 느껴진다. 그게 벌써 19년 전이다. 나는 지금까지도 열쇠 꾸러미 택배 상자를 버리지 않고 있다. 열쇠 꾸러미 빈 상자를 지금껏 왜 가지고 있는지 나도 알 수 없는 일이다.

2005년 봉암 문을 열고 처음 들어온 아이들이 4학년이었다. 지금 그 아이들은 대학을 졸업하고 사회 활동을 하고 있다. 많은 시간이 흘러갔다. 지나온 날들이 어제 일처럼 스쳐간다.

✲✲

아이들이 다 쓴 공책을 열어 봤다. 예린이 공책에는 '청국장 라면' 신문 기사가 정리되어 있다. 청국장 라면의 좋은 점을 소개하는 내용이다. 청국장으로 라면을 만들었다면 어떤 맛일까? 우리는 모두 궁금했다. 여러 차례 슈퍼에 들러봤으나 청국장 라면은 팔지 않았다. 얼마 후 대형 마트에서 청국장 라면을 찾아냈다. 그날 우리는 기다리던 청국장 라면을 맛볼 수 있었다.

✲✲

  펜토미노 열두 개의 조각으로 모양을 맞추는 퍼즐 시간이다. 몇 번을 반복하면서도 골똘한 모습이 흩어지지 않는다. 거의 수업 시간이 끝날 무렵이다. 이제 한 부분만 비어 있다. 딱 하나 남아 있는 조각을 넣어보는 순간 "와! 됐다."라며 소리를 지른다. 신이 나서 손바닥으로 책상을 두드린다. 그러고는 "대한민국 만세!" 한다.

✲✲

  방학이라 2학년은 병준, 승민 둘만 왔다. 밖으로 나가 나무 밑 의자에 앉아 책을 읽었다. 매미 소리가 가득하다. 병준이는 발을 흔들며 책을 읽는다. 승민이도 덩달아 발을 흔든다. 개미가 발에 기어오른다며 이번에는 아예 책을 들고 서성이며 읽는다. 그러더니 책을 다 읽었단다.

✲✲

  신문에 연재된 애송 동시(「조선일보」, '한국인의 애송 동시', 2008. 5. 12~2008. 7. 8) 50편을 스크랩하여 나누어 주었다. 그중에서 마음에 드는 동시 두 편을 골라보게 했다. 신문 스크랩한 것을 뒤적거리더니 한 아이가 「흔들리는 마음」을 살피면서 "난 이 시를 보면 눈물이 나려고 해."라고 말한다. 다른 아이들이 궁금한 표정으로 쳐다본다. 그러더니 정말 고개를 파묻고 눈물을 흘리고 있다. 왜 눈물이 났을까? 이 시에서 무슨 생각이 떠올랐을까? 그의 속마음을 차마 물어볼 수가 없었다.

✳✳

엉겅퀴는 길가 풀섶이나 무덤가에 핀다. 엉겅퀴는 줄기와 잎에 따가운 가시가 있지만, 꽃잎은 붓털보다 부드럽다. 따가운 가시와 부드러운 꽃이 함께 있다. 아이들은 조심스럽게 엉겅퀴 줄기와 잎을 만져본다.

'따갑다, 가시가 있다. 줄기가 둥글다, 아니 세모다.'

이번에는 아까보다 더 조심스럽게 꽃에 손을 살짝 대본다. 느낌을 알았는지 손가락으로 비벼보기도 한다.

'아깐 따가웠는데 지금은 털같이 부드럽다.'

아름다운 동시 한 줄이 생겨났다.

✳✳

산하가 『제이넵의 비밀 편지』를 읽어 왔다. 장학사가 학교 방문하면 며칠 전부터 긴장하고 대비한다. 미국이 발견된 해는 1492년이라고 전날 확실히 외워두었다. 당일 장학사가 너 몇 살이냐고 묻는데도 외운 대로 '1492년'이라고 큰 소리로 대답했다. 담임선생님은 진땀이 났을 것이고, 친구들은 웃음을 참느라 애를 먹었을 것이다. 산하의 책 소개에 우리도 배꼽을 잡고 웃었다. 산하는 본디 유머가 많고 창의적이다. 대학도 디자인 전공으로 갔다.

✳✳

"선생님, 이 책 좀 읽어보셔요."

돌아보니 4학년 유빈이다.

"어떤 책인데?"

"우리 고모가 형 읽으라고 사 온 책이거든요. 그런데 왠지 나도 읽고 싶은 생각이 들어 읽어봤어요. 처음에는 별로 재미없었지만, 읽으면서 차츰 재미도 있고 무척 감동적이었어요. 선생님께서도 읽어보시면 아마 좋아하실 거예요."

책 이름은 『바보 빅터』다.

"고맙다. 유빈아, 꼭 읽어볼게."

★★

"얼마 전에 내가 왕오천축국전에 관한 기사를 소개한 적이 있잖아. 그 후에도 이 기행문이 어떤 내용인지 더 자세히 알아보고 싶어 어린이용 왕오천축국전을 읽어봤거든. 그런데 우리 누나가 플루트 레슨을 받으러 서울 갈 때 나도 따라갔어. 누나가 레슨을 받는 동안 아빠와 거리를 걷다가 왕오천축국전 전시회를 연다는 현수막을 본 거야. 나는 아빠를 졸라 전시회에 들어가 봤지. 용산에 있는 국립중앙박물관이야. 들어가 보니 두루마리로 된 것을 펼쳐 놓았어. 30cm만 펼치도록 프랑스와 약속했다는데 내가 보기에는 그보다 더 많이 펴놓은 것 같아."

'혜초가 지은 왕오천축국전이 고국에 찾아온다'는 기사를 읽었는데, 그 전시회에 직접 다녀왔다는 설명이다.

"그럼 네가 직접 봤다는 거야?"

"응, 휴대폰을 꺼내 사진도 찍으려고 하는데 안내원이 말려서 찍지는 못했어. 왜 사진을 못 찍게 하는지 이해가 안 돼?"

"프랑스는 웃긴다. 자기들 것도 아니면서 뭐 몇 cm만 펴라 마라 하냐? 자기가 주인인마냥 말이야.”

　　“글쎄 말이야.”

　　　　　　　　　　　✻✻

　　2학년 아이들과 기초단계로 익힌 한자 카드로 말이 되게 짝을 지어본다. 카드에서 父와 母를 골라 父母로 조합하는 것이다. 한 아이가 카드로 手子를 만들어 놓았다. 무슨 뜻일까? 짐작이 가지 않아 물어봤다. ‘손자’라고 읽는다. 아니 ‘수자’가 아니고 어째 ‘손자’가 되었을까? 옳거니. 手에서 ‘손 수’의 ‘손’을 따오고 子의 ‘아들 자’의 자를 연결해서 ‘손자’로 만든 것이다. 그러니까 手에서는 훈을 가져오고, 子에서는 음을 가져온 것이다.

　　아이들은 재미있다며 웃어댄다. 그러더니 재미있는 낱말이 줄줄이 만들어진다. 象足(상족: 코끼리 다리), 口門(구문: 입을 열었다), 地田(지전: 땅에 있는 밭), 天鳥(천조: 하늘을 나는 새), 月女(월녀: 달이 된 여자), 海魚(해어: 바다 물고기), 牛面(우면: 소 얼굴), 犬衣(견의: 개 옷), 鳥耳(조이: 새의 귀).

　　　　　　　　　　　✻✻

　　2학년 준호가 어느 날 정해진 시간보다 일찍 왔다. 이순신 장군에 대해 잠깐 얘기하는데 장군에 대해 꿰뚫고 있다. 학익진, 일자진 등 전법은 물론, 모략에 의한 투옥 등 이순신 장군의 모든 것을 훤히 알고 있다. 그러면서 장군이 한 말 중에 “삼척서천 산하동색 일휘소탕 혈염산하(三尺誓天 山河動色 一揮掃蕩 血染山河)”가 멋있었단다.

"그게 무슨 뜻인데?"

"석자 되는 칼로 하늘에 맹세하니 산과 물이 떨고, 한번 휘둘러 쓸어버리니 피가 강산을 물들이도다."

일사천리이다. 깜짝 놀랐다. 아니 어떻게 2학년이 한문으로 대사를 줄줄 외울 수 있을까? 어른도 쉽지 않은 일인데 말이다. 다른 학년에게도 장군의 명언을 알아보게 했다.

재환이는 '전장이 급하니 나의 죽음을 알리지 말라'를 골라 한문으로 바꿔 왔다. '我死 不曰 敵'이다. 我死는 '나의 죽음'이고, 不曰은 '말하지 말라'이고 여기에 敵을 붙이면 '我死 不曰 敵' 즉 '나의 죽음을 적에게 알리지 말라'는 뜻이 된단다. 배운 한자를 동원해서 자기 나름의 한문을 만들었다. 본래의 한문 '戰方急 愼勿言我死'보다 재환이가 번역한 '我死 不曰 敵'이 훨씬 재미있고 멋진 조합이었다.

황학산 수목원은 마을에 있는 정원 같다. 오밀조밀하고 정겹다. 아이들은 할미꽃을 처음 보고 신기해한다. 고개 숙인 할머니의 하얀 머리 모양이란다. 항아리 정원도 신기하다. 항아리를 잘만 배치해도 아름다운 모습이 만들어진다. 잔디밭에 둘러앉아 한나와 찬송이의 노래를 들었다. 4월의 파릇한 숲속에서 듣는 맑은 소리였다.

미동산 수목원의 마로니에 잎은 얼굴보다 더 크다. 아이들은 잎을 따서 눈구멍을 뚫어 쓰고 다닌다. 목련 잎을 반으로 접어 타원형으로 자르고 다시 펴서 위로 올려 접기를 반복하다가 마지막으로 잎자루를 눈이 있는 위치에 끼우면 그럴듯한 매미 한 마리가 탄생한다. 민들레 줄기는 뻥 뚫려 있어서 피리처럼 불 수 있다.

**

은행나무에도 꽃이 핀다. 아이들은 처음 듣는 이야기라고 한다. 은행나무는 열매가 달리는 암나무와 열매가 달리지 않는 수나무가 있다. 암나무꽃은 옹기종기 모인 잎 사이로 숨바꼭질하듯 피어 눈여겨보아야만 알 수 있다. 수나무꽃은 길쭉한 연둣빛 열매처럼 생겨서 좀더 찾기 쉽다. 은행나무꽃을 찾아볼 수 있는 시기는 어린싹이 손톱만큼 나왔을 때가 좋다. 우리는 지도를 가지고 은행 나무꽃을 찾아 나섰다.

**

아파트 입구에 금낭화가 예쁘게 피어 있다. 금낭화에 빙 둘러앉아 공책에 그려본다. 가는 줄기에 하트 주머니가 줄지어 달려있다. 연두색 줄기와 분홍색 꽃이 살아난다. 그림 옆에 글로 금낭화를 표현해본다. 그림으로 그릴 때보다는 손놀림이 느려진다. '복주머니, 하트, 바늘꽂이, 심장, 귀걸이, 단추…' 새로운 이름이 만들어진다. 금낭화를 그림 보듯 묘사하면서 소곤거린다.

**

『우동 한 그릇』에서 가난한 세 모자가 우동 한 그릇을 주문하면서 미안한 표정을 짓는다. 남자 주인은 반 그릇 분량을 눈치채지 않게 더 넣는다. 주인아줌마는 세 사람 분량을 주자고 한다, 남자 주인과 아줌마 중에 누가 더 배려심이 클까? 우동의 분량이냐, 마음이냐가 서로 충돌한다. 이렇게 서로 의견이 팽팽할 때면 으레 "선생님은 어떻게 생각하세요?"라고 묻는다.

"글쎄다. 나도 헷갈린다."

아이들은 '우동 한 그릇' 이야기를 감명 깊게 읽고 미니 연극으로도 꾸며봤다.

✲✲

『옥수수 박사 김순권 이야기』를 읽는 시간이다.

"선생님, 이거 먹으면서 책 읽으래요." 하며 따끈따끈한 옥수수 다섯 자루가 든 봉지를 내민다. 오늘 『옥수수 박사 김순권 이야기』를 읽는 날이라 엄마가 일부러 보냈단다. 아이들에게 반씩 잘라서 나누어 주었다. 옥수수를 먹으며 책을 읽었다.

✲✲

같은 날 같은 곳을 견학해도 아이들의 글쓰기 소재는 아주 다르다. 아이들이 써낸 글 중에서 돋보이는 글을 복사하여 나누어 주었다. 2학년 승훈이는 "내 글은 캄캄한 굴 속 같은데 이 글은 읽어보면 환한 대낮 같아요."라고 말한다. '굴 속'과 '대낮'의 비유가 제법이다.

※※

　　도청에 부탁한 홍보자료가 배달되었다. 아이들과 함께 봉투를 뜯었다. 아이들은 봉투를 보고 "이상하다. 글씨가 다르지 않니?"라며 수군거린다. 정말 발신인과 수신주소의 글씨체가 서로 다르다. 봉투 한 면에 두 가지 글씨체가 있으니 이상한 일이 아닐 수 없다. 아이들은 상상력을 동원한다.

　　"먼저 주소를 쓰던 사람이 화장실 가느라 다른 사람에게 부탁했나 봐."

　　말하자면 두 사람이 썼을 것이라는 추측이다. 글씨도 숙련된 글씨가 아니라고 꼬집었다. 우리는 사인펜으로 예쁘게 주소 써보기 연습을 했다.

※※

　　누군가 옛날에는 '책보'라고 하는 무명천에 책이나 학용품을 반듯하게 싸서 어깨에 메거나 허리에 차고 다녔다는 이야기를 꺼냈다. 우리도 보자기에 책을 싸보기로 했다. 보자기를 펼쳐놓고 책을 중앙에 놓은 후 보자기 끝을 안으로 접어 책을 덮는다. 이렇게 하고 책보를 집어 드니 보자기가 주르르 흘러내리고 책이 쏟아진다. 모두 돌아가면서 책보를 싸본다. 아무리 해도 책을 보자기에 쌀 수 없다. 그러다 한쪽 귀퉁이에 책을 놓고 보자기로 둘둘 말아서 남은 모서리끼리 동여맨다. 모서리가 펄럭인 것이 문제가 되어 옷핀으로 고정한다. 옛날 책보를 재현하는 데 성공한 것이다. 아이들은 이렇게 탄생한 책보를 돌아가면서 어깨에 메어보기도 하고, 허리에 동여매기도 한다.

세 팀으로 나누어 상의해서 현재의 책 배열과 상관없이 마음대로 책을 새로 꽂아보라고 했다. 40분 정도 지나서 팀별로 어떤 원칙으로 정리한 것인지 소개한다. 출판사에 따라 정리하고, 색깔별로 정리하고, 내용별로 나누어 정리하는 등 기준이 모두 다르다. 발표를 다 듣고 자기들끼리 의견을 나눈다.

'두꺼운 책과 얇은 책을 따로 나누어 정리하면 좋겠다, 책의 크기가 다른데 색깔별로 꽂아 울퉁불퉁하고 어지럽다, 우리나라 역사책을 먼저 꽂고 다른 나라 역사는 그 옆에 놓았으면 좋겠다, 저학년 고학년 동시집으로 나누어 정리하는 것이 좋겠다.' 이렇게 고심해 정리해 놓은 것을 다른 학년 아이들이 와서 다시 정리한다. 먼저와는 아주 딴판으로 정리해 놓는다.

✲✲

오늘은 승훈 엄마의 요리 수업이다. 식빵으로 간식을 만드는 활동이다. 먼저 식빵 모서리를 자른 뒤 밀대로 얇게 밀어준다. 그 위에 치즈를 올려놓고 동그랗게 말아준다. 이번에는 바나나 껍질을 깐 뒤 반으로 잘라서 올리고 말아준다. 프라이팬에 버터를 넣어 녹인 뒤 치즈와 바나나를 만 식빵을 돌려가며 익히고 마지막으로 설탕을 솔솔 뿌려준다. 치즈와 바나나를 식빵에 말아서 익혀 먹으니 색다른 맛이다. 아이들은 맛있게 먹고 가족들에게 맛보인다고 가져가기도 한다.

✲✲

아침 9시, 가끔 면사무소 앞의 체육공원에 모여서 조정 체험 장소로 이동했다. 영상자료로 조정의 기초를 이해한 다음 노젓는 방법을 실습했다. 이제는 탄금호에서 실제로 배를 타보는 체험이다. 사진으로만 보던 좁다란 배에 4명씩 타고 조교와 함께 배를 저어간다. 처음의 두렵고 불안 표정들이 어느새 즐거운 표정으로 바뀌었다.

✲✲

경운기를 타고 옥수수를 따러 갔다. 옥수수를 뒤로 약간 제쳐서 비틀어 따는 것이 요령이다. 옥수수 대가 부러지기도 하고 손을 베기도 한다. 옥수수를 비료 포대에 담아 경운기로 운반한다. 옥수수 껍질을 벗겨 가마솥에 가득 넣었다. 물을 붓고 소금을 약간 뿌린 다음 불을 때기 시작한다. 눅눅한 날씨라 장작에 쉽게 불이 붙지 않는다. 연기가 사방으로 퍼지면서 아이들은 맵다고 흩어졌다 다시 모인다. 빗자루로 불을 부채질한다. 땀방울을 닦는다. 굴뚝으로 나오는 연기도 자못 신기하다. 어느새 솥뚜껑을 열어 보니 옥수수에 김이 무럭무럭 나면서 다 익었다. 소쿠리에 꺼내서 봉당으로 갔다. 뜨거운 옥수수를 호호 불면서 먹기 시작했다.

✲✲

감자를 캐보는 날이다. 아이들 숫자대로 열두 고랑 앞에 각각 한 명씩 서 있다. 감자 잎을 낫으로 걷어냈다. 흙이 부드러워 손으로 파도 쑥쑥 감자가 나왔다. 아이들은 신나게 캐서 각자의 비닐봉지에 담기 시작했다. 큰 감자가 나올 때마다 서로 대보고 크기 시합을 한다. 1시간 정도 캐니 비닐봉지가 뺑뺑했다. 각자 캔 감자를 10kg씩 달아 집에 가져가기로 했다. 기준 10kg은 모두 넘는 분량이었다. 아이들은 저울 눈금을 보다가 10kg이 넘으면 아까운 듯 감자를 덜어낸다. 그런데 영락없이 작은 감자만 골라내며 무게를 맞춘다.

✵

     산자락 밑 다랑논에는 마침 모내기를 하고 있었다. 앙증스러운 이앙기가 탈탈거린다. 기계로 모를 심는 모습을 흥미롭게 바라본다. 논 귀퉁이에서 모내기 방법을 설명하고 있으려니 주인이 우리의 모습을 알아차린 듯 "직접 심어봐야 하지 않겠니?" 하며 모를 한 단 던져준다. 마침 논 귀퉁이에는 이앙기가 지나가지 못하는 자투리 공간이 있다. 우리는 그곳으로 한 사람씩 들어가 몇 줌씩 모를 꽂아봤다. 모를 꽂으면 한참 있다가 물 위로 뜨고, 또 심어 놓은 모가 서로 흩어지기도 한다. 손가락 끝에 모를 잡고 함께 땅속으로 집어넣는 요령이 쉽게 익혀지지 않는다. 책상 넓이만 한 곳을 채우는 데도 한참 시간이 걸렸다. 질척한 논에 발이 빠지고, 물컹물컹한 논흙을 손으로 주물럭거려 본 것은 별난 느낌이었다. 우리의 상황을 알고 모를 던져준 주인의 센스가 참으로 고마웠다.

✲

콤바인으로 추수를 하고 난 논에 볏짚이 그대로 깔려 있다. 아이들이 논으로 들어가 뛰어다닌다. 볏짚을 헤집어 보면 벼이삭이 군데군데 들어 있다. 벼 이삭을 손톱으로 벗기자 쌀 낟알이 톡 튀어나온다.

"와! 쌀이다."

벼에서 쌀이 나온다는 말을 이제야 알겠다는 반응이다. 아이들은 쌀이 벼 이삭에 하얗게 붙어 있는 줄 알았단다. 아이들이 집에 가서 밥해 먹는다며 벼 이삭을 한두 꼭지씩 들고 간다.

✲

재생 에너지 센터에 갔다. 먼저 갔던 음식물 처리장보다는 악취가 덜하지만 메케한 냄새는 가시지 않았다. 수거한 음식물을 갈아서 물로 만들고, 이를 탱크에 저장하여 숙성시켜 가스를 생산한다. 이 가스를 가스 회사에 판매한다니 신기하다. 센터를 돌아보고 안내자가 음식물 쓰레기의 배출량을 줄이도록 해야 한다는 말을 듣자 질문이 생겼다.

"음식물 쓰레기로 가스를 생산한다고 했잖아요? 그러면 음식물 쓰레기를 많이 가져올수록 더 좋은 거 아닐까요?"

아저씨의 설명이 앞뒤가 맞지 않는다는 표정으로 고개를 갸웃거린다.

✲

새벽 6시 30분에 석굴암을 향했다. 토함산 주차장에서 차를 내리니 강한 안개 비바람이 세차게 불어와 우산을 펼 수가 없다. 아예 우산을 차에 두고 걷기로 했다. 새벽 비바람을 뚫고 극기 훈련처럼 속보로 가는 수밖에 없다. 더 세찬 비가 올까 걱정스러웠다. '아이들이 감기에 걸리면 어쩌나, 조금이라도 빨리 석굴암에 도착해 비를 피하자.' 어른의 빠른 걸음에 아이들은 거의 뛰다시피 쫓아온다. 어느 사이엔가 '하나 둘, 하나 둘' 구령에 따라 힘차게 걸었다. 급한 마음으로 걸어서인지 금방 석굴암에 도착한 기분이다. 악천후에 다른 사람들은 하나도 없어 석굴암은 우리 봉암 아이들이 독점했다. 평소에는 관광객들에게 떠밀려 석굴암을 빠져나오는데 석굴암 본존불을 실컷 감상할 수 있는 행운을 얻었다. 마침 석굴암을 관리하는 아주머니의 보충 설명이 풍요로웠다. 경주에서 자라 이 석굴을 관리하는 일에 40여 년을 보냈다니 가히 석굴암 전문가가 아니겠는가? 석굴암을 찾는 수많은 학자, 전문가, 예술가들의 생생한 이야기를 들은 이 아주머니는 석굴암에 관한 도사였다.

✲✲

1박 2일의 독서 나들이를 끝내면서 공책 한 권씩을 기념으로 나누어 주었다. 공책 첫 페이지에 이렇게 써 주었다.

"○○야, 선생님은 언젠가 ○○에게서 이런 전화를 받고 싶다. 선생님, 저 ○○인데요. 오늘 1000권째 책 읽었어요. 그때는 어떤 일이 있더라도 축하해주러 가고 싶다."

일정을 끝내고 충주 도서관으로 이동했다. 아이들은 준비한 사진으로 즉시 회원증을 발급받고 기뻐한다. 도서관이 친숙한 공간이 되었으면 좋겠다.

✤

봉암 1기 6학년이 책씻이를 마치고 중학생이 되었다. 학부모님들의 협의로 중학생이 되어서도 월 2회 봉암 활동은 계속하기로 했다. 부형님들과 교사가 팀워크가 되어 지도한다. 독서, 문학기행, 뮤지컬공연 관람, 바우덕이 남사당놀이, 햄릿 영어연극 하기, 테스 영화감상 등 다양한 프로그램을 만들었다.

조르바처럼

어느 직업이든 힘들고 어려운 점은 다 있게 마련이다. 학교생활도 다르지 않다. 과중한 업무, 수업 부담, 생활지도, 조직 구성원 간의 갈등, 학부모와의 문제 등은 일상이다. 그러나 이러한 문제보다 교사인 나를 힘들게 하는 것은 다른 데 있었다. 두 가지였다. 하나는 교육 조직 문화의 타율성이며 또 하나는 교육의 형식화에 있었다. 즉, 지시하고 확인하고 통제하는 타율적 문화에서 파생되는 문제들이다. 통제의 거미줄에 자율의 날갯짓은 여지없이 걸리고 만다. 교육은 본래 자율에 바탕을 두고 있다. 그러나 이러한 자율이 끼어들 틈이 없다는 것이 힘들었다. 정말 해야 할 일을 신나게 하지 못하고 바쁘고 고단한 일상이 반복되면서 학교생활에서 신선함을 찾기 어렵다. 수업 밖의 업무에 짓눌려 초점을 잃게 된 것이다. 그래서 늘 갈구해왔다. 자율을 바탕으로 마음껏 교육의 날개를 펼 수 있는 날을. 그러나 이러한 소망은 늘 파묻히고 말았다.

타율적 분위기가 주로 외부에서 오는 것이어서 어쩔 수 없이 수용할 수밖에 없는 관료적 병폐라면, 교육의 형식화 즉 겉치레는 순전히 내적 가치의 부재에서 오는 문제라고 할 수 있다. 교육은 교육 본래의 가치가 있다. 학교 교육 활동은 그것이 크든 작든 교육적 가치에 그 기준을 두어야 마땅함에도 외부와 타인의 시선을 의식한 판단이 우선되어 교육의 질적 가치가 약화된다. 이러한 겉치레 형식화는 어느새 교육 가운데 깊숙하게 자리하고 있어 교육 아닌 것이 교육처럼 여겨지는 심각한 현상이 벌어지고 있다. 이 책의 처음에 나오는 '낙엽을 만드는 아이들' 이야기도 그 작은 예라고 할 수 있다. 교육 현장에서 이렇게 교육의 가치가 퇴색한 일들이 아무런 프리즘 없이 일상으로 여겨지는 것은 안타까운 일이다.

나의 소망을 퇴직 후에야 이루었다. 봉암 활동에서는 꼭 거쳐야 할 국가나 지역 교육과정도 없고, 시험 때문에 교과 진도를 꼬박 나가며 종종걸음을 할 필요도 없었다. 나를 투시하는 장학사도 없고, 내게 잔소리할 부장, 교감, 교장도 없다. 나는 오직 나 혼자일 뿐이다. 그래서 가르치는 일에 자유로웠다. 내가 구상한 활동을 내 마음껏 실현하면 되었다. 그 평가는 오롯이 나 자신과 아이들에게 달려 있다.

✻

'봉암은 뭘 공부하는 곳이니?'라고 질문을 받으면 아이들은 어떻게 답할지 곤란하다고 한다. 가만히 생각해보면 가르치는 나도 뭘 가르치고 있는지 딱 잘라서 한 마디로 답이 생각나지 않는다. 그래서 아이들에게 되물었다.

"너희들은 우리 봉암 공부를 뭐라고 표현하면 좋겠니?"
한 아이가 말했다.
"여러 가지를 배우니 비빔밥이라고 하면 어떨까요?"
"글쎄 그것도 괜찮겠다."

학부모들이 뭘 어떻게 가르치는 건지 알고 싶다고 성화를 대기에 한번은 시립도서관에 장소를 빌려서 학부모들을 모아 설명회를 했다. 그동안 해온 활동들을 사례 중심으로 소개했다. 끝나고 나서 학부모들이 작성해준 설문지에 이런 메모가 끼어 있었다.

몇 달 전 이곳 충주로 이사를 올 때 마음 한편이 무겁고, 아이들에게 괜스레 미안한 마음도 들고 서울의 모든 것들이 아쉽기만 하고 떠남이 몹시 슬펐습니다. 오늘, 비가 내려 제 몸에 소름이 돋는 줄 알았습니다. 하지만 그게 아니란 걸 점점 느껴갑니다. 이곳에 정말 잘 왔구나. 설명하시는 내내 전율을 느꼈습니다. 이것이 바로 '교육'이라는 생각이 듭니다. 정말 소중한 시간이었습니다.

이렇게 받아주는 마음이 고마웠다. '그리스인 조르바'처럼은 아니더라도 가르치는 자유로움으로 충만한 시간이었다. 나는 가르치는 자유를 충분히 누릴 수 있는 행복을 경험했다. 퇴직을 했다고 해서 교육 현장에서 단절되었다거나 시차의 불편을 느끼거나 하지도 않았다. 학교 생활을 단순화한 구조 위에 자유롭게 가르치고 함께 배운다는 것을 목표로 봉암교육연구실은 무리 없이 자리 잡았다.

적어도 누구를 위한 겉치레는 걷어내야 한다는 생각은 늘 바탕에 두고 있었다. 겉치레는 타인 지향에서 나오는 것이다. 남을 의식할 때 내용을 벗어난 형식에 기울게 되고 그러다 보면 본질을 잃고 포장만 남게 된다. 이런 타자 지향의 조건이 없어서 나는 다행이었다. 교육적 가치와 기준의 판단에 작용할 외적 요인들에서 벗어났다. 오직 스스로의 고독한 판단이 있을 뿐이었다.

느티나무 세 그루

우리 아파트 가까이 성당이 있다. 엘리베이터를 타고 내려와 5분이면 닿는다. 소나무와 벚나무가 정겨운 산책로를 지나 구름다리로 시냇물을 건너면 바로 성당 뒷길로 이어진다. '도시바람숲길'로 조성된 공조팝나무 화단이 정겹다. 나무, 시냇물, 구름다리… 성당 가는 길의 모든 순간이 그림엽서다.

그런데 성당 뒷길의 반달 모양 빈터가 문제였다. 성당을 새로 지을 때 생겨난 자투리땅이다. 터줏대감이던 잣나무 두 그루와 밤나무 한 그루가 뻘쭘하게 버티고 있고 한쪽으로 쓰레기가 쌓였다. 봄이면 동사무소에서 사람들이 나와 화초를 심지만 잡초에 휘둘리다가 일 년도 못 돼 흔적도 없이 사라지고 만다. 잡초가 판을 치는 빈터였다.

이 자투리땅에 나무를 심으면 그림엽서 한 장이 완성될 것 같았다. 무슨 나무를 어떻게 심으면 좋을까 혼자 궁리했다. 소나무를 더 심을 필요는 없겠고, 느티나무가 좋겠다 싶었다. 느티나무는 마을 어귀, 공원, 길가 어디에서 보아도 듬직한 정감을 주는 나무가 아닌가. 성당 사람들은 물론, 이곳을 지나는 사람들의 쉼터로 꾸미려면 역시 느티나무가 제격이다. 시냇가 쪽으로는 산수유가 좋을 것 같다. 봄이면 노란색 꽃이 피고, 꽃이 지고 나면 빨간 열매를 맺을 것이다.

먼저 느티나무를 찾아 나섰다. 시내에 있는 나무 농원을 모두 돌아보았으나 마땅한 게 없다. 잘 아는 농원 주인에게 수소문을 부탁하고, 인터넷으로 검색도 해보았다. 시간이 걸리더라도 마음에 쏙 드는 나무를 찾고 싶었다.

　　그렇게 2년여의 시간이 지났다. 봉암 아이들과 바이오센터로 견학을 가는 날이었다. 큰 도로에서 길을 꺾어 넓은 들로 접어드는데 멀리 나무 농원이 눈에 들어왔다. 길가에 내놓은 대형 소나무 화분이 인상적이었다. 이 농원 옆을 차로 지나가면서 얼핏 나무 한 그루가 눈에 들어왔다. 잠시 스쳤는데도 소름이 돋을 만큼 마음에 들었지만 일정 때문에 차를 세울 수 없어 그대로 지나갔다. 나무의 잔영으로 견학 내내 가슴이 뛰었다. 그날 일정을 마치자마자 서둘러 찾아가 보니 느티나무가 맞았다. 겨울이라 나뭇잎은 없어도 나무껍질과 느낌으로 알 수 있었다. 문에 붙은 전화번호로 연락했더니 주인은 외지에 있어 주말에나 만날 수 있다고 한다.

　　며칠 후 주인을 만나 보니 농원을 생계로 운영한다기보다 나무가 좋아서 정원처럼 가꾸는 분이었다. 느티나무 때문에 왔다고 말했더니 주인은 멈칫거렸다. 7년 동안 길러온 것이라 자식같이 정이 들었다며 팔 생각이 없다는 투였다. 그러더니 울타리 쪽에 있는 느티나무를 가리키며 저 나무는 어떠냐고 한다. 크기로야 더 커 보였지만 기울어진 모양이 마음에 들지 않았다. 나는 이쪽 나무가 꼭 마음에 든다고 하며, 성당 옆으로 옮겨 가면 더 많은 사람에게 사랑받지 않겠냐고 어설픈 설득을 해보았다. 주인은 자기 형님이 스님이라 그 절에 몇 년간 조경 일을 해준 적이 있다면서 내 심정을 이해한다고 하며 내가 지목한 느티나무 두 그루를 허락해 주었다.

그로부터 두 달 뒤인 2017년 4월 3일, 드디어 느티나무 두 그루가 왔다. 밤나무를 사이에 두고 거리를 맞춰 구덩이를 팠다. 마사토라 땅파기는 쉬웠다. 굴착기로 차에 있는 나무를 들어 올릴 때 4학년 은기가 왔다. 등교할 시간이지만 나무 심는 작업을 보면 좋을 것 같아 은기 엄마를 통해 불렀다. 은기는 이곳 성당의 주일학교를 열심히 다니고 복사 활동에도 성실하게 참여한다. 은기에게 나무가 들어온 날의 기억을 남겨주고 싶었다. 그러면 이 다음에 어른이 되어서도 이 나무를 잘 보살피지 않겠는가. 구덩이에 느티나무를 내려놓았다. 뿌리 돌림을 워낙 크게 해 와서 그런지 묵직하게 잘 내려앉는 느낌이다. 나무 방향을 조정하고 흙을 덮은 뒤 두 번째 나무를 심었다. 밤나무를 사이에 두고 느티나무 두 그루가 나란히 섰다. 빈터에 큰 나무 두 그루를 심어놓으니, 화단이 그득하다.

느티나무를 심은 뒤로 두 달 동안 비가 오지 않았다. 연약한 잎이 시들시들해지고 있었다. 부랴부랴 물을 주느라고 성당 수도꼭지에 50미터짜리 호스를 연결하였다. 물을 쉽게 주려는 시도였으나 호스를 펴서 길게 늘이는 작업이 만만치 않았다. 중간 부분이 꼬이면 물이 막히며 꼭지의 호스가 빠지고 물이 터진다. 이 소동을 본 신부님이 달려와 거들어주어 겨우 물을 주기 시작하였다. 뿌리 쪽으로 물이 꽐꽐 들어갔다. 마치 목마른 농부가 벌컥벌컥 들이키는 것 같았다. 첫 번째 나무에 물을 흠뻑 주고 나서 두 번째 나무에 호스를 댔다. 느티나무 두 그루에 물을 주는 데 무려 네 시간이 걸렸다. 다음 날 가서 보니 나뭇잎에 생기가 도는 게 느껴졌다. 그렇게 겨우 한숨 돌렸는데 이틀이 지나자 또 시들시들 힘을 잃어가고 있었다. 번거롭지만 이번에는 물통을 손수레로 실어 날랐다. 나무 주위에 크게 웅덩이를 만들고 물이 넘칠 때까지 퍼 날랐다. 나뭇잎이 시들시들한 모습은 차마 볼 수 없다. 그렇게 물 주기를 일주일에 세 번씩 한 달 내내 계속했다. 이사 온 느티나무 살리기에 온 힘을 쏟은 여름이었다. 그러다 6월 어느 날 비가 흠뻑 내렸다. 나는 우산을 쓰고 나가 감사한 마음으로 나무를 바라보았다. 초록 나뭇잎이 무성해지면서 비로소 마음을 놓게 되었다. 느티나무들은 이제 자리를 잡았다.

다음 해에는 화단 길가로 전나무를 심기로 하였다. 옥천에 수소문하여 2미터 정도의 알맞은 나무를 구했다. 2018년 3월 31일 오전 7시에 전나무 실은 용달차가 도착했다. 전화로 주문한 터라 걱정했는데 서른네 주가 하나같이 싱싱하고 반듯했다. 마침 부활절이다. 딸네 부부와 함께 심었다. 봉암 5학년 은기, 준기, 승훈, 상진이도 참여했다. 이 아이들은 나중에 커서도 이 나무들을 뚜렷하게 기억할 것이다. 길가에 일직선으로 심어놓은 전나무들이 대견스러웠다. 시간이 지나면 이 길은 아름다운 전나무 숲길이 될 것이다.

가을이 되어 화단 가운데 있는 밤나무에 밤이 열렸다. 사람들이 수시로 나무를 털어대 주변이 온통 쓰레기장이 되었다. 보다 못한 성당 사무실에서 아예 밤나무를 베어냈다. 밤나무를 사이에 두고 느티나무 두 그루를 간격 맞추어 심었는데, 밤나무가 없어지니 균형도 맞지 않고 가운데가 뻥 뚫려 보기 싫었다. 다시 농원 주인을 찾아가 느티나무 한 그루를 부탁했다. 먼젓번과 비슷한 크기의 느티나무는 없어 작은 것을 가져와서 심었다(2018. 11. 28). 오히려 앙증맞게 예뻤다. 이제는 느티나무 세 그루가 나란히 서 있게 되었다.

그다음 해에는 라일락 스물여섯 그루와 산사나무 열일곱 그루를 심었다. 좀 밋밋한가 싶어 키 큰 배롱나무 두 그루를 심었다. 밑뿌리에서부터 예닐곱 개 되는 줄기가 올라와 모양만으로도 아름답다. 빨갛게 핀 배롱나무꽃이 녹색 나무 사이로 꽃술 장식 역할을 한다.

이제 화단은 웬만큼 조화를 이루었다. 느티나무가 우거지고 전나무가 줄지어 서고, 산수유가 노랗게 피고 있다. 나무 아래로 꽃잔디와 금송화를 심어보았으나 잡초를 이겨내지 못하였다. 여기에 잔디를 심고 의자와 정자를 세우면 잘 어울리는 쉼터가 될 것인데 하고 입맛을 다셨다.

그러던 어느 날이었다. 길 건너에서 조중근 시의원이 조경 공사를 감독하고 있기에 다가가 성당의 화단 이야기를 했다. 그도 내 의견에 공감하는 것 같았다. 일 년 후 성당 뒷뜰에 잔디가 심겨지고 느티나무 주위로 둘레 의자가 놓인 것을 보게 되었다. 아름다운 정자도 지어졌다. 내가 마음으로 그려온 그림이 현실로 나타난 것이다.

성당을 오갈 때면 봉암 아이들과 함께 심은 이 나무들이 보인다. 성당의 나무들을 볼 때마다 정신이 맑아지고 마음이 넉넉해진다. 손녀 다온, 나린, 아윤이가 이곳에서 뛰노는 모습을 바라볼 때면 더욱 흐뭇하다.

다시 교육의 의미를 새롭게

나는 늦게 딸 둘을 두었다. 기다리던 아이라 큰딸은 소원이라 하였고, 작은딸은 참眞된 나我라는 뜻의 진아眞我로 이름하였다. 소원이가(사위 허인재) 낳은 딸이 다온이고, 동생이 나린이다. 진아의(사위 정용우) 딸은 아윤이다. 다온, 나린, 아윤이는 우리 가족 모두에게 맑은 즐거움과 행복을 나누어준다.

사실 내 딸을 키울 때는 아기 돌보는 일에 허둥대고, 다른 일에도 바쁜 일상이라 아기를 여유롭게 바라볼 수 있는 틈이 없었다. 하지만 지금은 넉넉한 마음으로 아기와 함께할 수 있다. 아기 돌보는 일에 매달리지 않은 채로 아기를 바라보는 순간은 참으로 행복한 시간이다. 아기가 조금씩 달라지는 모습은 경이롭고 감동적이다.

이불에 누워 겨우 발놀림하다가 다리와 엉덩이가 반쯤 옆으로 세워지면 그 또한 신기하다. 거의 뒤집는가 싶은데 다시 제자리로 돌아가면 또 다음을 기다린다. 그러다가는 어느 날 슬그머니 뒤집어 얼굴을 묻는다. 고개를 가누지 못한 채 끙끙대면 다시 뒤집어준다. 이제는 기어 다니기를 기대한다. 뒤집은 앞에 물건을 놓아주면 뚫어지게 바라보며 발장구를 친다. 그러다 보면 몸이 조금씩 앞으로 밀려 나가다 배밀이로 이어진다. 한쪽 팔로 밀고 나가다 양팔로 기어나가는 모습 또한 신비스럽다. 뒤집기에서 기어 다니기까지의 변화만으로도 감동이다. 어느새 발을 모아 일어나 앉고 무언가를 붙잡고 일어선다.

어떻게 이런 변화가 일어날까. 누구도 가르쳐주지 않는다. 아무도 가르쳐주지 않아도 자기 변화는 끝없이 일어난다. 발을 한쪽으로 넘기고 다른 팔에 힘을 주면 넘는다고 설명해주지 않아도 그렇게 움직인다. 가르치지 않는데 스스로 배워간다. 이렇게 사람에게는 본래부터 배울 수 있는 능력을 갖고 태어난다. 그런데도 아기는 아무런 능력이 없으니 뒤집고 기는 것을 가르치려 한다면 이 얼마나 무모한 일일까.

서울에 살고 있는 작은딸 진아는 영상통화를 하는 경우가 많다. 어느 날, 엄마가 진아에게 오늘도 혈압을 재어 봤느냐고 물었다. 아기를 키우느라 집에만 있게 되니 건강이 염려돼서 물어본 것이다. 그런데 옆에 앉아 있던 9개월 아윤이가 갑자기 기어가더니 소파 위에 있는 혈압계를 내려서 팔뚝에 끼며 혈압 재는 흉내를 내는 모습이 보였다. 어른들이 무슨 이야기를 나누고 있는지 자기도 알아듣고 있다는 반응이었다. '혈압'이라는 어휘를 듣고, '혈압계'를 가져다 팔뚝에 끼고 '혈압'을 측정하는 방법을 보여주고 있다. 이만하면 혈압계를 나름대로 잘 파악하고 있다고 볼 수 있지 않은가.

나린이는 말을 배우며 '엄마', '아빠'보다 '하꼬(학교)'를 먼저 꺼냈다. 엄마나 아빠가 학교에서 회식이 있는 날은 '하꼬 맘마'로 번역하여 표현한다. 개성이 뚜렷하여 언니 다온이를 먼저 안아주고 다음에 나린이를 안아주려 하면 절대로 호응하지 않는다. 후순위로 밀리는 것이 반갑지 않다는 표현이다. 언니보다 먼저 안아준다고 좋아하는 것도 아니다. 진정성이 담긴 정도에 따라 기분이 달라진다. 그러니까 어떤 상황을 정확히 읽어내는 판단 능력이 있다는 이야기다.

다온이는 아기 때부터 위치 감각이 뛰어났다. 장난감 가게, 식당, 병원, 마트, 아파트, 학교 등 한번 가본 곳의 위치를 정확히 알아낸다. 가는 길에 있는 건물이나 나무, 도로 등 나름대로 느낌이 있는 듯하다. 언어 능력도 돋보인다. 앞뒤의 어휘 배열이 합리적이고 논리적이다. 사용 어휘가 매우 다양하며 어른스럽다. 아빠가 새로 사준 이 장난감은 지난번 것의 새 '버전'이라고 말한다.

다온이가 3년 5개월 때 일이다. 기차역으로 아빠를 마중하러 나가는 길이었다. 할아버지는 다온이를 안고, 엄마는 나린이를 안았다.

"할아버지, 달이 동그랗네?"

"저번에는 어떤 달을 보았지?"

"뾰족한 달 봤는데."

"응, 초승달 말이구나. 오늘은 보름달이구나."

할아버지 손을 잡고 차 있는 곳으로 걸어갔다.

"어라? 달이 자꾸 나를 따라오네?"

"그러네, 달이 자꾸 다온이를 따라오네."

"엄마, 오늘은 달하고 잘래?"

"달하고 잔다고?"

"응."

"그래."

"달아, 내일은 나하고 어린이집 가서 같이 놀자. 행복하게 놀자."

이렇듯 아기들이 말을 배우는 과정은 언어학적으로, 또는 뇌과학적으로 어떻게 설명하더라도 놀랍고 신기한 것을 뛰어넘을 수 없다. 타고난 능력이라는 엄연한 사실로 충분하다.

나는 요즈음 다온, 나린, 아윤이의 일상생활 속에서 많은 것을 새롭게 알아간다. 신비, 감탄, 감사 등 가장 최고의 순간을 경험하게 된다. 이렇게 신비스러운 아이들의 세계를 평범하게 바라본 것을 생각하면 부끄럽고 또 부끄러운 일이다. 겸손하고 성스러운 마음으로 아이들에게 다가가게 된다. 교육의 본질을 알아보려던 여정의 끝에서 나는 아기들의 모습에서 그 답을 찾았다는 것을 깨닫게 된다. 앞으로도 다온, 나린, 아윤이는 자라면서 할아버지에게 많은 것을 가르쳐줄 것이다. 나는 여전히 아이들 속에서 교육의 의미를 새롭게 배우며 살아갈 것이다.

봉암 어린이들

1기 2005~2007 김민선 오지석 이재환 정산하 채시윤 천솔비 피소영

2기 2005~2008 김예린 김진현 송형우 유혜민 이채연

3기 2005~2009 강보현 김수한 신지훈 이민형 이승주 전다혜

4기 2006~2010 김병준 김승민 박윤하 신성한 임소진 장규미 최윤환

5기 2007~2011 박강현 박종훈 박채은 엄소민 오준석 유우상 이태훈 최정인

6기 2008~2012 박동현 신서연 유병욱 이민지 이서정 이성훈 이지음 전윤찬

7기 2009~2013 권순찬 박혜민 신상아 이동희 이현희 장유빈

8기 2010~2014 김소은 유주원 임현수 정우진 최지윤 현찬미 홍석준

9기 2011~2015 박종혁 백현진 양승민 엄수빈 전서현 피승연 황인태 황적성

10기 2012~2016 박정민 윤민우 정영진 정영훈 정성엽 최준영 최한솔 형진성

11기 2013~2017 윤수희 임유빈 임지형 전형준 정유나 조범기 한세령 현찬송

12기 2014~2018 권진규 백하진 엄소현 윤현석 임효진 전민준 홍서영

13기 2015~2019 김진영 손은기 손준기 양승훈 임지현 최한나

14기 2016~2020 권소현 김태오 남예리 남윤서 백진우 홍혁기 최효원

15기 2017~2021 백진희 이준서 임채우 정유진 윤서하

16기 2018~2022 박소율 임우진 임지후 조혜인

17기 2022~2025 김태희 백진호 임예원

『뉴욕타임스 편집장의 글을 잘 쓰는 법』 트리시 홀, 신솔잎 번역, 더퀘스트, 2021. **278쪽**

『다리가 되렴』 이금이, 푸른책들, 2005. **215쪽**

『대한민국의 시험』 이혜정, 다산, 2017. **336쪽**

『두근두근 내 인생』 김애란, 창비, 2017. **279쪽**

『디자인에 집중하라』 팀 브라운, 고성연 번역, 김영사, 2019. **357쪽**

『랑시에르의 무지한 스승 읽기』 주형일, 세창미디어, 2012. **077쪽**

『사막에 숲이 있다』 이미애, 서해문집, 2006. **125쪽**

『선생님을 이긴 날』 김은영, 문학동네, 2008. **211쪽**

『매일 쓰고 다시 쓰고 끝까지 씁니다』 김호연, 행성B, 2020. **280쪽**

『멀뚱이의 식물 일기』 김지희, 진선출판사, 2005. **071쪽**

『몽실 언니』 권정생, 창비, 2012. **228쪽**

『무지한 스승』 자크 랑시에르, 양창렬 번역, 궁리, 2016. **076쪽**

『민물고기』 박소정, 보리, 2006. **106쪽**

『바깥은 여름』 김애란, 문학동네, 2017. **279쪽**

『바보 빅터』 호아킴 데 포사다·레이먼드 조, 한국경제신문사, 2018. **367쪽**

『반짝반짝 빛나는 열한 살의 여행 일기』 이성, 가람어린이, 2011. **220쪽**

『밤티마을 큰돌이네 집』 이금이, 푸른책들, 2005. **215쪽**

『밥데기 죽데기』 권정생, 바오로딸, 2011. **228쪽**

『배움의 발견』 타라 웨스트오버, 김희정 옮김, 열린책들, 2020. **146쪽**

『불편한 편의점』 김호연, 나무옆의자, 2021. **280쪽**

『BTS 길 위에서』 홍석경, 어크로스, 2020. **207쪽**

『BTS의 글로벌 매력 이야기』 한준·손열, 동아시아연구원, 2020. **207쪽**

『BTS 덕분에 시작하는 청소년 심리학 수업』 김현경, 명진서가, 2020. **207쪽**

『우리 나무 백가지』 이유미, 현암사, 2015. **072쪽**

『우포늪엔 공룡 똥구멍이 있다』 손호경, 푸른책들, 2016. **222쪽**

『이기적 유전자』 리처드 도킨스, 홍영남·이상임 번역, 을유문화사, 2023. **223쪽**

『이야기 넘치는 교실 온작품 읽기』 신수경 외, 북멘토, 2016. **071쪽**

『인지니어스』 티나 실리그, 리더스북, 2017. **073쪽**

『잊기 좋은 이름』 김애란, 열림원, 2019. **280쪽**

『제이넵의 비밀 편지』 아지즈 네신, 이난아 번역, 푸른숲주니어, 2007. **366쪽**

『창의 혁명』 서울대학교 창의성 교육을 위한 교수 모임, 닷컴, 2019. **336쪽**

『창의성의 즐거움』 미하이 칙센트미하이, 노혜숙 번역, 북로드, 2003. **073쪽**

『처음 만나는 풀꽃 이야기』 아동혁, 이비락, 2006. **110쪽**

『엘리먼트』 켄 로빈슨·루 애로니카, 정미나 번역, 21세기북스, 2016. **357쪽**

『큰별쌤 최태성의 한국사 수호대』 최태성, 메가스터디북스, 2020. **072쪽**

『풀꽃 친구야 안녕?』 이영득, 황소걸음, 2004. **110쪽**

『하버드 글쓰기 강의』 바버라 베이그, 박병화 번역, 에쎄, 2011. **397쪽**

『학교 가는 길에 만난 나무 이야기』 최한수, 미네르바, 2005. **084쪽**

『학교혁명』 켄 로빈슨·루 애로니카, 정미나 번역, 21세기북스, 2015. **353쪽**

『한 학기 한 권 깊이 읽기에 빠지다』 박정순, 북랩, 2017. **071쪽**

『할아버지의 코트』 짐 아일스워스, 고양이수염 번역, 2015. **259쪽**

- 가회동성당 **337쪽**

서울시 종로구 북촌로 57
https://www.gahoe.or.kr

- 고구려 천문과학관 **135쪽**

충북 충주시 중앙탑면 묘곡내동길 100
http://www.gogostar.kr

- 국립생태원 **224쪽**

충남 서천군 마서면 금강로 1210
http://www.nie.re.kr

- 권정생어린이문학관 **230쪽**

경북 안동시 일직면 성남길 119
https://kcfc.or.kr

- 권정생 생가 **228쪽**

경북 안동시 일직면 조탑본길 79

- 도산서원 **195쪽**

경북 안동시 도산면 도산서원길 154
http://www.dosanseowon.com

- 충주 조정체험학교 **374쪽**

충북 충주시 중앙탑면 중앙탑길 150
http://www.cjrowing.kr

- 충주 청룡사지 보각국사탑(사자 석등, 비) **157쪽**

충북 충주시 소태면 오량리 산32-2번지

- 충주 탑평리 칠층석탑 **155쪽**

충북 충주시 중앙탑면 탑평리 11

- 충주 향산리 미술촌 **328쪽**

충북 충주시 살미면 팔봉향산길 489
http://www.chungju.go.kr

- 호야지리박물관 **131쪽**

강원 영월군 무릉도원면 무릉법흥로 303
http://www.geomuseum.co.kr

- 황학산 수목원 **369쪽**

경기 여주시 황학산수목원길 73경기도 여주시 황학산수목원길 73 (매룡동)
https://www.yeoju.go.kr

가르치지 않는 교실

창의성을 가꾸는 봉암 아이들 19년의 이야기

2024년 6월 17일 초판 1쇄 발행

지은이   권정언

펴낸곳   읽고쓰기연구소
발행인   이하영
편집   권은경
도서문의   02-6378-0020
팩스   02-6378-0011
출판등록   제2021-0000169호
주소   서울시 마포구 동교로 136 서강빌딩 202호
이메일   editor93@naver.com writerlee75@gmail.com
블로그   blog.naver.com/editor93

ISBN 979-11-980067-8-3 03370